Nürnberger Wörterbuch

Wou die Hasen Hoosn und die Hosen Huusn haaßn

Ein Nürnberger Wörterbuch

von Herbert Maas

Verlag Nürnberger Presse

© Verlag Nürnberger Presse
Druckhaus Nürnberg GmbH & Co.
Illustrationen, Einband- und
Umschlagentwurf: Toni Burghart.
Gesetzt, klischiert, gedruckt
und gebunden im Druckhaus Nürnberg.
Erste Auflage 1962
Zweite Auflage 1965
Dritte, überarbeitete und
ergänzte Auflage 1978

ISBN 3 920701 50X

Dem Andenken

meiner Eltern und meiner

Großmutter Johanna Maas

gewidmet

Inhalt

Bemerkungen zur Lautschrift 9
Werum des Bäichla suu haßd 11
Gred und gschriem sen zwaa bår Schdiefl
oder
Das Nürnbergerische muß ins Hochdeutsche übersetzt werden . 12
Kleine Nürnberger Literaturgeschichte 14

Vom Klang unserer Mundart

Im Rundfunk darf man nicht *Bardei* und *Bollidigg* sagen
oder
Die weichen Konsonanten des Nürnbergers 18
Der maulfaule Konsonantenschlucker 20
Alllmächd! 22
Läibe goude Bräider oder Die gestürzten Diphthonge 23

Drei Kapitel aus der Nürnberger Grammatik

Di Kärch, die Mabbm und der Schärzer 26
Der Nürnberger kommt mit zwei Zeitformen recht gut aus . . . 28
Der verflixte Konjunktiv 31

Die Brodzlsubbm und der Sodderhåfm
oder
Wie der Nürnberger schimpfen kann 33
Anschaulichkeit ist Trumpf
oder
Das Bildliche in unserer Mundart 36
In Närmberch haßds Maadla, in Färd Maadli
oder
Sind die Nürnberger Franken oder Baiern? 39

Die Nürnberger Mundart erzählt Geschichte

Dou derfsd aafbassn wäi ä Hefdlasmacher
oder
Unsere Mundart hält Erinnerungen an die alte Handwerker- und
Bauernkultur fest 44
Der Bauernfimfer und *es Gschdechla*
oder
Sprachliche Erinnerungen an längst vergessene reichsstädtische
Rechtsgewohnheiten und Volksbräuche 46

Der Charakter des Nürnbergers im Spiegel seiner Mundart

Su wår s scho mei Ledda
oder
Der erzkonservative Spießer 49
Wår mer ä weng in der Schdadd?
oder
Der kritische, witzige und neugierige Nürnberger 50
Der Närmbercher derhudzd si ned 52
Fleißig und solide war er schon immer 53
Aggressiv und ordinär kann er auch sein 55
Suu genger die Geng
oder
Der schicksalsergebene, gutmütige Nürnberger 56

Wörterbuch 59
Anmerkungen zur Benützung des Wörterbuchs 60

Die Mitarbeiter 198

Benützte Literatur 199

Bemerkungen zur Lautschrift

1. Lange Vokale
aa wie in *laadschn*
ää wie in *Wääng*
ee wie in *Kees* (Ausnahme *der* und *wer* statt *deer* und *weer*)
ie wie in *riedn, Schliedn*
oo wie in *Loodn*
uu wie in *Huusn, Buudn*
å wie in *gfårn, Årsch* und *Wår*
2. Diphthonge
äi wie in *Gäißer, bläier* und *Bräider*
au wie in *schauer*
ei wie in *bleim, greiner*
ou wie in *Bloud, Broud* und *Noud*
3. Kurze Vokale
Wie im Hochdeutschen; der flüchtige Gleitlaut ə wie in *Vaddə* wird durch die hochdeutschen Vokale a, ä und er wiedergegeben.
4. Konsonanten
b = p
d = t
gl, gn, gr = kl, kn, kr
gg = ck
Die Schreibung der Mundart ist immer durch Schrägdruck vom übrigen Text unterschieden.

Werum des Bäichla suu haßd

Im Jahre 1867 erschien in den „Fliegenden Blättern", einer in München gedruckten satirischen Zeitschrift, ein Bildwitz, der uns Nürnbergern einen nachhaltigen Stempel aufdrückte. Ein Engländer, im typischen Reiseanzug der Zeit dargestellt, saß im Eisenbahncoupé einem einfach gekleideten Mann gegenüber. Daß es sich bei seinem Gesprächspartner um einen waschechten Nürnberger handelte, wurde aus dem Text des folgenden Dialogs ersichtlich: Der Nürnberger eröffnet das Gespräch mit der Bemerkung *Heind is haaß*. Da der Engländer die deutsche Sprache nur radebrechend beherrscht und dauernd im Wörterbuch nachschlagen muß, meint er, es sei vom „Hasen auf dem Felde" die Rede. Darauf unser Landsmann: *Naa, Sie, des is ä Hoos*. Nun versteht der Ausländer „Hose" und fragt, ob die Hose, das Beinkleid gemeint sei. Er wird aber belehrt, daß dies hierzulande *Huusn haßd*. Aufgrund der offensichtlichen Verständigungsschwierigkeiten bricht man das Gespräch ab, und der Nürnberger denkt abschließend „*Drodz in Bouch koo mer mid suu än Engländer ned ämool deidsch riedn*".

Der Verfasser des Witzes kannte die Nürnberger Mundart genau und hatte den völlig andersartigen Gebrauch der Vokale, der vom Hochdeutschen einerseits, aber auch vom Altbayerischen andererseits abweicht, an einem typischen Beispiel erfaßt. Daß er dem Nürnberger jene Schlußbemerkung in den Mund legt, ist alles andere als ein Kompliment. Aus ihr spricht ein rückständiger Besserwisser, ein engstirniger Spießer, der die Schuld für die vorliegende Sprachbarriere nicht bei sich, sondern beim Ausländer sucht. Der bekannte Spruch *Wou die Hasen Hoosn und die Hosen Huusn haaßn* ist zur Charakterisierung der Nürnberger Mundart bis auf den heutigen Tag lebendig geblieben, obwohl sich die gesellschaftliche Gesamtlage inzwischen stark verändert hat.

Eigentlich war der Vorwurf schon, als der Witz gedruckt wurde, nicht mehr ganz aktuell. Damals befand sich die Nürnberger Industrie, und damit der Kontakt unserer Stadt zu den anderen deutschen Städten und zum Ausland, schon wieder auf steilem Weg nach oben. Die Bevölkerung war in den sechziger Jahren durch eine Fülle von Firmen-Neugründungen und den damit verbundenen Zuzug von Arbeitern stark gewachsen. Geschäftsbeziehungen aller Art waren mit dem Ausland geknüpft, und aus der Kleinstadt der Jahrhundertwende war bereits wieder eine bedeutende Handels- und Produktionsstätte geworden.

Dagegen stimmt die Charakterisierung des Nürnbergers für die vorausgehende Zeit, des Rokoko- und Biedermeierzeitalters, ziemlich genau. Damals war es mit der mittelalterlichen Weltgeltung der Stadt bergab gegangen. Die Einwohnerzahl hatte nur 20 000 — statt 50 000 in der Dürerzeit — betragen. Der Kaiser kümmerte sich nicht mehr um seine Stadt, der Handel war völlig zum Erliegen gekommen, und die Bürger kamen aus ihren Mauern nicht hinaus. Die Handwerker bosselten und werkelten vor sich hin. In der Stadtkasse war eine derartige Ebbe, daß Preußen der Schulden wegen gern auf den Besitz der Stadt zugunsten des Königreichs Bayern verzichtete.

Kein Wunder also, daß sich in dieser Zeit eine kleinkarierte, rückständige Gesinnung entwickelt hatte, die den Fremden, die damals Nürnberg besuchten, auffiel. Nürnberg war für sie ein kleinstädtisches, romantisches Überbleibsel aus dem Mittelalter.

Gred und gschriem sen zwaa bår Schdiefl
oder
Das Nürnbergerische muß ins Hochdeutsche übersetzt werden

Bfliedsch ned immer glei, wemmer wos sachd, du Greinmeicherla!

Weine nicht gleich, du Heulsuse, wenn man dir etwas beredet!

Der soll sei Wår allaans machng; den sein Bolandi machi grood.

Er soll seine Geschäfte selbst erledigen; ich helfe ihm nicht in untergeordneter Stellung.

Bou, hul in Großvadder sein Barasoll, is bleschd!

Junge, hole Großvaters Regenschirm, es gießt in Strömen!

Is des ä årdlis Waggerla!

Ist das ein niedliches Kind!

Genger S ä weng vo der Dier wech!

Bitte, Türen freimachen!

Wenn den ämål wos ned nausgäid, läßd er glei sei Läädschn henger.

Wenn er einmal Mißerfolg hat, macht er gleich ein unglückliches Gesicht.

Freß ned su vill Bombom, sunsd bichd der dei Moong zamm!

Iß nicht so viele Süßigkeiten, sonst verdirbst du dir den Magen!

Däi is ä ganz allaans, zu derer kummd ka alder Sau mäir.

Sie ist mutterseelenallein, niemand besucht sie mehr.

I bin lang gnouch in meine aldn Schlorcher rumghaadschd.

Ich bin lange genug in den alten Schuhen herumgelaufen.

Heid feiermer der Ooma iern Gebordsdooch; dou houd si ä Schwärzn zammzuung.

Heute feiern wir Omas Geburtstag; viele Leute sind zu Besuch gekommen.

Mid den koo mer heid ned riedn, der houd sein Schbinnerdn.

Mit ihm ist heute nicht zu verhandeln, er ist schlechter Laune.

I zäich ä wollner Huusn oo, dou bin i schäi warm banander.	Ich ziehe eine wollene Hose an, das wärmt.
Geb der Glann ä Gaafergollerla, daß se si ned verdrenzld!	Gib der Kleinen ein Lätzchen, daß sie sich nicht verkleckert!
Dou ä Drimmler, und dou ä Drimmler, des lebberd si zamm.	Hier ein Stück und dort ein Stück; viele Wenig ergeben ein Viel.
Vuur lauder Loumiaamied is er gschdreggsderlengs hiegfluung.	Vor übergroßer Eile ist er der Länge nach hingeschlagen.

Nach der Lektüre der Sätze wird der Leser, ob einheimisch oder zugereist, einräumen müssen, daß das Hochdeutsche und der Nürnberger Dialekt zwei verschiedene Sprachen sind. Nicht nur, daß die einzelnen Wörter anders klingen, ganze Sätze und Wendungen dürfen nicht wörtlich übersetzt werden, sondern müssen unter der Berücksichtigung der grundverschiedenen Idiomatik sorgfältig übertragen werden. Machen wir eine Probe, wie lächerlich eine wörtliche Übersetzung klänge: ‚Da hat sich eine Schwärze zusammengezogen' ergibt im Hochdeutschen keinen Sinn. Umgekehrt wirken Stellen in Mundartgedichten peinlich, wenn hochdeutsche Wörter und Wendungen einfach wörtlich in den Dialekt übersetzt werden. Ich möchte hier ein besonders markantes Beispiel nennen. Nach dem 2. Weltkrieg blickte ein sogenannter Dichter auf die zerstörte Stadt von der Burgfreiung und wurde zu melancholischem Gesang angeregt: „*Ich siech des Broudworschdgleggla branger, di Dräner fläißn ieber meine Wanger*". Prangen und Wangen sind hochdeutsche Wörter, die in der Mundart überhaupt nicht vorkommen. Die Wange heißt *der Baggng* und prangen gibt der Nürnberger schlicht durch die Wendungen *schdäid dou* oder *sicht mer deidli* wieder.

Der Weg zum Mitmenschen führt in den allermeisten Fällen über die Sprache. Wenn in diesem Verständigungs- oder Kommunikationsmechanismus Störungen auftreten, kommt es zu Mißverständnissen und Konflikten. Das haben wir schon im einleitenden Kapitel im Gespräch zwischen einem Ausländer und einem Vollmundartsprecher erkannt. Ein zweites Beispiel soll sich anschließen, eine kleine Live-Szene aus dem Nürnberger Alltag, die sich 1958 im Osten der Stadt abspielte. Es war die Zeit, als zwischen Einheimischen und Vertriebenen noch gelegentlich wegen sprachlicher Verschiedenheiten in der Ausdrucksweise eine gereizte Stimmung entstehen konnte.

Ein vierjähriges Mädchen singt in einem Schuhmacherladen dem gerührten Schuster das Kinderlied von den Gänslein vor, die keine Schuhe haben. Darin ist vom Schuster die Rede, der zwar Leder, aber kein Leisten dazu hat, um die schnatternde Kundschaft zufriedenzustellen. Eine im Laden anwesende Kundschaft, eine Oberschlesierin, verweist auf die falsche Ausdrucksweise des Kindes, da man unter Schuster einen Flickschuster, und nicht einen ehrsamen Schuhmachermeister verstehe. An die Adresse des Nürnberger Vaters gerichtet meint sie, man müsse den Kindern richtiges Deutsch beibringen.

Die Frau hatte recht, weil sie vom Gebrauch ihrer hochsprachlichen Ausdrucksweise ausging. Sie hatte nicht recht, weil in Franken und Bayern das Wort Schuster ohne beleidigenden Sinn neben dem hochdeutschen Schuhmacher in der Volks- oder Umgangssprache verwendet wird.

Gred und gschriem sen zwaa bår Schdiefl. Kenntnis der Schriftsprache einerseits und Verständnis für die jeweilige angestammte, landschaftlich verschiedene Redeweise andererseits sollten nebeneinanderstehen. Echte Zweisprachigkeit hilft Probleme beseitigen und Gereiztheit vermeiden. Dazu will letzten Endes auch dieses Büchlein beitragen.

Kleine Nürnberger Literaturgeschichte

Einer der Gründe, warum die Nürnberger Mundart so wenig salonfähig ist, liegt in der Tatsache, daß es keinen großen fränkischen Dichter gibt. Während Wien durch Johann Nestroy, das Altbayerische durch Ludwig Thoma, das Schlesische durch Gerhart Hauptmann, das Alemannische durch Johann Peter Hebel und das Plattdeutsche durch Klaus Groth und Fritz Reuter literaturfähig wurden, gelang es der jahrhundertelang stark zersplitterten fränkischen Landschaft nicht, einen großen Dichter hervorzubringen. Und wie ist das mit Hans Sachs? Der Schuhmacherpoet verwendete zwar viele Mundartausdrücke in seinem umfangreichen Werk, bemühte sich aber im ganzen, gemeindeutsch und nicht nürnbergerisch zu schreiben. Wir haben also kein Spiegelbild fränkischer Mundart vor uns, wenn wir seine Fastnachtsspiele und Sprüche lesen.

Man schrieb die Mundart vor dem 18. Jahrhundert kaum. Erst als der Franzose Rousseau und der Deutsche Herder den Wert der Volkssprache entdeckten, wagten es Männer wie der Altdorfer Gelehrte Georg Andreas Will und der Gerichtsschreiber Johann Heinrich Hässlein, Mundartausdrücke zu sammeln und, wie es wörtlich heißt, auch „unanständige, dem Pöbel gemäße Wörter" niederzuschreiben.

Gleichzeitig beginnt man Ende des 18. Jahrhunderts auch, die seit längerem üblichen Hochzeits- und Neujahrsgedichte, die von Mundartsprechern vorgetragen wurden, zu drucken. In der Nürnberger Stadtbibliothek liegen Kostproben dieser Blätter vor, von denen hier eines als früheste Literaturprobe Nürnberger Mundart abgedruckt ist.

Ann alta Zaiht zum Neua Jaurr.
Eine Zeit   Jahr
                 1766.

Goutn Läuht! wohs soll üch wünschn, döhs err ditz niht alles braucht?
Gute Leuthe was ich euch das ihr jetzt nicht

Höirr a Tahbm könt err grauttn, weñ nähr sunſt döſſ Schläutla raucht.
Hüner und Tauben gerathen nur das Schorſtein

Böir a Braudd und Schmohlz a Flahſch iſſ wohs fürn gmahna Moh
Bier Brod Schmalz Fleiſch iſt etwas für den gemeinen Mann

Döhs err, wenn err löhbm ſoll, wärzi niht entrauhtn koh.
er leben entrathen kan

Ohwer ditz iſſ alles theuhr, daß merr mit döhn goutn Göhld
Aber man dem Geld

Faſt nix mairr koh zkahfm krdihng, und kah Menſch waſſ wouſſ denn föhlt.
nichts mehr zu kaufen kriegen kein weiß wo es fehlt

d Kouh gitt Millich und ah Kälber; und wer waſſ ann Mißwachs znenna?
Die Kuh gibt auch einen zu nennen

Macht merrs öppet wöi döi Kahfläuht, döi di Muſchketnüſſ verbrenna?
man es etwann wie die Kaufleute Muſcatnüſſe

Daß faih niht gohr zwolſti währn? Doch es währ nuh zu dertrohgn,
fein gar zu wolfeil werden wäre noch ertragen

Wemm merr nähr brohf Aerbat häuttn; ohwer dau thout alles klohgn.
Wenn wir brav Arbeit hätten da thut klagen

Sunſt hautt mancher in nann Tog mairr verddint, als ditz dganz Wochn
hat einen Tag mehr

Und wähn ſunſt kah Gohs iſſ zthäuhr gwöhſt, mouß ditz blindi Hutzl kochn.
weiß keine Gans zu theuer geweſen muß

Ohn ann Wäih iſſ gohr niht zdenkn. Trinkn könnt mörrn fräuhli wuhl;
An einen Wein gar zu denken Trinken wir ihn fröhlich

Und i gſtaihs deſſ Jaurr a maull trink i mi rächt ſtuhrmvuhl.
ich geſtehe es einmal mich recht ſturmvoll

In den gleichen Jahrzehnten, als sich ein Klassiker wie Goethe nicht mehr scheut, in einem seiner Sturm- und Drangdramen den Götz von Berlichingen zu zitieren, taucht nun auch der erste und bedeutendste Nürnberger Mundartdichter, Johann Konrad Grübel, auf. Seine Dichtung traf auf einen weiten Leserkreis und wurde bis in die Gegenwart herein immer wieder gedruckt. Grübel hat sich wie Hebel im Philosophischen versucht. Man denke an sein Gedicht „Der Käfer". Sein Hauptmetier blieben aber die Mundartgedichtchen, die in vielen Strophen beschaulich und langatmig lustige Begebenheiten erzählten. Von einem Studenten ist die Rede, der am Thomastag von einer Dirne ausgenommen wird, vom Nachtwächter, der in einer Kutsche einschläft und nach Stunden weitab von seinem Dienstort im Revier eines Kollegen aufwacht. Der Schlossergeselle ist beim Essen geschwinder als beim Arbeiten. Der ‚Buchhalter' Hans Michel Stich hält so lange das gewichtige Rechnungsbuch der Firma, bis es ihm zu schwer wird. Dieses Gedicht schließt mit dem schon fast klassisch gewordenen Endreim „Drum is der best' und sicherst' Rauth: mer treibt dös, wos mer glernt haut."

In einem von Grübels bekanntesten lustigen Gedichten „Der Geißbock und die Totenbeine" ist von zwei Dieben und einem gichtkranken Geistlichen die Rede, der seine Gemeinde vor dem Jüngsten Gericht warnen will. Grübel charakterisiert in vielen Gedichten, wie dem Lob des Weins, des Bieres, des Branntweins, des Schnupftabaks und in den Kränzleingedichten, die liebenswürdige, harmlose, etwas spießige Welt des Biedermeier. Gelegentlich gibt er sich gesellschaftskritisch, wenn er z. B. Seitenhiebe auf die Einquartierung durch die Franzosen austeilt.

Der Einfluß des Flaschnermeisters und Poeten war groß. Eine Flut von Epigonen, von dichtenden Handwerksmeistern hat bis in unsere Zeit herein sein Erbe angetreten und in Hunderten von Gedichtbändchen seine Dichtart fortgesetzt. So reimen und witzeln der Schneidermeister Wolfgang Weikert und Christoph Wilhelm Zuckermandel, der Turmwächter Christian Wildner, die Drechslermeister Johann Greulein und Georg Falkner, der Stecknadelmacher Valentin Wehefritz, der Perlmuttdrechsler Christoph Weiß, der Zinngießermeister Wilhelm Marx und der Gürtlermeister Friedrich Stettner, um nur einige aus der Vielzahl der Mundartdichter des 19. Jahrhunderts herauszugreifen. Die Stadt Nürnberg hat die bekanntesten Vertreter durch Straßennamen geehrt.

Einer der besten Kenner der Nürnberger Mundartdichtung, der ehemalige Direktor der Nürnberger Stadtbibliothek, Friedrich Bock, hat in einer seiner umfangreichen bibliographischen Arbeiten einmal geschrieben: „Vieles davon würde man ja statt Dichtung besser nur Reimerei heißen."

Auch in unserem Jahrhundert hat sich die Nürnberger Mundartdichtung nicht erschöpft. Der vielen alten Nürnbergern noch bekannte Pausala (Stadtamtmann Paul Rieß), der Volksschulrektor Franz Bauer und der Dichterkreis des Nürnberger Mundartkollegiums, durch den Verleger Karl Borromäus Glock gefördert, halten die Tradition aufrecht.

Hier ist auch der Platz, des ausgezeichneten Witzzeichners Karl Stoye zu gedenken, dessen Mundartproben zum Besten der Nürnberger Dialekt-Literatur gehören.

Mudder:,,Werum greindn der Bou?"
„Den is der Haggngschdill am Kuubf gfluung."
„Und wou is der Vadder?"
„Der houd si mid der Haggng ins Baa neighaud und hoggd in Schdrassergroom."
„I soogs ja, ier machd mer is Häggla scho no hie."
„Schoodn deds der nix, wennsd ä weng ins Wasser gengersd, Alde."
„Und wenn i obber dersaaf".
„Nou schooderds erschd reechd nix."

Ausländer:„Ou, Nurenberg haben eine sehr schöne Musieum."
„Wos Sie ned soong."
„Und einen wundervollen Gemäldegalerie."
„Ja fraali."
„Ich lieben Ihre interessante Verkehrsmusieum."
„Hmhm. Edzerdla suwos, des sollerd mer si wärgli ämål ooschauer."
„Soong S ämål is des wår, daß die Meieri..."
„Fraali is des wår."
„Wer hed edz des dengd?"
„Derer Meieri drau i alles zou."
„Ober wos isn eingdli mid derer?"
„Gschdorm is."
„No, dou hom Ses."

„Vadder, housd du dein Moußgrouch scho ausdrungng?"
„No fraali, Bou."
„Nou is mei Meierkeefer hie, wou i zon Schwimmer neidou hob."

Neben ihm gab und gibt es Gerichtsreportagen wie die des einmaligen Geodor oder seines Nachfolgers Klaus Schamberger, die Songs und Couplets des unvergeßlichen Hermann Strebel und die Schallplattenaufzeichnungen von Herbert Hisel und den Peterlesboum aus neuerer Zeit.

Endlich haben sich die von gesellschaftskritischen Ansätzen der „Wiener Schule" ausgehenden Wiederbelebungsversuche der deutschen Mundarten auch auf Nürnberg ausgewirkt. Dr. Hauke Stroszek — unter dem Pseudonym Lothar Kleinlein — und Fitzgerald Kusz verzichten in ihrer Mundartdichtung endlich auf den Reim und machen die Ausdrucksweise des Mundartsprechers transparent für gesellschaftliche Verhaltensweisen. Das Stück „Schweig Bub" von Kusz ist das erste Nürnberger Bühnenstück, das breite Beachtung gefunden hat.

Vom Klang unserer Mundart

Im Rundfunk darf man nicht Bardei und Bollidigg sagen
oder
die weichen Konsonanten des Nürnbergers

Bei vielen Fernsehsendungen wird sich der Deutsche der Verschiedenheit seiner Sprache bewußt. Neben den professionellen Sprechern, die das Bühnendeutsch einwandfrei beherrschen, zeigen Politiker und andere Personen des öffentlichen Lebens in zahlreichen Interviews eine mehr oder minder stark landschaftlich gefärbte Aussprache und Ausdrucksweise. So s-tolpert der Hamburger über den s-pitzen S-tein, bei bayerischen Sprechern fallen eine merkwürdige Klangfärbung der Vokale, Dehnung und Nasalierung bestimmter Wörter auf, den Hessen erkennt man an seinem hellen e in den Wortendungen, den Schwaben an seinen vielen Sch-Lauten, und für den Franken sind die weichen Konsonanten typisch. Während es in der hochdeutschen Lautung deutliche Unterschiede zwischen den Buchstaben b und p, d und t wie g und k gibt, macht der fränkische Mundartsprecher keinerlei Unterschied. In der Phonetik sagt man, daß zwischen der Lenis und Tenuis der labialen, dentalen und gutturalen Konsonanten nicht differenziert wird.

Die folgende kleine Liste soll an einigen charakteristischen Beispielen dieses wichtige fränkische, und damit auch nürnbergerische, Sprachgesetz deutlich machen:

hochdeutsche Aussprache:	nürnbergische Aussprache:
Paß	*Baß*
Partei	*Bardei*
packen wir es	*baggmers*
Pappdeckel	*Babberdeggl*
Teppich	*Debbich*
Tassen und Teller	*Dassn und Deller*
Tag	*Dooch*

Besonders komisch — für Nichtfranken fast peinlich — klingen nürnbergisch gesprochene Wörter, die es eigentlich nur in der Schriftsprache gibt, z. B. Ausdrücke der Verwaltungssprache oder Fremdwörter. So erkennt man den Nürnberger sofort an der Aussprache der Wörter

Abdeilungsleider,
Eingdumswoonung

oder an den Fremdwörtern

Kondidder		Konditor
Dogder		Doktor
Abberåd		Apparat
Droddwår		Trottoir
Dellerfoon	statt	Telefon
Bargedd		Parkett
Doddo		Toto
Dennis		Tennis
Desdbilood		Testpilot

Die Mitlaute, die mit dem Gaumen gebildet werden, die Gutturale, wurden bisher ausgenommen. k wird im Anlaut, also am Beginn des Worts, wie im Hochdeutschen gesprochen. So sind die Kohlen auch in Nürnberg *die Kulln,* der Käse ist *der Kees* und die Kuh *di Kou.* Jedoch die Verbindungen kl, kn und kr werden genauso gesprochen wie Wörter, die mit gl, gn und gr beginnen. So kann *glaam* hochdeutsch glauben und klauben zugleich bedeuten; kleben, Klavier und Klette wird *gläim, Glawier* und *Gleddn* gesprochen, Knie, Knochen und Knackwurst lautet *Gnäi, Gnochng* und *Gnaggworschd,* und den hochdeutschen Wörtern Krähe, Kropf und Kreuz entspricht mundartlich *Grouer, Gruubf* und *Greiz.* (Anm.)

Im In- und Auslaut gibt es zwischen g und k keinerlei Unterschied: bükken wird *buggng,* Wecklein *Weggla* und Stock *Schduug* gesprochen.

Der Grund für die geschilderte Erscheinung ist vermutlich in einer gewissen Maulfaulheit zu suchen. Es bedarf größerer Anstrengung der lautbildenden Mundmuskulatur, ein sauberes, scharf artikuliertes p, t und k von einem stimmhaften b, d und g zu unterscheiden, und die gleiche Aussprache der jeweiligen Laute ist viel, viel bequemer.

Eine andere typische Nürnberger Lautung gehört in diesen Zusammenhang. Inlautend und auslautend verwandelt sich das hochdeutsche g oft in ein deutlich gesprochenes ch.

Prüfen Sie, lieber Leser, Ihre Nürnberger Sprachkenntnis, indem Sie die folgende kleine Auflistung laut sprechen!

Tag	*Dooch*
Schlagrahm	*Schloochråm*
er liegt	*der lichd*
gesagt	*gsachd*
genug	*gnouch*
Georg	*Gerch*
Sarg	*Sarch*
Gewürge	*Gwärch*
er lügt	*der läichd*
mager	*moocher*
Krieg	*Gräich*

Anm.: Im Wörterbuch wird aus diesem Grund nicht zwischen b und p, d und t, gl, gn, gr und kl, kn, kr unterschieden.

        Gebirge   *Gebärch*
        Äuglein   *Eichla*
        Burg   *Burch*
        Nürnberg   *Närmberch*

In der sogenannten Halbmundart kann man Ausspracheblüten hören wie *verdeidichng, beleidichng* statt hochdeutsch verteidigen und beleidigen. Originell, Rakete, Dirigent und Religion werden in Nürnberg *orchinell, Racheedn, Dirichend* und Relichioon gesprochen.

Ein besonders treffendes Beispiel ist in einer Gastwirtschaft im Dorf Entenberg, östlich vom Moritzberg, zu lesen. Auf einer nett bemalten Holztafel steht ein Gedicht, dessen Schlußvers das Herz des Mundartkenners hüpfen läßt:

        „... es singt die Lerch!
        hier in Entenberch."

Der maulfaule Silben- und Konsonantenschlucker

Die vorhin erwähnte Maulfaulheit des Nürnbergers ist schuld an einer Reihe von Wortverkürzungen, die unsere Mundart im Klang stark von der Hochsprache unterscheiden. Zunächst muß von der Vereinfachung, Angleichung oder Assonanz von schwierig zu sprechenden Konsonantengruppen die Rede sein.

Da -nf schwerer zu sprechen ist als -mf, sagt man bei uns *Semf* und *fimf* statt Senf und fünf.

Weitere Assonanzen und Vereinfachungen werden wiederum in einer kleinen Liste dargestellt:

hochdeutsch:	nürnbergerisch:
scheinbar	*scheimbår*
Rindfleisch	*Rimbfleisch*
Handvoll	*Hembferla*
Lebkuchen	*Lekoung*
Schubkarre	*Schukarrn*
gehabt	*ghad*
Sportplatz	*Schborbladz*
Stadtpark	*Schdabarch*
Stadtgraben	*Schdagroom*

Wörter, die auf -fen, -ppen und -cken enden, unterliegen ebenfalls dem Lautgesetz der Assonanz.

hochdeutsch:	nürnbergerisch:
hoffen	*hoffm*
pfeifen	*bfeifm*

hochdeutsch	nürnbergerisch
Lippen	*Libbm*
Treppen	*Drebbm*
schlucken	*schluggng*
schmecken	*schmeggng*
gestunken	*gschdunggng*

Oft werden Nachsilben, wenn es irgendwie möglich ist, ganz verschluckt. So fallen -ben, -gen und -chen am unbetonten Wortende einfach weg, und das hochdeutsch zweisilbig gesprochene Wort wird in Nürnberg zu einer Silbe verkürzt:

hochdeutsch:	nürnbergerisch:
leben	*leem*
geben	*geem*
schieben	*schäim*
färben	*färm*
suchen	*soung*
morgen	*morng*
steigen	*schdeign*
zeigen	*zeing*

Wo sprachlich etwas eingespart werden kann, tut es der Nürnberger. Die hochdeutsche Nachsilbe -ig wird daher stark vernachlässigt. Oft fällt dabei das g weg wie bei fertig, wichtig, die *ferdi* und *wichdi* lauten. Bei den Zehnerzahlen zwanzig, dreißig, vierzig scheint es dem Mundartsprecher ratsam, das i auszustoßen, so daß sich *zwanzg, dreißg, värzg* ergibt. Hochdeutsch fünfzig ist sowieso viel zu schwer zu sprechen, man sagt deshalb *fuchzg*.

Dasselbe Schicksal der Kürzung oder des Verschlucktwerdens erleidet die hochdeutsche Vorsilbe ge-, die entweder zu g- gekürzt wird oder ganz verschwindet, vor allem beim Mittelwort der Vergangenheit, wie die folgende Liste beweist.

hochdeutsch:	nürnbergerisch:
gestanden	*gschdandn*
gemeint	*gmaand*
geholfen	*gholfm (kolfm)*
gepfeffert	*bfefferd*
gekommen	*kummer*
getragen	*droong*
gezogen	*zuung*
gebissen	*bissn*
gebadet	*bad* und *boodn*
getroffen	*droffm*

Die Tendenz zur Verstümmelung macht auch vor anderen Wörtern nicht halt. Statt hochdeutsch zusammen sagt man *zamm;* hinauf, hinunter, hinein wird zu *naaf, noo* und *nei*.

Das persönliche Fürwort schrumpft oft ein, wobei ein ungerechtfertigtes s auftaucht. Ob du, wenn du, weil du, wie du, sobald du, sooft du, warum du lauten deshalb in der Mundart *obsd, wennsd, walsd, wäisd, subalsd, suofdsd* und *werumbsd.*

Das Bindewort ‚und' wird verschluckt in Wendungen wie *korzerglaa, hindervorn* (kurz und klein, hinten und vorne).

Statt des süddeutschen Grußes Grüß Gott hört man in Nürnberg meist nur *Sgodd.* Hierbei stehen allerdings die in der Umgangssprache wesentlich artikulationsfreudigeren Norddeutschen den Nürnbergern nicht nach. Auch in Berlin hört man zum Beispiel statt des vollen landesüblichen Grußes Guten Tag nur ein spitzes und knappes: Tach.

Die Einsparung von Konsonanten und Silben zeigt sich schließlich besonders originell in der Verbindung von Wörtern im Satz: ... Leute gestorben heißt in Nürnberg ... *Leigschdorm,* ... spät kommst wird zu ... *schbäkumsd,* wenn wir ... zu *wemmer,* ... Bett gehen zu *Beggäi,* ... Kind gebissen zu ... *Kimbissn* und ... wie hätten wir es denn? zu *wäi hebbmersn?*

Genug der Aufzählung. Ich glaube, daß meine Leser deutlich erkannt haben, daß der Nürnberger nicht gern mehr sagt, als er unbedingt muß, um sich verständlich zu machen.

Alllmächd!

Die zweite Haupt-Unart unserer Mundart ist das berüchtigte schwere l. Es ist ein untrügliches Kennzeichen für den Nürnberger. Mancher meiner Leser wird sich vielleicht an einen Auslandsaufenthalt erinnern, wo er im fernen Sizilien oder Andalusien an einem einzigen Ausruf die landschaftliche Herkunft eines deutschen Landsmannes identifizieren konnte. Ach du liebs Herrgöttle! ließ unschwer den Schwaben erkennen, Zefix oder Bluatsaurerei! ließ auf einen Altbayern schließen, Junge, Junge! oder Donnerwetter nochmal! deutete auf einen Preußen hin, und beim *Alllmächd!* hatte er einen Nürnberger vor sich. Das l bei diesem Ausruf wird auf eine ganz besondere Weise gebildet. Während beim hochdeutschen l die Zungenspitze hinter den Vorderzähnen liegt, streckt der Nürnberger die seine zwischen die beiden Zahnreihen und schiebt den Unterkiefer etwas nach vorn, so daß sich die unschön klingenden Wörter *Kulln, hulln, gschdulln, Sandschbilln* ergeben.

Auch nürnbergerisch gesprochene hochdeutsche Wörter klingen komisch genug: *Spordhallle, Kühlldruhe* und *Billdung.* Nicht umsonst hat der Witzzeichner Karl Stoye eine Kampfszene auf dem Nürnberger Volksfest mit dem unvergeßlichen Drohruf des einen Kontrahenten geschildert: *Du maansd gwiß, i hob ka Billdung.*

Läibe goude Bräider
oder
Die gestürzten Diphthonge

Goethe hat anläßlich der Besprechung der Grübelschen Gedichte, die er übrigens sehr positiv beurteilte, vom „unangenehmen Breiten" in der Nürnberger Mundart gesprochen. Eine der Hauptursachen für diese richtige Feststellung ist eines der Hauptgesetze des Nürnberger Vokalismus, das mit den drei Leitwörtern *läibe goude Bräider* vorgeführt werden soll.

Im sogenannten Mittelhochdeutschen, in der Zeit zwischen 1150 und 1500, sprach man die drei, im heutigen Hochdeutschen gedehnten Wörter: liebe gute Brüder noch zweisilbig aus: li-ebe gu-ote Brü-eder. Diese Aussprache hat sich bis heute im Altbayerischen erhalten und klingt, wenn man vorurteilslos hinhört, recht anmutig und leicht. Die beiden Vokale der Diphthonge werden dabei sehr kurz artikuliert, der zweite nur angetippt.

Im Nordbayerischen, zu dem unsere Mundart im großen und ganzen gehört, hat sich nun etwas Merkwürdiges vollzogen. Die Zwielaute wurden weder beibehalten, noch wie im Neuhochdeutschen zu Monophthongen gedehnt, sondern sie wurden umgedreht, d. h. gestürzt. Der dunklere Vokal trat an die erste Stelle, der hellere an die zweite.

Wenn Sie mir, lieber Leser, bei einem kleinen Lesetest folgen wollen, sprechen Sie die beiden Klangformen, die südbayerische li-ebe, gu-ote Brü-eder und die nordbayerische *läibe goude Bräider* einige Male vor sich hin. Schieben Sie bei der Nürnberger Lautung wieder ein klein wenig, wie schon beim l, den Unterkiefer vor und vergleichen Sie dann die Klangqualität. Ich glaube die Entscheidung, ob die bayerischen oder die nürnbergischen Wörter schöner klingen, wird Ihnen nicht schwerfallen. Die folgende Auflistung soll beweisen, daß es sehr viele, häufig vorkommende Wörter mit diesen Diphthongen gibt, wodurch unser Nürnberger Dialekt insgesamt seine schwerfällige und abstoßende Klangqualität bekommt.

liebe	*läibe*
biegen	*bäing*
Bier	*Bäir*
die	*däi*
fliegen	*fläing*
gießen	*gäißn*
Knie	*Gnäi*
kriegen	*gräing*
riechen	*räing*
schieben	*schäim*

schießen	*schäißn*
tief	*däif*
wie	*wäi*
wiegen	*wäing*
ziehen	*zäing*
gute	*goude*
Blut	*Bloud*
Bruder	*Brouder*
Bub	*Bou*
fluchen	*floung*
Fuß	*Fouß*
genug	*gnouch*
Hut	*Houd*
Krug	*Grouch*
Kuh	*Kou*
Luder	*Louder*
Ruhe	*Rou*
Schuh	*Schou*
Schuster	*Schousder*
Wut	*Woud*
zu	*zou*
Brüder	*Bräider*
behüten	*bhäidn*
blühen	*bläier*
Brühe	*Bräi*
Büblein	*Bäibla*
Frühe	*Fräi*
führen	*fäirn*
Füße	*Fäiß*
Gemüse	*Gmäis*
grüßen	*gräißn*
Krüge	*Gräich*
Kühe	*Käi*
Küchlein	*Käichla*
lügen	*läing*
müde	*mäid*
rühren	*räirn*

Nicht genug damit, gibt es in unserer Mundart noch zahlreiche Haupt-, Eigenschafts- und Zeitwörter, die mit den gleichen schweren, breiten Zwielauten gesprochen werden, während in hochdeutscher Aussprache nur ein langer Selbstlaut e ö a und o vorliegt.

blasen	*blousn*
blöde	*bläid*
böse	*bäis*
Bröselein	*Bräiserla*

Brot	*Broud*
da	*dou*
fragen	*froung*
gehen	*gäi*
Krähe	*Grouer*
Maß	*Mouß*
o weh	*ou wäi*
Schnee	*Schnäi*
stehen	*schdäi*
schön	*schäi*
tot	*doud*
Waage	*Wouch*
wo	*wou*

Noch auf eine zweite Veränderung muß aufmerksam gemacht werden, die sich im Vergleich zur Hochsprache ergibt, die sogenannte Entrundung. Hochdeutsch ö, ü und eu (äu) werden mit gerundeten Lippen gesprochen. Wenn man nun die Lippen flacher beieinander läßt, entsteht ein hellerer, „entrundeter", nicht so sorgfältig geformter Laut, was gleichzeitig wieder ein Beweis für die Maulfaulheit des Nürnbergers ist.

Aus hochdeutsch ü wird demnach ein i, wie die Wörter *Schlissl, Schissl* und *Bigsla* statt hochdeutsch Schlüssel, Schüssel und Büchslein zeigen.

Hochdeutsch ö wird zu e entrundet. Man sagt bei uns *Leffl, Kebf* und *Fresch* statt hochdeutsch Löffel, Köpfe und Frösche.

Aus hochdeutsch eu, äu wird endlich ei. Mäuse, Säue, Leute, heute, euch, scheußlich, Bäuerin, Mäuerlein, Kräuter, Freude und Heu erscheinen im Nürnberger Dialekt als *Meis, Sei, Leid, heid, eich, scheißli, Beieri, Meierla, Greider, Freid* und *Hei*.

Ja, unsere Mundart ist wahrhaftig eine Orgie der schweren Zwielaute. Das hat keiner besser erkannt als Hermann Strebel in seinem bekannten Song „Das ist doch der allerschönste Dialekt".

Schdraadn si dou zwaa Dullnraamer,
Brouder, dou derlebsd dei Drama,
daß ban Ärwerdn dou kaner zu vill doud.
„Edz gäisd noo dou und fängsd oo dou,
wal doch iech dou aa nu noo mou",
sachd der aa, „sunsd gräich der iech ä groußer Woud."
„Hald dei Schlebbern, rouder Brouder,
dou doch du wos, schdinggfaals Louder,
maansd gwiß du, daß mier di Ärwerd besser schmeggd,
wennsd derham vuur Noud ka Broud housd
und vuur Woud in Kuubf blauroud housd?"
Ist das nicht der allerschönste Dialekt?

Drei Kapitel aus der Nürnberger Grammatik

Di Kärch, die Mabbm und der Schärzer

Zunächst einiges vom Nürnberger Substantiv. Silbensparen — das ist auch bei der Beugung des Hauptworts das Leitziel des Mundartsprechers. Deshalb lauten die hochdeutschen Wörter die Farbe, die Katze, die Kirche, die Sache, die Schule, die Ware *di Farb, di Kadz, di Kärch, die Sach, die Scholl, die Wår.*
Bei zweisilbigen Pluralformen fällt selbstverständlich in vielen Fällen die Endung weg. Die Frösche, die Füße, die Hunde, die Kämme, die Tage und die Zweige lauten bei uns *di Fresch, di Fäiß, die Hund* oder auch *die Hind, di Kämm, di Dooch* und *di Zweich.*
Es stört den Nürnberger dabei keineswegs, daß das Wort in der Einzahl und in der Mehrzahl oft völlig gleich lautet. *Di Hend* und *di Wend* kann z. B. Hand und Wand wie auch Hände und Wände bedeuten.
Während man im Hochdeutschen die Decke, die Feile, die Hütte, die Karte, die Kappe, die Küche, die Mappe, die Suppe, die Treppe sagt, hängt der Nürnberger überall ein -n an: *di Deggng, di Feiln, di Hiddn, di Kardn, die Kabbm, di Kichng, di Mabbm, di Subbm, di Drebbm.* Wiederum wird dabei kein Wert darauf gelegt, daß sich die Singularform *Mabbm* von der Pluralform *Mabbm* nicht mehr unterscheidet.
Vom Hochdeutschen abweichende Pluralformen sind zwar nicht allzu häufig, klingen aber manchmal doch recht aufdringlich und komisch. So sagt man *di Baa* und *di Baaner* statt Beine, *Bleischdifder* statt Bleistifte, *Gleiser* statt Geleise, *Gschäfder* und *Gschäfdn* statt Geschäfte, *Gschengger* statt Geschenke, *Hind* statt Hunde, *Gwägser* statt Gewächse, *Hefder* statt Hefte und *Schdigger* statt Stück oder Stücke. Auch das Genus hat sich in einigen Fällen geändert, meist zugunsten des männlichen Geschlechts. Die Ratte ist bei uns *der Radz,* die Ruhe *der Rou,* di Scherbe *der Scherm,* das Gift *der Gifd,* wenn das Wort „Zorn" bedeutet, die Schürze *der Schärzer,* die Petersilie *der Bäiderla,* die Butter *der Budder,* das Gelüste *der Glusder* oder *Glusderer,* die Schokolade *der Schoggerlood,* die Backe *der Baggng,* die Gurke *der Gurgng,* die Milz *des Milz,* die Ecke *des Egg* und das Gas *di Gaas.*
„Die Leute" kommt im Hochdeutschen nur im Plural vor, während der Nürnberger *ä ooschdendigs Leid,* also die Singularform mit neutralem Genus kennt.
Einer der einschneidendsten Unterschiede zwischen Hochsprache und Mundarten, also auch der unseren, ist die Tatsache, daß es im Dialekt keinen zweiten und dritten Fall gibt.

Im Laufe der indogermanischen Sprachentwicklung ist die Zahl der Fälle zurückgegangen. Ursprünglich gab es acht Fälle, die modernen germanischen und romanischen Schriftsprachen besitzen deren noch vier, während der Volksmund sich mit zwei Fällen begnügt. Dadurch ist die Deklination, grammatisch gesehen, erheblich leichter geworden.

Sehen wir uns an einem Beispiel an, wie sich die Schriftsprache und das Nürnbergische unterscheiden:

Singular
Nominativ   der Mann   *der Moo*
Genitiv   des Mannes   —
Dativ   dem Manne   ⎫
Akkusativ   den Mann   ⎭   *den Moo*

Plural
Nominativ   die Männer   *di Menner*
Genitiv   der Männer   —
Dativ   den Männern   ⎫
Akkusativ   die Männer   ⎭   *di Menner*

Die Ersatzform für den Dativ ist offensichtlich der Akkusativ. *I bin mid mein Freind af die Kärwer ganger* heißt es in der Mundart statt: Ich ging mit meinem Freund auf die Kirchweih. *Is däi mid iern Moo in Urlaub gfårn oder allaans?* lautet die neugierige Frage der Nachbarin statt hochdeutsch: Ist sie mit ihrem Mann in Urlaub gefahren oder allein? *Mid den mooch i nemmer* entspricht: Mit diesem, mit ihm, mag ich nicht mehr verkehren. Daß das Gefühl für Dativ und Akkusativ völlig verlorengegangen ist — ähnlich wie beim Berliner Mundartsprecher — zeigt die Grußform *Gräiß Iner Godd* statt: Gott grüße Sie. Kein Wunder, daß es der Grundschullehrer in Nürnberg schwerer hat als seine Kollegen in Norddeutschland, den Kindern die hochdeutschen Fälle beizubringen. Grammatikfehler wie „Knusper Knusper Knäuschen, wer knabbert an meine<u>n</u> Häuschen" oder: „Ich gehe zu meine<u>n</u> Freund" sind an der Tagesordnung.

Die Ersatzform für den Genitiv wird folgendermaßen gebildet. Der Hut des Mannes ist hängengeblieben lautet bei uns entweder *der Houd vo den Moo is hengerbliem* oder *den Moo sei Houd is hengerbliem*. Käthes Haus hat viel Geld gekostet heißt *der Käddl ier Heisla houd än Badzn Geld kosd;* das laute Reden der — oder von — Frau Meier stört mich *der Meieri ier Gschraa koo i nemmer häirn*.

Mit dem vorletzten Beispiel haben wir gleich eine merkwürdige Eigenart im Gebrauch des bestimmten Artikels erkannt. Er wird im Gegensatz zur Hochsprache prinzipiell auch vor Namen gestellt. Fritz ist angekommen heißt *der Fritz is kummer,* Maria hat mir geschrieben *di Mari houd mer gschriem*. Napoleon war ein Eroberer, *der Nabooleon...*, und Hans Sachs war ein Dichter *der Hans Sachs wår ä Dichder*.

Übrigens vertritt der bestimmte Artikel in Nürnberg das hinweisende Fürwort: dieser, diese, dieses und das persönliche Fürwort: er, sie, es. *Mid dener mooch i nemmer* heißt also: mit diesen Leuten mag ich nicht mehr verkehren; *den hob i scho lang nemmer gseeng:* ich habe ihn schon lange nicht mehr gesehen; *däi wenn nu ämool wos sachd, haui er ane af ier frecher Schlebbern:* wenn sie nochmal eine Bemerkung macht, ...

Auch der unbestimmte Artikel ist in Nürnberg häufig an einer Stelle zu finden, wo ihn die Schriftsprache nicht verwendet. Wurst kaufen heißt bei uns *ä Worschd kaafm,* Angst haben *ä Angsd håm,* gern Kuchen essen *än Koung meeng.* Eine merkwürdige Wendung ist in diesem Zusammenhang auch *än ganz än grouß Koung houds baggng* statt: sie hat einen großen Kuchen gebacken oder *du bisd ja ä ganz ä grouß* statt: du bist ja schon ein großer Junge. *Ä suu ä Glumb* steht für hochdeutsch: solch ein Murks. Die Pluralform des unbestimmten Artikels ist dem Hochdeutschen völlig fremd, in Nürnberg aber gang und gäbe: *Dou kummer aa nu anne* oder *Wou senn denn meine Zedderla? I hob doch anni ghadd.*

Der Nürnberger kommt mit zwei Zeitformen recht gut aus

Schon die Konjugation des Verbums läßt im Vergleich zur hochdeutschen den Außenstehenden oft schmunzeln. Hier spürt er besonders deutlich, daß Hochdeutsch und Mundart zwei verschiedene Sprachen sind.

Singular				
1. Person	ich laufe	*ich laaf*	ich bade (mich)	*ich bood mi; ich dou mi boodn*
2. Person	du läufst	*du lefsd*	du badest	*du badsd di; du dousd di boodn*
3. Person	er läuft	*der lefd*	er badet	*der bood si* oder *bad si; der doud si boodn*
Plural				
1. Person	wir laufen	*mier laafm*	wir baden	*mier boodn si; mier denner si boodn*
2. Person	ihr lauft	*ier lafd*	ihr badet	*ier bad eich; ier ded eich boodn*

| 3. Person | sie laufen | *däi laafm* | sie baden | *däi boodn si; däi denner si boodn* |
| Partizip Perfekt | gelaufen | *gloffm* | gebadet | *bad; boodn* |

Auch andere starke Abweichungen von der Hochsprache sind bei der Verbbildung festzustellen. Da ist zuerst einmal die merkwürdige Vorsilbe der- statt hochdeutsch er-

derwärng	erwürgen
derfruurn	erfroren
derzilln	erzählen
derschloong	erschlagen
dermaadschd	—
derwischn	erwischen
derbräisld	—
derschdiggd	erstickt

Vor allem aber weicht oft das Partizip Perfekt, das Mittelwort der Vergangenheit, stark von der schriftsprachlichen Form ab

gewußt	*gwißd*
gefürchtet	*gforchdn* neben *gfärchd*
gesessen	*gsedzn* neben *gsessn*
gerannt	*grennd*
gekannt	*kennd*
gekonnt	*kennd*
gedacht	*denggd*
gewünscht	*gwunschn*
geläutet	*gliedn*
getan	*dou*
geniest	*gnossn*
gehangen	*ghengd (kengd)*

Ein besonderes Kapitel sind die Befehlsformen. Schriftdeutsch gib, nimm, hilf, wirf, vergiß nicht! heißt bei uns *geb, nemm, helf, werf* (soweit nicht *schmeiß* vorgezogen wird) und *vergeß ned!* Seien Sie so freundlich! heißt, falls sich der Nürnberger, wenigstens am Telefon, zu solcher Höflichkeit aufschwingt, *Sen S su freindli!* Diese mundartliche Form ist derart eingewurzelt, daß sie sogar bei Sprechern zu finden ist, die sich bemühen, alle Mundarteigentümlichkeiten ihrer Muttersprache abzulegen, wie das schwere L oder die schweren Diphthonge. *Sind Sie so freundlich und rufen Sie nochmal an!* zeigt aber doch letzten Endes, ganz versteckt, ihre Herkunft an.

Nun zum Gebrauch der Zeitformen. Während der Sprecher des Hochdeutschen in der Wirklichkeitsform sechs Zeitformen kennt und, mit Ausnahme der letzten, ständig in seiner Umgangssprache gebraucht, kommt der Nürnberger mit zwei Zeiten aus, wie die folgende Tabelle zeigt.

Präsens (Gegenwart)	er kommt	*der kummd*
Präteritum (1. Vergangenheit)	er kam	—
Perfekt (2. Vergangenheit)	er ist gekommen	*der is kummer*
Plusquamperfekt (3. Vergang.)	er war gekommen	—
Futur I (1. Zukunft)	er wird kommen	—
Futur II (2. Zukunft)	er wird gekommen sein	—

Beginnen wir mit der Zukunft. Sie wird in unserer, wie in den meisten anderen deutschen Mundarten, ohne lange Umschweife durch die Gegenwartsform ersetzt. *Morng kummd er erschd, ned heid;* er wird erst morgen kommen, nicht heute; *negsd Wochng hulli mei Geld;* nächste Woche werde ich das Geld holen; *negsds Jår bflanz i kanne Domådn mäir in mei Gärdla;* nächstes Jahr werde ich keine Tomaten mehr...; *im Sommer bsouch i mei Enggerla;* nächsten Sommer werde ich meinen Enkel besuchen. Eigentlich ein recht einfaches Verfahren. Der Adressat weiß durch die beigegebenen Zeitangaben: morgen, nächste Woche, nächstes Jahr, im Sommer genau, daß es sich nicht um die Gegenwart handeln kann und erschließt automatisch die zukünftige Bedeutung.

Ebenso gibt es in unserer Mundart fast keinen Unterschied zwischen Präteritum und Perfekt, zwischen 1. und 2. Vergangenheit. Die Hochsprache unterscheidet sehr genau zwischen einem tatsächlich abgeschlossenen Vorgang und einem Geschehen, das noch andauert.

Z. B. Gestern abend ging ich ins Theater.
Letztes Jahr fuhr ich in die Türkei (und bin schon lange wieder zurück).
Aber
Schon lange bin ich nicht mehr ins Theater gegangen.
Vor zwei Wochen ist er in die Türkei gefahren (und hält sich z. Z. noch dort auf).

Das ist dem Nürnberger völlig gleichgültig. *Er is gesdern ins Deåder ganger und vurigs Jår in di Därgei gfårn. Am Sunndooch houd er än Gebordsdooch gfeierd* sagt er, ohne Rücksicht darauf, daß er seinen Rausch längst ausgeschlafen hat und einsatzbereit an seinem Arbeitsplatz steht. *Vurigs Jår is er in Jesolo gween, dou houds nern går ned gfalln, wal si di Leid geengseidi af di Fäiß gschdieng sen* würde schriftsprachlich etwa lauten: Voriges Jahr war er in Jesolo, dort gefiel es ihm gar nicht, da sich die Leute gegenseitig behinderten.

Die einzige Ausnahme von dieser Grundregel bildet das Verbum sein, das neben der Vergangenheitsform *bin gween, is gweesd* auch das Präteritum *wår, wårn* beibehalten hat.

Selbst in Fällen, wo in der Schriftsprache das Plusquamperfekt nötig ist, begnügt sich der Nürnberger mit seiner „Allerweltsvergangenheit". Sie erfordert ja viel weniger gedankliche Arbeit. „Er versagte bei dem Wettkampf, da er vorher nicht genügend trainiert hatte" heißt z. B. in

Nürnberg *er houd än Badsch gräichd, wal er houd vuurher ned gnouch dränierd.*

Zum Abschluß wird ein kleiner zweisprachiger Text abgedruckt, der nochmals eindeutig die Nürnberger Vergangenheitsbildung demonstrieren soll.

Der Geschmack der Seligen.	*Is Gschmeggla vo der Seelichng.*
Ein Witwer hatte zum zweiten Mal geheiratet. Seine Frau gab sich alle Mühe und kochte ihm alles, was er gern aß. „Gut, was du kochst", pflegte er zu sagen, „aber eines gelingt dir nicht, der Geschmack meiner seligen Frau".	*Ä Widwer houd zon zweidn Mål gheirad. Sei Alde houd si mords oogschdrengd und houd nern alles kochd, wos er gern gessn houd. „Is scho goud, wos d kochsd", houd er immer gsachd, „aber aans bringsd hal ned her, is Gschmeggla vo meiner Seelichng".*
Die Frau ärgerte sich ein bißchen und machte sich Gedanken, weil sie nicht herausfand, was fehlen könnte.	*Di Fraa houd si ä weng gärcherd und houd si oodou, wals ned drafkummer is, wos dou feeln kennd.*
Einmal kam eine Nachbarin zu Besuch. Man plauderte, und plötzlich merkte sie, daß das Essen angebrannt war. Da kam sie in Fahrt. Für ein neues Gericht war es aber zu spät, weil ihr Mann schon die Treppe heraufkam.	*Aamål is ä Nachberi af Bsouch kummer. Hams ä weng graadschd. Midnander houds gmergd, daß is Essn oobrennd is. Nou is åber webserd worn; fir wos Neis wårs ober scho zschbäd, wal ier Alder scho di Drebbm raafkummer is.*
Ganz ängstlich stellte sie das angebrannte Essen auf den Tisch und dachte, er würde jetzt recht schimpfen. Der Mann aber strahlte und lobte sie: „Endlich der Geschmack meiner seligen Frau".	*Ganz ängsdli houds däi oobrennder Wår am Diesch hiegschdelld und houd gmaand, er schend edz gscheid. Der Ald åber houd gschdråld und houds globd:„Endli, is Gschmeggla vo meiner Seelichng".*

Der verflixte Konjunktiv

Die hochdeutschen Konjunktiv-Formen: er gebe, er gäbe, er würde geben oder er nehme, er nähme, er würde nehmen existieren im Nürnbergischen überhaupt nicht. Nur bei den Hilfszeitwörtern sein, haben, müssen, können, dürfen sind einige Parallelen zum Hochdeutschen gegeben. Die Mundart, die insgesamt zur Vereinfachung grammatischer Komplikationen neigt, hat sich recht einfache Ersatzformen zurechtgezimmert.

Betrachten wir zunächst die sogenannte indirekte Rede, bei der die Schriftsprache immer den Konjunktiv I verwendet: er sagt, er sei krank, er sagte, er sei krank. Schon in der kleinen Geschichte, die im letzten Kapitel erzählt wurde, erkennen wir die Nürnberger Ersatzform: Sie meinte, der Mann würde jetzt schimpfen, heißt im Dialekt einfach *si houd gmaand, er schend edz gscheid*. Es wird also die Wirklichkeitsform statt der Möglichkeitsform verwendet. Machen wir uns diesen Sachverhalt noch an einem deutlichen Beispiel bewußt:

Ein schriftsprachliches Polizeiprotokoll lautet etwa folgendermaßen: Der Zeuge sagte aus, daß er dort gestanden sei und gesehen habe, wie der Täter den Jungen geschlagen habe. Der mündliche Bericht eines Vollmundartsprechers würde in gleicher Situation lauten: *Der houd gsachd, daß er dordn gschdandn is und gseeng houd, wäi der ander den Boum gschloong houd.*

Noch unverständlicher für den Außenstehenden und von der Schriftsprache völlig abweichend klingen die Konjunktiv-Ersatzformen im Bedingungssatz, wo die Schriftsprache den Konjunktiv II und die Formen mit würde verwendet.

Wenn ich bestimmt wüßte, daß dieser Mensch anwesend ist, bliebe ich zu Haus oder: würde ich zu Hause bleiben.	*Wenn i gwieß wisserd, daß der Doldi aa hiegäid, bleiberd i dahamm.*
Wenn er mehr zu Fuß ginge und nicht immer im Wagen säße, würde er nicht so dick werden.	*Wenn er mäir laaferd und ned immer in sein Woong sidzerd (hoggerd), wererd er ned suu digg.*
Er brächte es noch weit, wenn er nicht so viel tränke (trinken würde).	*Der bringerds nu zu wos, wenn er ned su vill saaferd.*
Wenn ich das Buch fände, würde ich es ihm gerne geben.	*Wenn i des Bouch finderd, däd is n gern geem.*

Genug der Beispiele. Doch soll hier schon in Vorwegnahme dessen, was in einem späteren Kapitel über den vorsichtigen Nürnberger gesagt werden muß, ein Beispiel des „unnötigen Konjunktivs" gebracht werden. Der Nürnberger Wanderer macht seine Wandergruppe nicht mit der hochdeutschen Bemerkung: „Hier ist eine Bank" auf eine Sitzgelegenheit aufmerksam, sondern mit dem vorsichtigen Vorschlag *Dou wär edz ä Benggla*. Er verlangt im Laden nicht klipp und klar etwas mit der Formel: „Ich bekomme ein Pfund Äpfel", sondern sagt *I gräicherd ä Bfindla Ebfl*.

Zum Schluß noch eine ganz kleine Liste, die die krassen Unterschiede der hochsprachlichen und mundartlichen Konjunktivformen bewußt macht:

dürfte	*därferd*
wüßte, wissen würde	*wisserd, wissn däd*

käme, kommen würde	*kummerd, kummer däd*
schösse, schießen würde	*schäißerd, schäißn däd*
kennte, kennen würde	*kennerd, kenner däd*
riefe, rufen würde	*rouferd, roufm däd*
nähme, nehmen würde	*neemerd, neemer däd*
bliebe, bleiben würde	*bleiberd, bleim däd*
ginge, gehen würde	*gäierd, gengerd*
stünde, stehen würde	*schdäierd, schdennerd*

Di Brodzlsubbm und der Sodderhåfm
oder
Wie der Nürnberger schimpfen kann

Sauglumb dreggerds! Hundsgribbl eléndicher! Ein in Hörweite dieser sprachlichen Äußerungen befindlicher, nicht einheimischer Beobachter wird nicht lange brauchen, um den dazugehörigen Sachverhalt zu klären. Mit dem *Sauglumb* ist ein verknoteter Gartenschlauch gemeint, den der in Eile befindliche spritzwillige Besitzer kaum entwirren kann. Bei dem *Hundsgribbl* handelt es sich um einen übermütigen Lausbuben, der einem Herrn einen Schneeballen zwischen Mantelkragen und Hals plaziert hat. Am Tonfall und an der Lautstärke der Bezeichnungen hört man sowieso, daß es sich um ausdrucksstarke Schelt- oder Schimpfwörter handelt.

Das Schimpfen ist eine affektgeladene Reaktion mit sprachlichen Mitteln auf störende und ärgerliche Umwelteinflüsse. Widerwärtigkeiten im Geschehensablauf, ungünstige Umstände oder Behinderungen bei der Arbeit und vor allem unliebsame Charaktereigenschaften und Handlungsweisen unserer Mitmenschen machen den sonst so gemütlichen und in seinen sprachlichen Äußerungen sehr sparsamen Nürnberger im Nu zu einem recht derben, groben *Brodzler, Sodderer* oder *Bfobferer.*

Das Schimpfen darf nicht nur negativ beurteilt werden. Psychologisch gesehen handelt es sich um eine Art Ventilhandlung. Wenn die Wut verraucht, die Schimpfkanonade verhallt ist, ist die Seele wieder frei, das Problem ist erledigt. Tätlichkeiten oder verspätete hinterhältige Racherreaktionen werden oft durch das Ablassen des Dampfes verhindert.

Übrigens ist das Schimpfwort meistens nicht so gemeint, wie es klingt. Oft wird es nur humorvoll, scherzend verwendet, ja es kann sogar zum ausdrucksstarken Kosewort umschlagen, wie wir z. B. bei *mei gouder Sau, mei Hexla, mei Schdinggerla* erfahren werden.

Der Nürnberger besitzt wie die Mundartsprecher aller anderen Völker ein erstaunlich reichhaltiges Arsenal an Schimpfwaffen. Um die Fülle und Buntheit aller Schimpfausdrücke darzustellen, bedarf es vieler Seiten. Hier seien nur einige Beispiele angeführt. Dabei wird auch gleich auf eine der wichtigsten Gesetzmäßigkeiten des Schimpfworts, die Herabsetzung, aufmerksam gemacht. Wenn ich zur Kennzeichnung eines werthaltigen Gegenstands oder einer menschlichen Eigenschaft ein Wort wähle, dessen Herkunftsschicht der des bezeichneten Faktums unterlegen ist, entsteht automatisch eine herabsetzende Wirkung, eine Ding- oder Personenschelte. Wenn man also z. B. zu einem Auto *Kisdn* oder *Karrn* sagt, setzt man den Wert des Pkws humorvoll oder tadelnd herab. Das Diätessen, eventuell sorgsam zubereitet, wird durch die Bezeichnung *Wechnerinnerfråß* stark entwertet, ebenso ein Kamm durch das Wort *Lausrechen* oder eine Uhr durch die Bezeichnung *Zwiefl*. Die folgende Liste zeigt noch einige besonders typische Beispiele:

bezeichneter Gegenstand oder Körperteil:	Scheltwort:
enge Gasse	*Brunzgeßla*
kleines Zimmer	*Schbeikisdla*
eilige Unternehmung	*Gscheiß*
Suppe	*Wasserschnalzn*
lange Schuhe	*Salongschlorcher*
keck sitzende Herrenmütze	*Schnallndreiwersmidzn*
Radiogerät	*Schebberkasdn*
Taschenlampe oder elektrische Birne mit niedriger Wattzahl	*Doudnläichdla*
Wohnviertel	*Gloosschermvärdl*
Hände	*Griffl, Gralln, Glouwern*
Beine	*Graudschdambfer, Laadschn, Flossn, Schdeggerlasbaaner*
Kopf	*Gnerzla, Kollråwi, Gniedla und Gaggerla*
Haar	*Bärschdn und Budzwolln*
Augen	*Seieichla, Glodzer*

Zur Bezeichnung des Munds etwa steht eine Reihe von Schelten zur Verfügung, die meist im Vergleich mit dem Maul des Tieres oder mit Gegenständen entstanden sind:

Broudloodn, Fodzn, Fressn, Bfruudschn, Goschn, Läädschn, Maul, Ochsenschlebbern, Babbm, Raffl, Schnoowl, Schnebbern, Schnauzn, Waffl, Zooraffl, Zouchbeidlgoschn.

Bei den Personenschelten gilt das gleiche Gesetz. Zunächst einige Berufsschelten. Bezeichne ich den Zahnarzt als *Zooschlosser*, den Friseur als *Räislschåwer*, den Arzt als *Viechdogder* und den Milchhändler als *Milchbandscher*, werden sich die Angehörigen dieser Berufe kaum geehrt fühlen.

Vor allem fordert das Aussehen von Menschen beiderlei Geschlechts zur Kritik heraus, wenn es in irgendeiner Weise von der gewohnten Norm abweicht. Füllige, runde, schwächliche Körperform, lange oder schwerfällige Gestalt, Geh-, Sprech- und Sehfehler reizen die Spottlust des Volkes. Negative charakterliche Eigenschaften wie Schlampigkeit, Dummheit, sittliche Verderbtheit, Frechheit, Unreife, Faulheit, Eitelkeit, Geschwätzigkeit, Falschheit, Jähzorn und Besserwisserei sind die Zielscheibe starker Kritiksucht. Hierbei entwickelt die Volkssprache eine Genauigkeit der Beobachtungskunst, die der Schriftsprache abgeht. Es seien hier nur zwei Wortfelder als Beispiele herausgegriffen: Dummheit und sittliche Anstößigkeit. Offensichtlich nicht mit Geistesgaben gesegnete Mitbürger nennt man direkt oder indirekt wie folgt:

Affmbindscher, Bläidl, Doldi, Debb, Droddl, Dorgl, Dussl, Esl, Goons, Gaaßhiern, Gimbl, Gibskuubf, Gischbl, saudummer Goddfried, Gnalldebb, Goori, Hardla, Haschmich, Heiogs, Hiernheiner, Hulzkaschber, Hornogs, Hoddendodd, Hoschbers, Kårla, Kibfla, Kou, Maulaff, Ogsersau, Eelgedz, Rindviech, Rindskamobbl, Seggl, dumme Sau, Sefdl, Schbooznhiern, Schnäigoons, Simbl, Waldheini, um nur einige herauszugreifen.

Für sittlich nicht einwandfreie Männer steht dem biederen Nürnberger eine stattliche Auswahl von kritischen Bezeichnungen zur Verfügung: *Årschbadscher, Fodznschlegger, Geßlersgeicher, Lugi, Maadlersgoggerer, Neemnausmauser, Bussierschdenggl, Schlurcher, Schmierdiegl, Schnallndreiwer, Schweinigl, Diddlersbadscher.*

Noch stärker und häufiger sind die Wörter für Frauen und Mädchen, die die Regeln der Sittlichkeit verletzen:
Beesn, Boumgoggerer, Bigsn, Doggng, Fell, Fleederwisch, Flindscherla, Foosn, Gschbuusi, Gschdegg, Louder, Lumberdurl, Lusch, Madz, Musch, Musder, Nachdläichdla, Bridschn, Rumzuuch, Schigsn, Schliedn, Schlumbl, Schnalln, Schnebfm, Schdigg, Zuchdl.

Wie schon bemerkt wurde, können all diese Wörter auch gutmütig, spöttisch und im humorvollen, neckenden Sinn gebraucht werden und sind nicht immer beleidigend gemeint. Ausgesprochenes Schimpfen liegt vor, wenn lange, verstärkte Schelten verwendet werden. Aman hat in seinem Buch die Strukturgesetze der Verstärkung für das altbayerische Schimpfen mit eindeutigen Beispielen erfaßt, wie sie sich teilweise auch für das Nordbayerische und Nürnbergische anwenden lassen. So gibt es etwa folgende Möglichkeiten: *bläider Hund, bläider; bläider Hund du, du bläider; ein ganz bläider Hund, ein ganz bläider bisd du.* Im

Wörterbuch sind viele ähnliche Wendungen aufgeführt: *Dreegsau dreggerder, Kårfreidogsraadschn eléndicher* usw. Aus alten Nürnberger Quellen klingen uns maßlose Schimpfwortkanonaden entgegen, so z. B. schon bei den Fastnachtsspieldichtern Rosenplüt, Ayrer und Hans Sachs, aber auch bei der berühmt-berüchtigten Vorläuferin der Nürnberger Marktfrauen, die sich heute noch durch ihr reichhaltiges Schimpfwortvokabular von ihrer Umgebung abheben, der Bäuerin Zwoo im 18. Jahrhundert. Man brauchte sie nur zu necken, so ergoß sich der Schimpfstrom auf den verdutzten Angreifer: du Kupfer-, Zinn- und Meßgwanddieb, du Boden-Simons-Rackersknecht, du Stadt- und Landverräter. Auch ein ellenlanges Laufergasseneckenbeckenbatzenspulenspitzengsicht war in dieser Zeit zu hören.

Ja, ja, beim Schimpfen konnte und kann der sonst so wenig redselige Nürnberger eine erstaunliche Gewandtheit und Eloquenz entwickeln.

Zum Abschluß soll noch auf das Strukturgesetz bei der Entstehung von Scheltwörtern aufmerksam gemacht werden, das die Wissenschaft Pars-pro-toto-Bildung nennt: Ein Teil der bezeichneten Person steht für die ganze Person. So nannte man etwa einen schläfrigen, langweiligen Menschen: *Schlåfhaam* oder Schlafmütze, einen Bauern nach seinem Dreschgerät: Flegel oder einen Mann mit einem langen Hals, mit einem *Gänsgroong:* den *Gänsgroong*.

Besonders hervorzuheben ist dabei die Gruppe, die man als Pars-foedissima-pro-toto-Schelten bezeichnet, d. h., die „schlimmsten" Körperteile, die Analzone oder die Genitalien, werden zur Kennzeichnung der ganzen „verabscheuungswürdigen" Person verwendet. Die bekanntesten Beispiele dafür sind: *Årschloch, Årsch* in *Schmarrårsch, Beidl* in *Läingbeidl* oder *Seichbeidl, Bigsn, Hinderfodz, Bridschn, Schnalln, Schwoonz* in *Schlabbschwoonz, Schachdl, Zibfl* und *Zumbfl*.

Anschaulichkeit ist Trumpf
oder
Das Bildliche in unserer Mundart

Der Mundartsprecher drückt sich nicht gern abstrakt aus, wie es in der Schriftsprache nötig ist. Er sagt nicht: du unappetitliches, schmutziges Menschenkind, sondern kurz und knapp: *du Sau*. Er spricht nicht von einem Menschen, der sich innerlich und äußerlich weigert, einem zu Willen zu sein, sondern prägnant und treffend von einer *Gradzbärschdn* (Kratzbürste).

Wos bin i? Iech? Ä Bauernsau? — Wos glabsdn nacherd, wos du bisd, du verlouderds Schdaddmensch, du Fabriggschliedn du, du Zuchdl, du hundsverregder?

Man nennt solche bildlichen Ausdrücke oder Vergleiche in der Wissenschaft: Metaphern. Je schärfer beobachtet und zutreffender dabei das Vergleichsmoment ist, desto überzeugender ist das Sprachbild. Wenn z. B. der Mundartsprecher zu einem kleinen nackten Kind *Naggerdfreschla* sagt, so überträgt er das Quicklebendige des Tieres, aber auch seine glatte, glitschige Haut auf den kleinen Menschen.

Unsere Mundart strotzt geradezu — wie andere Dialekte auch — von einer Fülle solcher bildlichen Ausdrücke. Die Tatsache, daß es ein rühriger, unternehmungslustiger Mensch weiterbringt als ein träger und unbeweglicher Zeitgenosse, der die Dinge auf sich zukommen läßt, bezeichnet man in treffender, auf scharfer Naturbeobachtung basierender Ausdrucksweise: *ä fläicherder Grouer find mäir wäi ä hoggerder.* Lebhaftes, eiliges, oft auch unnützes Hin- und Hergehen ließ bei unseren landwirtschaftlich orientierten Vorvätern den Vergleich mit dem Taubenschlag auf dem Bauernhof aufkommen: *Dou gäids zou wäi in Daamschlooch.* Auch eine Redensart *der lichd dou wäi ä brellder Fruusch* für einen nach dem Essen völlig gesättigten, reglos daliegenden und die Glieder von sich streckenden Mitmenschen zeigt deutlich die Struktur der Metapher: Es wäre hier völlig falsch, die grüne Farbe oder die hervorquellenden Augen des Tieres in Ansatz zu bringen. Das Vergleichsmoment ist allein das Reglose und Plattgedrückte des toten Frosches.

Bäiderla af alli Subbm nennt man einen Wichtigtuer. Er ist überall zu finden, wie man das beliebte Küchengewürz früher bei allen Speisen zur Würzung und Zierde verwendete. *Glanne Hääferla laafm bal iewer* sagt man, wenn kleingewachsene, cholerisch veranlagte Personen lospoltern. Die Redensart trifft den Nagel auf den Kopf, da sich kleingeratene Männer oft von der Gesellschaft mißachtet fühlen und sich deshalb manchmal über Gebühr wegen nichtiger Anlässe erregen.

Beim Kochen auf offenem Feuer konnte es früher leicht passieren, daß das Kochgut oder das Wasser überquoll. Diese Beobachtung aus der Umwelt der Hausfrau und Köchin wurde nun in präzisen Metaphern auf die schimpfenden Ehemänner übertragen: suttern oder *soddern,* das Geräusch des siedenden Wassers ergab den Ausdruck *soddern,* „schimpfen, dauernd nörgeln". Brutzeln oder *brodzeln,* das knallende und zischende Geräusch des Fettes beim Braten wurde zum Schelt- und Neckwort *Brodzler* oder *Brodzlsubbm. Auch das Bfobfern,* die lautnachahmende Bezeichnung der hüpfenden Bläschen beim Kochen, wurde auf den ewig schimpfenden und kritisierenden Eheliebsten übertragen: *du Bfobferer, du alder. Häir edz endli aaf mid dein eewichng Gebfobfer!*

Zum Abschluß noch eine kleine Liste von Metaphern, bei denen der bezeichnete und kritisierte Sachverhalt, das zum Vergleich herangezogene Wort und das bei dem Vergleich ausschlaggebende Moment bewußt gemacht werden sollen:

bezeichnete Sache:	Wort:	Vergleichsmoment:
billiges Kleid	*Fäänla* (Fähnlein)	dünner Stoff; flatternd
Mensch, der seinen Anforderungen nicht gewachsen ist; wertlose Arbeitskraft	*Flaschn* (Flasche)	leer
runzliges, faltiges Gesicht	*Hudzl* (Hutzel)	vertrocknet, eingeschrumpft
schlecht und ärmlich gekleideter Mensch	*Vuuglscheing* (Vogelscheuche)	zerlumpt
großgewachsener Mensch	*Heigeing* (Heugeige)	Länge
allzu anhänglicher Mensch	*Gleddn* (Klette)	festhängend und klebend

Genug der Auswahl! Ich hoffe, meine Leser können sich nun vorstellen, warum man in Nürnberg zu einem kleingewachsenen, dürren Mann *Zwedschgermennla,* zu einem Lausejungen *frecher Schbooz* und zu einem energielosen Mannsbild *Waschlabbm* sagt.

In Närmberch haßds Maadla, in Färd Maadli
oder
Sind die Nürnberger Franken oder Baiern?

Hochdeutsch:	Nürnbergerisch:	Fürtherisch:
die Mädchen	*Maadla*	*Maadli*
Brotauflauf mit Kirschen, in der Pfanne gebacken	*Kärschnmennla*	*Broudbuuwerla*
Bäcker, ausgesprochen: Bäkker	*Begger*	*Begge*
die Brötchen	*di Weggla*	*di Weggli* oder *di Semmeli*
die Walderdbeeren	*di Rouwerla*	*di Bresdli*
die Wäscheklammern	*di Zwigger*	*di Boggerli*
Fangespiel der Kinder	*Fangerledz*	*Fangerfoodn*
Gerstenkorn am Augenlid	*Meerigl*	*Bierigl*
Kopfsprung ins Wasser	*Schdiech*	*Schduggerer*
Bauchlandung beim Kopfsprung	*Bladder*	*Breddla*
Kinderschlauch	*Schnuller*	*Badzer*

Die Nachbarstädte Nürnberg und Fürth scheinen auf den ersten Blick die gleiche Mundart zu sprechen. Das ist verwunderlich und nicht verwunderlich zugleich. Verwunderlich, weil die Geschichte der Reichsstadt und des vor ihren Toren gelegenen, zum Hoheitsgebiet des Markgrafen gehörenden Fleckens grundverschieden verlaufen ist. Die lange politische Trennung, ja die häufige Feindschaft der Territorien und die starke Industriekonkurrenz im 19. Jahrhundert haben zu allem anderen als guten Beziehungen in alter Zeit geführt. Heute noch sagt der Nürnberger spöttisch *vo Färd raaf kummd nix Gscheids,* eine Bemerkung, die sich nicht allein auf die aus dem Westen heraufziehenden Gewitterwolken bezieht. Der schlimmste Tadel für einen schlechten Nürnberger Fußballspieler ist *mer maand grood, der is vo Färd,* und eine ganz böse Abwertung klingt aus dem Nürnberger Volkswitz heraus, *mid än Färder dellefonier i ned ämäl.*

Nicht verwunderlich ist die weitgehende Übereinstimmung der Mundarten der beiden Nachbarstädte, wenn man bedenkt, daß der rege Pendelverkehr zwischen beiden Gemeinden seit dem 19. Jahrhundert, die Aufhebung der politischen und wirtschaftlichen Trennung zu einer weitgehenden Harmonisierung geführt haben.

Die Liste am Anfang dieses Kapitels — die sicher ergänzungsbedürftig ist — zeigt deutlich einige Unterschiede.

Ich darf hier eine kleine Geschichte einschieben, die sich Ende der fünfziger Jahre zugetragen hat, als ich in einer Fürther Schule zwölfjährige Jungen unterrichtete. Eines Tages fiel mir ein Schüler auf, der ein Gerstenkorn am Auge hatte. Ich fragte ihn mitleidig vor versammelter Klasse, ob das wohl ein *Meerigl* sei. Durch meine Verwendung des Nürnberger Dialektworts *Meerigl* statt hochdeutsch „Gerstenkorn" stellten sich plötzlich Verständnisschwierigkeiten ein. Die Klasse verstand mich nicht und plädierte ziemlich einhellig dafür, daß das Ding *Bierigl* heiße. Unausgesprochen unterstellten mir die Schüler, daß ich nicht richtig Deutsch (= Fürtherisch) sprechen könne.

Dieses Erlebnis war die Keimzelle für meine Untersuchung der mundartlichen, von Ort zu Ort verschiedenen Ausdrücke für das Gerstenkorn am Augenlid in Nordbayern. Ich rücke die Ergebnisse dieser Untersuchung hier für meine Leser ein, um ihnen die dialektgeographische Methode deutlich zu machen. Daß es sich um keinen Einzelfall handelt, sollen die anderen abgedruckten Kärtchen zeigen, welche einige Ausdrücke für die Mistjauche, die Gießkanne und das Schuhband aufführen.

Es handelt sich dabei nur um eine ganz kleine Auswahl aus dem riesigen Wortmaterial, das im Deutschen Wortatlas und im Archiv des Ostfränkischen Wörterbuchs zusammengetragen ist. Die Forschungsergebnisse zeigen, wie differenziert unsere Muttersprache war und teilweise noch ist. Man sieht als Laie deutlich die Notwendigkeit der Schriftsprache ein, die ein wichtiges überregionales Verständigungsmittel ist.

Noch ein Wort zur dialektgeographischen Forschung. Wenn man die vielen Hunderte von Karten für einzelne Wörter — ich nenne hier nur noch wenige Beispiele: Heckenrose, Kröte, Libelle, Erdbeere, Stachelbeere, Stricknadel — aufeinanderlegt, stellt man einen Zusammenfall vieler Wortgrenzen oder Linien zu sogenannten Linienbündeln fest. Diese Linienbündel nennt man Mundartgrenzen. Sie decken sich oft mit den früheren Grenzen politischer Territorien und alter Kirchsprengel-Einteilung. Drei wichtige Grenzen oder Schranken liegen in der Nähe Nürnbergs, die sogenannte Steigerwaldschranke, die nordbayerische Hauptmundartlinie an der Ostseite des Nürnberger Raums und knapp westlich von Fürth die nordbayerische Westschranke des Nürnberger Raums. Man kann sagen, das Nürnbergische ist ein vorgeschobener Posten Nordbayerns an das Fränkische hin. Die Frage, ob die Nürnberger Franken oder Baiern sind, läßt sich nicht mit einer klaren Feststellung beantworten. Fränkisches und bairisches Laut- und Wortgut haben sich in unserem Sprachraum im Laufe der Jahrhunderte vermischt, und das Ergebnis läßt sich am besten so formulieren: Die Nürnberger sind in erster Linie ... Nürnberger und in zweiter Linie Baiern und Franken.

Die Nürnberger Mundart erzählt Geschichte

Die Mundart ist keineswegs, wie man früher sagte, eine „verdorbene oder verschlechterte Schriftsprache". Sie ist eigentlich die ursprüngliche Sprache, die bis in die Anfänge der deutschen und germanischen Geschichte zurückgeht, während die künstlich geschaffene Schriftsprache erst zur Zeit Luthers entstand. Kein Wunder also, wenn der Dialekt Wörter enthält, die die Schriftsprache gar nicht kennt, wenn er gewissermaßen ein Museum für längst abhanden gekommene Dinge ist, ein Museum mit sogenannten sprachlichen Versteinerungen.

Sprachliche Versteinerungen gibt es natürlich auch in der Hochsprache. Wenn wir z. B. die etymologische Geschichte des Wortes: Hammer verfolgen und merken, daß das germanische Wort mit dem slawischen Wort kamen „Stein" verwandt ist, wird uns bewußt, daß Hammer ursprünglich „Steinhammer" bedeutete. Damit wird bewiesen, daß die ersten Hämmer der Germanen nicht aus Eisen, sondern aus Stein waren, eine Tatsache, die durch die Funde der Vorgeschichte bestätigt wird.

Ein zweites treffendes Beispiel ist die Geschichte des Wortes: Bett. Das germanische Grundwort ist mit lateinisch fossa „Graben" verwandt, so daß man die Grundbedeutung „Schlafgrube" für die ersten Schlafstätten der Menschen in vorgeschichtlicher Zeit erschließen kann.

Eine ähnliche Untersuchung soll nun mit Wörtern unserer Nürnberger Mundart erfolgen und zeigen, wie der konservative Mundartsprecher noch Bezeichnungen im Mund führt, deren ursprünglicher Anlaß der Geschichte angehört und längst verschwunden ist.

Dou derfsd aafbassn wäi ä Hefdlasmacher
oder
Unsere Mundart hält Erinnerungen an die alte Handwerker- und Bauernkultur fest

Beginnen wir mit der bekannten Redensart, die als Überschrift des Kapitels ausgewählt wurde. Die Heftlein oder Stecknadeln wurden früher glühend gemacht und mit einem Werkzeug zugespitzt. Diese Tätigkeit verlangte äußerste Genauigkeit und gute Augen. Das Nadler- oder Heftleinmachergewerbe war in der alten Reichsstadt, die als metallverarbeitende Industriestätte Weltgeltung hatte, sehr häufig. Daher noch heute die Redensart als versteinertes Relikt für eine längst vergangene Tätigkeit.

Auch andere Handwerksgepflogenheiten leben heute noch in der Mundart fort. So erinnert die Redensart einen *Medzgersgang machng* an die früheren Gänge der Stadtmetzger zur Kundschaft auf dem Land, das Wort *Gei (in Briefdräächer sei Gei)* ist ein letztes sprachliches Überbleibsel von der früheren Einteilung ländlicher Gegenden. *Schauer wäi ä gschdochngs Kälbla,* durch Zahn auf Seite 117 anschaulich erklärt, geht auf die alte Art des Schlachtens zurück, und die Nürnberger Bezeichnung *Booder* für den Friseur läßt heute noch die früheren Tätigkeiten des Baders lebendig werden, vergleiche Seite 67!

Der schbeid wäi ä Gerwersgaul kann man hören, wenn sich jemand übergeben muß. Die Pferde der Gerbermeister scheinen früher durch die scharf riechenden Laugen, die man bei der Bearbeitung der Häute verwendete, zum Erbrechen gereizt worden zu sein. *Schnebbern* sagt man zu einem geschwätzigen Mädchen und denkt gar nicht mehr, daß die Schnepper ursprünglich die Armbrust der Schnepperer war, mit der sie ihre sportlichen Wettkämpfe austrugen, vergleiche Seite 178!

Auch eine andere Schelt-Bezeichnung für dauerndes Schwätzen und Schnattern, *Waafm,* geht auf ein altes Handwerksgerät zurück. Die Weife war nichts anderes als das Weberschiffchen.

Nun wenden wir uns dem landwirtschaftlichen Erlebniskreis zu. Die städtische Müllabfuhr hieß in meiner Kindheit noch der *Keerichdbauer.* Wiederum spiegelt die Bezeichnung einen alten Sachzusammenhang. Früher verwendete der Bauer Gemüse- und andere Lebensmittelabfälle zur Düngung seiner Felder und kam deshalb mit seinem Karren regelmäßig zur Kehrichtabfuhr in die Stadt.

Unter einem Krakelhaken verstand man im alten Nürnberg die lange Stange, an der ein eiserner Widerhaken befestigt war und mit der man das dürre Geäst von den Bäumen brach. Der Gegenstand ist längst verschwunden, der *Gråglhågng* lebt zur Bezeichnung eines großgewachsenen Menschen munter fort. Ebenso verhält es sich mit den Scheltwörtern *Heigeing,* ehemals ein dicker Stamm, den man auf die Heulast legte, um ihr einen festen Halt auf dem Wagen zu geben, oder dem *Bumbmschdeggla,* einst der kurze Holzprügel, der senkrecht am Ziehbrunnen hing.

Dicke Beine heißen heute in Nürnberg noch *Graudschdambfer,* obwohl die Sitte, das Kraut mit den bloßen Füßen in die Fässer zu treten, längst abhanden gekommen ist, und zu einem gefräßigen Menschen sagt man immer noch *freß ned suu wäi ä Scheinerdrescher!,* obwohl die Maschine den Dreschflegel seit Jahrzehnten verdrängt hat.

Raddl di ned suu zamm! ermahnt die Nürnbergerin ihre Tochter, die den Gürtel allzu eng um die Taille schnürt. Der Reitel war in früheren Zeiten ein kurzer Holzpflock, mit dem die Schnüre um die Strohgarben zusammengedreht wurden.

Der Bauernfimfer und es Gschdechla
oder
Sprachliche Erinnerungen an längstvergangene reichsstädtische Rechtsgewohnheiten und Volksbräuche

Das Scheltwort *Bauernfimfer* gebraucht man heute noch für einen ungehobelten Burschen, der keine Manieren kennt. Warum man so sagt, wissen allerdings die wenigsten. In der germanischen Volksgerichtsbarkeit wurde das Urteil über große und kleine Verbrecher von einer ungeraden Zahl von Schöffen gefällt. Fünf Gemeindeälteste befanden über Rechtsfälle, die außerhalb der Grundherren- oder Hochgerichtsbarkeit lagen. Seit Hans Sachsens Zeit konnte sich der hochmütige Reichsstädter nicht genug damit tun, über die einfältigen Bauern zu spotten. So ist das Schimpfwort entstanden und bis auf den heutigen Tag lebendig geblieben.

Auch in der Stadt arbeitete ein Fünfergericht; dieses bestand allerdings aus fünf Patriziern. Nicht nur der heutige Name des Rathauses am Fünferplatz, sondern auch die Redensart *der koo mi fimfern,* soviel wie: *der kann mir den Buckel runterrutschen,* gehen darauf zurück. Das Nürnberger Fünfergericht war nämlich mit Beleidigungsprozessen beschäftigt, was den Ursprung der Redensart gut verstehen läßt. Heute nennt man ja in ähnlicher Weise die Abteilung des Nürnberger Amtsgerichts, die sich mit Beleidigungsklagen abgeben muß, in Fachkreisen das *Leggmiamårschgrichd.*

Auf alten Rechtsgewohnheiten beruht auch die Schelte *gscheerder Ramml* oder *gscheerder Hamml,* die in Nürnberg wie in ganz Bayern üblich ist. Das Scheren des Kopfes galt bei den stolzen Germanen im Gegensatz zum langen wallenden Haar des freien Mannes einst als Schande. An die Hinrichtungsart des Hängens erinnert noch die Schelte: *Galngschdrigg.*

Des is scho Jår und Dooch suu gween verwendet man immer noch in Nürnberg wie auch sonst in Deutschland als Zeitangabe. Auch in diesem Fall zitiert man, ohne sich dessen bewußt zu sein, eine alte germanische Rechtsgewohnheit. Von den alten Volksgerichten wurden Fristen gesetzt, die meist ein Jahr, sechs Wochen und drei Tage umfaßten, da die nächste Thing- oder Gerichtsverhandlung nicht aufs Jahr genau einberufen wurde.

Eines der geschichtsträchtigsten Wörter der Nürnberger Kindersprache ist das Wort *Gschdechla.* Zwei oder mehr Spielkameraden werden bei diesem Reiterspiel von Gefährten auf den Rücken genommen. Der Reiter hält sich an den Schultern und am Hals des Pferdes fest. So kämpfen die beiden Rösser mit ihren Reitern gegeneinander, bis eine

Partei unterliegt. Das Spiel kommt als Einzel- und Gruppenkampf vor und geht auf die alten Patrizier- oder Gesellenstechen zurück, die auf dem Hauptmarkt einst in Nachahmung ritterlicher Turniere ausgetragen wurden.

An eine andere reichsstädtische Gepflogenheit erinnern die Redensarten *korz vuur Doorschluß* oder *nix vo Duudn und Bloosn verschdäi*. Sie sind natürlich nicht auf Nürnberg beschränkt, sondern leben auch in anderen Landschaften fort. Nach der mittelalterlichen Verteidigungsordnung wurden abends die großen Tore geschlossen. Für solche, die später Einlaß begehrten, stand das Schlupfpförtchen gegen eine Sondergebühr zur Verfügung, das man z. B. heute noch am Vestnertor oder am Frauentor sehen kann.

Tuten und Blasen war die Aufgabe der Türmer, die bei Gefahr ihren Hörnern sehr differenzierte Geräusche zu entlocken wußten.

Auch längst außer Kurs gekommene wirtschaftliche Dinge werden in der Mundart festgehalten. *I hob kane Greizerla mäir* konnte ich noch vor dem Zweiten Weltkrieg hören. Die Kreuzer waren kleine Kupfermünzen mit einem aufgeprägten Kreuz und sind schon längst aus dem Verkehr gezogen worden. Auch in der Hochsprache spricht man heute noch von Heller und Pfennig, obwohl der Heller als Zahlungsmittel seit langer Zeit nicht mehr gebräuchlich ist.

Frühere religiöse Einrichtungen und Bräuche hält die Mundart ebenfalls zäh fest. So basiert die häufige Bezeichnung *Kårfreidogsraadschn* auf den Holzrasseln, mit denen man einst die Trauer über den Tod Christi bekundete, da die Glocken vor dem Osterfest nicht läuten durften. Ebenso sagte man noch lange Zeit *Bfingsdogs, Ousterbedzerla* und *Boolnbedz* für aufgeputzte Frauen, obwohl das Brauchtum, das Vieh an Feiertagen zu schmücken, schon lange verschwunden war.

Der schdäid dou wäi ä Eelgedz geht auf die schlafenden Ölbergjünger zurück, die außen an vielen mittelalterlichen Kirchen, meist in Stein, abgebildet waren, und mit dem *Doud von Forchheim* bezeichnet man heute noch einen schlecht aussehenden Menschen, was sich wahrscheinlich auf eine bildliche Darstellung in Forchheim beziehen dürfte, nicht auf eine Pestepidemie. *Schdinggng wäi di Besd* ist allerdings eine sehr häufige Redensart, die die Erinnerung an die furchtbare Seuche noch sprachlich erhält.

Ein Wort noch zum vorchristlichen Brauchtum, wie es in unserer Mundart fortlebt. Für plötzlich auftretende rheumatische Schmerzen sagt man in Nürnberg wie überall noch *Hexnschuß*. Der uralte Aberglaube lebt demnach sehr zäh in der Sprache fort, da man sich früher die rätselhaften Schmerzen als Verzauberung durch eine Hexe vorstellte.

Auch die Entstehung der Redensart *Legg mi am Årsch!* ist aus der magischen Vorstellungswelt vorgeschichtlicher Zeit zu erklären, aus dem sogenannten Abwehrzauber. Unsere Vorfahren pflegten einst die bösen Geister, mit denen sie Krankheit, Tod, Unwetter, aber auch Bosheit und Gemeinheit ihrer Mitmenschen gleichsetzten, durch Masken zu erschrecken und zu vertreiben. Bis ins Fastnachtsbrauchtum der Gegenwart sind schreckliche Teufels- und Hexenmasken lebendig geblieben, die man aufsetzte und mit begleitendem Lärmen und Schreien den Feinden zuleibe rückte. War keine Maske zur Hand, und man wollte trotzdem seiner Angst und Wut durch abschreckende Gesten Ausdruck verleihen, so streckte man wenigstens die Zunge heraus, verlängerte seine Nase durch die gespreizten Finger oder reckte dem Gegner sein entblößtes Hinterteil zu. Diese Gesten aus der Urzeit sind bei Kindern bis in die Gegenwart manchmal lebendig geblieben. Das Zurecken des Hinterteils konnte nun aber auch wörtlich mit dem einladenden Wunsch *Leggmiamårsch!* kombiniert sein. So hat sich also in der Volkssprache eine Erinnerung an ältestes Brauchtum heidnischer Vorzeit erhalten, ein Beispiel dafür, wie primitives Urverhalten des Menschen nach Jahrtausenden überlagernder Zivilisation nicht ganz erstickt werden konnte.

Die Mundart als Museum historischen Geschehens! — Ein Letztes muß in diesem Zusammenhang über die vielen französischen Fremdwörter in unserem Dialekt berichtet werden. Sie sind nicht allein abgesunkenes Kulturgut aus der Sprache der gebildeten Schichten, sondern sie erinnern in Nürnberg speziell an die Besatzungszeit der französischen Revolutionsheere Ende des 18. und Anfang des 19. Jahrhunderts.

So sagt man heute noch gern *bassiern, bressiern, alderiern, eschoffiern, esdermiern* und *scheniern*. Der Lastkraftfahrer dirigiert seinen Kollegen beim Einparken immer noch durch den Zuruf: *Får ä bisserla reduur!* Man spricht von einem *wiefm Bärschla,* sagt *adee* statt Auf Wiedersehen, *Droddwar* statt Gehsteig, *Beróng* statt Bahnsteig, *Barasoll* für den Regenschirm und *Bodschamberla* für den Nachttopf. Der Geldbeutel heißt in der Nürnberger Volkssprache *Borbmonee,* das Waschbecken *Waschlawoor,* die Bande *Bagåsch,* das alte Fahrzeug *Scheesn* und wacklig arrangierte Gegenstände *Budscheer.*

Die Freude am Klang der ausländischen Wörter ist so stark, daß man sie immer noch hören kann, obwohl die Übernahme englischer Ausdrücke ins Deutsche längst die alte Französerei verdrängt hat.

Der Charakter des Nürnbergers im Spiegel seiner Mundart

Der Charakter eines Menschen, seine durch Umwelteinflüsse geformte Veranlagung, wird nicht nur aus seinem Verhalten erschlossen. Er wird oft recht überzeugend sichtbar in Gestik und Gangart, in Mimik und Handschrift. Vor allem äußert sich das Wesen eines Menschen in seiner Sprache. Der Tonfall, die Art der Laut-, Wort- und Satzbildung, die mehr oder weniger häufige Verwendung bestimmter Wörter und vieles andere lassen uns in das Eigenartige des Sprechers blicken, ja erschließen uns manchmal seine Seele.

Was für den einzelnen Menschen gilt, ist auch auf einen ganzen Volksstamm, auf ein Volk zu übertragen. Der Charakter des Nürnbergers ist nichts Einheitliches. Die Kämpfe der Franken gegen die Baiern zur Zeit der Landnahme im 8. und 9. Jahrhundert, der Gegensatz zwischen weltstädtischem Patriziat und handwerklich-bäuerlicher Bevölkerung wie vor allem die starke Zuwanderung, die im 19. Jahrhundert aus der Oberpfalz in die Stadt erfolgte, haben unseren Charakter mehr als widersprüchlich gestaltet. In den folgenden sechs Kapiteln soll versucht werden, einige Züge der nürnbergischen Wesensart anhand der gesprochenen Mundart herauszuarbeiten. Freilich gelten viele Feststellungen auch für den fränkischen oder bairischen Mundartsprecher ganz allgemein und finden bei anderen deutschen Stämmen ihre Parallele, doch die Summe der Erscheinungen vermag doch etwas wie ein Spiegelbild des Nürnbergers in seiner Mundart zu skizzieren.

Su wårs scho mei Ledda
oder
Der erzkonservative Spießer

Beginnen wir mit dem Spießer, der sich gern in die Privatsphäre zu *sein Seidla Bäir* zurückzieht und die Stammtischpolitik dem großen Weltgeschehen vorzieht. Wo er kein Stammgast ist, isoliert sich der Nürnberger gern bei einem Gasthausbesuch: *hoffendli hoggd si der ned her zu mier; i bin frou, wenn i kans siech* wimmelt der gesellschaftsfeindliche Gatte seine Frau ab, die gern Bekannte einlädt. Eine andere ähnliche Abweisung lautet: *dou gäi i ned hie, i kenn mer miese Leid gnouch.* Die häufig störende Hausgenossin veranlaßt den gemütlich vor dem Fernsehgerät sitzenden Nachbarn nach ihrem Weggang zu folgender Aussage: *wos houd n däi scho widder gwolld, alli Schieß lang kummds weecher wos andersch grennd.* Überhaupt werden Störungen jeglicher Art als lästig empfunden: *wemmer aamål maand, mer houd sei Rou, kummd widder ans daher.* — Die Ehefrau, die häufig bei Beerdigungen anwesend zu sein pflegt, wird zurechtgewiesen: *edz bleibsd dahamm mid deiner eewichng Kärchhuuflaaferei, däi gäid af dei Leich aa nemmer.*

Der Nürnberger war und ist kein Revolutionär. Das tritt in folgenden Mundartproben zutage:

mier machngs doch ned andersch; mei Sorch und Aafreeng (wenn Planungen der anderen schiefgelaufen sind); *däi solln doch schauer, wäis allaans zreechdkummer, ham an ja vuurher aa ned gfrouchd; maansweeng machng däi wos meeng, i hob scho gsachd, wäi i mers dengg; däi kenner miech går ned maaner.*

In diesen Zusammenhang gehört auch der leicht stilisierte Nürnberger Volkswitz, der den vorsichtigen, entscheidungsarmen Mann zwischen den Fronten zeigt: *dou sooch i ned ä suu oder ä suu; nou koo kanner soong, i hob ä suu oder ä suu gsachd.*

Festgefahrenes, Altgewohntes sollte nicht so leicht verändert werden: *iech wår ban Schuggerd, mei Fraa war ban Schuggerd, soll der Bou aa hiegäi, dou houd er sei Gwieß.* Der Stockkonservative ist skeptisch allen Neuerungen gegenüber: *und iewerhabds däi mid iere neier Firz! Af suu än schäiner Blooz hams ä suu ä Schachdl hiegschdelld* wird ein moderner Zweckbau kommentiert, auf den sein Architekt sicher sehr stolz ist. Vor etwa zehn Jahren notierte ich die Schlußbemerkung eines längeren Gesprächs über die Anschaffung von Eigentumswohnungen in einer Gartenkolonie bei Thon: *Wos bragsd den mäir fir des bißla Leem? Ä schäins Bedd, ä warmer Schdum, wos Gscheids zon Fressn und än groußn Håfm zon Neischeißn.* Neben derber Pointierung wird in diesem Originaltext resignierendes Nicht-Wollen und Nicht-Können offenbar. Auf der anderen Seite verrät die Bemerkung bodenständigen Realismus, Bescheidenheit und Sinn für Humor.

Wår mer ä weng in der Schdadd?
oder
Der kritische, witzige und neugierige Nürnberger

Die engagierte anbiedernde Beflissenheit des Nürnbergers scheint zu seiner eben geschilderten Kontaktarmut gar nicht zu passen. Neugierde und die Einmischung in die Belange des anderen sind in unserer

Stadt historisch belegt. So schreibt ein reisender Franzose im 18. Jahrhundert: „Wenn wir durch die Straßen hier gingen, so gafften uns Weiber und Mädchen, die in den Kramladen saßen, starr an und lachten uns aus vollem Halse gerade ins Gesicht und diejenigen, welchen wir auf den Gassen begegneten, verfuhren auf ebenso unverschämte Weise."

Bei Arnold lesen wir im 19. Jahrhundert: „Freilich ist der Nürnberger mitunter über die Gebühr dienstfertig, so daß er sich lächerlich macht. Wie jener, der mit einem Engländer am Wirtstische speiste und bei jedem zufälligen Blick, den der Gentleman nach einer Schüssel, dem Salat oder nach dem Salzfaß warf, sogleich besorgt fragte: ‚Befehlen Sie vielleicht den Salat oder das Salz ...?' Bis John Bull ihn endlich anschnauzte: ‚Was gehn den Sör an, was ich wollen, ich werde Order geben dem Waiter und brauchen nit den Sör'."

Auch heute noch ist Anbiedern und Neugierde durch zahllose mundartliche Wendungen zu beweisen. *Wår mer ä weng in der Schdadd?* fragt die Nachbarin die zurückkehrende, zum Ausgang gekleidete Hausgenossin. Unser Schimpfwortvokabular kennt den Spezialausdruck *Zungerzäicheri* für den Informationshunger der Damen. Grundsätzlich wird in Nürnberg ein autowaschender Nachbar oder eine fensterputzende Hausfrau freundlich angesprochen: *machng Ses fei ned går zu schäi!* oder *kenner S mein aa glei miedwaschn.* Fällt z. B. einem Passanten die Mappe aus der Hand, lautet der Kommentar des vorübergehenden Nürnbergers: *dou wärds besser, di* Wår. Bleibt ein auswärtiger Autofahrer vor einem Zebrastreifen stehen, weil er sich in Nürnberg nicht auskennt, ist sofort die zivile Hilfspolizei zur Stelle: *dou derfm S fei ned schdäi bleim, des is verboodn.* Ein zu schneller Fahrer fordert den Durchschnittsnürnberger zu sofortiger herber Kritik heraus: *der gherd doch glei oozeichd.*

Typisch genug sind in diesem Zusammenhang auch einleitende Bemerkungen und aufmerksamkeitheischende, wichtigtuerische Satzanfänge wie: *gesdern hob is erschd zu meiner Fraa gsachd* oder *horch ämål, horng S ämål!; du bisd gwiß närsch; häir fei aaf!; edz wärds Dooch* usw.

Kritiksucht macht vor keinem Gegenstand halt und beherrscht deshalb häufig auch die Auseinandersetzung zwischen den Generationen. Wie die jüngere Generation nicht mit abwertenden Worten spart — *alder Graudschdår, alder Simbl, alder Debb* —, so sind in umgekehrter Richtung *suu ä Berschla, ä Gschdeggla, ä junger Hubfer, Dudderer* oder *Bubbl* an der Tagesordnung. Die frühzeitige Bindung ans andere Geschlecht wird aus genauer Erfahrungsbeobachtung heraus kommentiert: *der is nu zu jung, der soll si ned scho an ä Maadla droohenger.* Bei Widerspruch oder extravertiertem Benehmen kann man folgende Urteile hören: *zerschd zäichd mers grouß, nou werns frech; iewerhabds kan Ånschdand hams, däi junger Leid, mier heddn ä gscheider gschmierd gräichd, wemmer si suu aafgfäird heddn.*

So wenig revolutionär der Nürnberger sein mag, der kleine Mann mekkert oft genug, zwar meist, wenn die Obrigkeit gerade weghört, aber dafür um so heftiger; *i bin ja blouß nu in Dreeg sei Dreeg* schimpft er oder: *den sein Bolandi machi grood,* oder *dou ham s gwiß widder kan Glennern gfundn,* wenn er sich über harte Arbeit beklagt, die ihm sein Chef zugewiesen hat. Typisch genug ist auch die bekannte Drohung: *naaf wenn i gäi, denner bsorchi s gscheid. Naaf* bedeutet dabei irgendeine Behörde, etwa das Finanzamt, die Zulassungsstelle für Pkw oder das in Nürnberg bestimmt nicht „oben" gelegene Rathaus.

Der Närmbercher derhudzd si ned

Der langsame, maulfaule Nürnberger wurde schon ausführlich geschildert, als von seinen breiten Diphthongen, von seinem schweren L und von seiner Tendenz, Konsonantenhäufungen zu vereinfachen und Silben zu sparen, die Rede war. Auch in vielen gegen Hektik, Betriebsamkeit und Hast gerichteten Wendungen wird diese Charaktereigenschaft deutlich. Besorgte Eltern rufen ihren temperamentvollen Kindern zu: *dou hal ä weng langsam!; dou di ned derhudzn!; renn der ned dei Hiern ei!; scha af deine Fäiß!* Gegen exaltiertes Benehmen sind folgende Abwehrwendungen gerichtet: *dou di ned oo!; daß der fei nix bleibd!; wer fei nu ämål!*
Unerschütterliche Ruhe ist auch sonst festzustellen: *Kummi heid ned, kummi morng* oder *heier nemmer und negsds Jår ned glei.* Ein Schreinermeister pflegte einst in einem östlichen Stadtteil Nürnbergs eine stereotype Auskunft zu erteilen, wenn man ihn fragte, wann die längst fällige Reparatur fertig sei: *Haalin Oomd.*
Eine Reihe von Schimpfwörtern steht zur Verfügung, die das seelische Bedürfnis offenbaren, alles Hastige und Schnelle abzuqualifizieren: *Budzdeifl, Wärchdeifl, Queggsilber, Ruschl, Schussl, schusslerds Frauerzimmer, Wildsau* (für den rücksichtslosen Autofahrer), *Hebberer, närscher Deifl* usw. Unangenehm werden Betriebsamkeit und Geschäftigkeit empfunden: *des is ä rechds Mennlaslaafm* oder *dou gäids zou wäi in Daamschlooch.* Früher hörte man häufig: *däi houds noudwendi wäi di Kadz in Kimbedd.* Heute sagt man statt dessen: *der färd rum wäi der Schieß in der Ladérn* oder *der houd kan Hoggerdn ned.*
Ebenso verdächtig sind dem Nürnberger Angeber, Wichtigtuer oder Leute mit starkem Führungswillen, wo er nicht am Platz ist. Sie werden teilweise mit sehr derben Schelten bedacht: *Bimberla vo Laff, Bäiderla*

af alle Subbm sind noch die harmloseren. *Årschgaggers* oder *ä gschissns Gscheiß houd der* läßt die Ablehnung schon wesentlich deutlicher erkennen. Als *Hellseer* und *Blidzmerger* wird der sich vordrängende Überkluge vom langsam prüfenden Nürnberger eingeschätzt. *Schbruchbeidl, Grambfbolln* sind unliebsame Aufschneider. *Der mou aa nu sein Semf derzou geem; der Glugscheißer häird si gern riedn; däi schderbd aa ned am ungschbrochner Word* zielen in gleiche Richtung.

Daher ist auch ständiges und schnelles Reden dem behäbigen Nürnberger mit seiner langsamen Auffassungsgabe arg zuwider. *Däi Schnebbern, däi alder Waafm, däi Raadschn, den sei Safdwaffl, der Schmarrer; den sei Gschmarri koo i nemmer häirn; den Seichbeidl sei Gschmorgl; des alde Waschweib, des Doochbleddla, däi Rewolwergoschn* und ähnliche Schimpfwörter zeigen dies überdeutlich.

Der Gipfel verbaler Abwehrreaktion ist die Redensart: *derer ier Maul mäins ämål exdra derschloong, wenns gschdorm is.*

Fleißig und solide war er schon immer

Die Schilderung des Langsamen und Behäbigen darf uns nicht zu der Annahme verleiten, der Nürnberger sei faul oder arbeitsscheu. Die jahrhundertelange Tradition des Handwerkerfleißes in unserer Stadt, das *Goudeinerde*, d. h. die Tüchtigkeit, die als Nürnberger Witz oder Erfindungsgeist die alte Reichsstadt weltberühmt und im Mittelalter zu einem begehrten Handelspartner gemacht hat, ist heute noch zu spüren.

Masder ist immer noch in der Mundart ein Ehrenname und darf von Fremden keineswegs, wie es manchmal der Fall ist, als Degradierung empfunden werden. Fragwürdigen technischen Neuerungen gegenüber ist der solide Handwerker äußerst skeptisch: *des werd scho su ä Glumb sei.* Als in der Messehalle vor zwei Jahren ein Schrankbett vorgeführt wurde, das man mit einem Druckknopf in Bewegung setzen konnte, hörte man folgenden Kommentar aus der Schar der Umstehenden: *wenn edz des Glumb åmds glemmd, koosd ned ämål in dei Bedd gäi.*

Ham däi än Graffl banander; in suu än Gwärch finderd ich aa nix oder *dou ä weng aafreimer, mer waß ned wäi ans kummd!* zeigen die Ordnungsliebe des Nürnbergers. Stolz auf geleistete, eigenständige Arbeit tritt in folgenden Ausdrücken zutage: *Achgodderla, derf mer si ooschdrambln in ganzn Dooch; heidzerdooch koosd di af kan Menschn mäir verlassn; dou moußd aafbassn wäi ä Hefdlasmacher.*

Kein Wunder, daß man aus dieser Gesinnung heraus für den faulen, wenig leistenden Zeitgenossen sehr starke Abwehrwendungen parat hat: *su ä fauler Hund, Gnochng, Schdingger; ä Badzer, Bolzer, Bfuscher, Murgser, Flaschn, Fliggschousder, Nachdwächder, Kanålschlamber, Zicheiner, Lumberla.* Wer nix Gscheids glernd houd, is ä *Brigeddsabschdauber, ä Karussellschäiber, ä Leingwoongbremser* oder ä *Scheernschleifer.* Auch beim Fußball wird selbstverständlich voller Einsatz verlangt: *Dou fei den Bolln nix!, scha ner hie, di Groußmudder vom Diensd!* usw.

Das Solide und Pragmatische des Nürnbergers wurde mir besonders an einem kleinen Erlebnis bewußt, das ich in den fünfziger Jahren hatte und das hier als kleine Anekdote erwähnt werden muß. Einem stadtauswärts eilenden, etwa 60jährigen Nürnberger wurde am Tiergärtnertor die Zeitschrift einer religiösen Sekte entgegengehalten. Er rief der jungen Frau abrupt zu: *gäi ham, schdrigg Schdrimbf!* Ins Hochdeutsche müßte sein Gedankengang etwa folgendermaßen übertragen werden: Stehen Sie nicht untätig hier herum, kümmern Sie sich nicht um unbeweisbare Theorien, sondern leisten Sie etwas, was praktisch verwertbar ist!

Gekoppelt mit dieser handwerklichen Pragmatik sind Sparsamkeit und Skepsis gegen geschäftliches Risiko. *Dou kosd di Bräi mäir wäi di Fiesch* oder *mid den läßd di ned ei, des is ä ganz ä gwiefder, der wil di Worschd ba drei Zipfl baggng; än gschengdn Gaul schaud mer ned ins Maul; des is mer zdeier, däi solln iern Dreeg selber bhaldn; däi maaner gwieß, i hob mei Geld gschduln; läiber in Moong verrengd als in Wärd wos gschengd; mags Fenster zou, läiber derschdiggd wäi derfruurn!* sind nur einige Proben dieser Einstellung.

Solide Gesinnung, das beinhaltet allerdings auch Ehrlichkeit, Offenheit und Direktheit als positive Charaktereigenschaften. *Der falsche Fuchzger koo an ned ämål grood ooschauer; red ned suu drum rum, schäiß lous!; mach di ned schener wäisd bisd!; i soogs, wäi i mers dengg; glab däi Wår!; des glabsd ja selber ned; wos i ned siech, glaab i ned; des houds der gwiß draamd* und *gmaand* und *gschissn is zwaaerlei* sind recht deutliche Belege.

Ein besonders charakteristisches Beispiel ist der folgende Bericht über ein Gespräch: *hob i mer dengd, gäi ner her!; des sooch i der edz glei, daßd waßd wäisd droobisd ba mier.* Der Sprecher schien zunächst bereit zu sein, mit der letzten Wahrheit zurückzuhalten, gab sich dann aber einen Ruck und sprach nun alles aus, ob es ihm zum Vorteil gereichte oder nicht.

Schimpfwörter, die gegen Lüge, Falschheit, Unredlichkeit gerichtet sind, gibt es daher in unserer Mundart in Hülle und Fülle. *Läinggoschn, Läingschebbl, Läingbeidl, Läingmaul, falscher Kadz, falscher Hund, Hinderfodz.* Auch für schmeichelnde Opportunisten hat man nicht viel übrig, wie die Schelten: *Gauner, Schlidzouer, Bscheißer, Årschgradzer, Blindschleing, Schlanger, Schleicher* und *Schleimscheißer* zeigen.

Aggressiv und ordinär kann er auch sein

Was über Aggression und Brutalität gesagt werden muß, soll stufenweise vorgeführt werden. Ein die Gaststube betretender Gast läßt aus Versehen die Türe offen, und es zieht einem waschechten Nürnberger an die Füße. *Mach mer ä weng unser Dier zou, Herr Nachber!* ist seine verbale Reaktion, die von Nicht-Nürnbergern, vielleicht nicht zu Unrecht, als unangenehm empfunden wird. Eine Berlinerin sagte mir, daß ihr ein direktes: Machen Sie die Türe zu!, ohne „bitte", lieber wäre als die etwas hinterhältige, nur scheinbar gutmütige Aufforderung.

Eindeutigere Beispiele für aggressives Verhalten sind schon folgende Wendungen, die zeigen, wie die übliche Maulfaulheit des Nürnbergers durch Ärger oder Emotion überwunden wird: *braugsd blouß soong wäisd haßd; edz willi Iner ämål wos soong; dou kenni mi, wäi i dou bin; und wennsd di afn Kuubf schdellsd und mid die Fäiß wagglsd; no, wals wår is.*

Villeichd wärd dou aafgmachd; des gäid fei ned; villeichd ruggngs ä weng afd Seidn; maansd gwiß, i bin bsuffm; i brauch den sei Gschmorgl verraten schon leichtes Donnergrollen.

Noch drohender klingen etwa: *niewer wenn i gäi, zäich i di raus aus dein Luuch* (wobei der Adressat keineswegs in einem Erdloch zu sitzen braucht, sondern friedlich aus dem Fenster schaut). Hierher gehören auch die Schimpfwortkanonaden der Nürnberger Marktfrauen, von denen auf Seite 36 die Rede war.

Sehr derbe anschnauzende Wendungen bei patriarchalischer Form der Kindererziehung gehören nicht gerade zu den positiven Mundart- und Charakterproben. *Häirsd gwiß ned, nou budz deine Leffl aus!; i hau der ane af dei Goschn, daß aafgschwilld wäi ä Hefferkäichla; kummer ner ham, Bärschla!*

Des ane koo i der soong, wennsd di edz ned hiehoggsd und lernsd dei Wår, nou rigg mer zamm, mier zwaa kann wohl kaum als psychologisch fundierte, trotzdem aber manchmal wirksame Hausaufgabenbetreuung angesprochen werden.

In gleiche Richtung weist der folgende Dialog zwischen einer Mutter und ihrem achtjährigen Sohn. Das Kind hat die schwer beschäftigte Mutter mit der weinerlichen Bemerkung gestört: *Mamma, i find meine Bleischdifder ned.* Die Mutter hilft zwar notgedrungen beim Suchen, reagiert aber ihren Ärger wie folgt ab: *findn wenn is dou, hau i ders am Kuubf naaf.*

Die Vorstufe hemmungsloser tätlicher Aggression steckt schon im Kind. Die Anekdote, die jetzt erzählt wird, ereignete sich vor rund dreißig Jahren. Eine Familie zieht ein, der Möbelwagen steht vor der Tür, und der kleine, etwa sechsjährige Junge sieht sich inzwischen in der neuen Umgebung um. Ein gleichaltriger Nachbarsbub betrachtet den Neuankömmling mit unverhohlener Neugier. Die Annäherung erfolgt so: die Hände in den Hosentaschen tritt er auf Tuchfühlung an den Neuen heran, rempelt ihn leicht mit der Schulter und fragt: *soll i di fodzn?*

Offene, ungehemmte verbale Aggression liegt endlich in folgenden Wendungen vor, die nicht in Tätlichkeiten zu enden brauchen, meist sogar nur eine Art Ventil sind, durch das aufgestaute Wut abgelassen wird, die aber durch ihre gespielte Brutalität mitunter tief blicken lassen. *Greizdunnerwedder, wenn edz der mid sein Glaviergebimber ned aafhäird, gäi i naaf und hau den Kasdn zamm; den wenn i siech, mou i mi zammreißn, daß i ned hiegäi und schebbernern ane; den kennd i derwärng; den soll doch glei der Deifl huln.*

Suu genger di Geng
oder
Der schicksalsergebene, gutmütige Nürnberger

„Gemütlichkeit ist ein Grundzug des Nürnbergers" hat schon Arnold in seinen Vorträgen vor einhundert Jahren festgestellt. Daß dies trotz der soeben geschilderten Schimpf- und Schmähflut des Nürnbergers heute noch Wirklichkeit ist, zeigt vor allem der für Nürnberg typische häufige Gebrauch der Verkleinerungssilbe *-la*.

In der Kindersprache hat sie noch ihren ursprünglichen Sinn: *des is fei ä ärdlis Waggerla; ä glans Freschla; is Bobberla greind; mei Schdinggerla, wou sen denn deine Schdrambferla?; mei Suggerla, housd ä Wisserla gmachd?; gräigsd glei dei Milcherla; mach ner dei Geschla aaf, mei Gscheiderla!*

In der Sprache der Erwachsenen dagegen wirkt die Sache völlig anders. Man trinkt in Nürnberg *ä Deßla Kaffe,* auch wenn es sich um ein stattliches Porzellangefäß handelt, man ißt *ä Schdiggla Koung* von beträchtlichem Ausmaß. Man trinkt *ä Fleschla Bäir* — meist bleibt es nicht bei einem allein —, man besitzt *ä Handdeschla,* das so groß wie ein kleiner Handkoffer sein kann, man baut sich *ä Heisla* (Kostenpunkt mehrere hunderttausend Mark) und man bietet mit triumphierender Miene vor dem Schachmatt *ä Schechla.*

Häufig wird das Diminutivsuffix auch an Ausrufe angehängt: *auwäierla, hobberla, achgodderla!;* gelegentlich hört man sogar die Grußformel: *Grißgoddla!* Ein paar lautet in Nürnberg: *ä bårla; ä Bebberla, ä Scheißerla* sagt man abwehrend oder man verkleinert: *a weng ä Debberla, ä*

weng ä Lumberla, is Eggerla, ä Schbodzerla, ä Ruggerla, ä Masderschdiggla. Im Dritten Reich forderte einst eine Mutter ihr Kind auf: *housd schäi dei Heil-Heilerla gmachd?*
Versöhnliche Kibitzsprüche tönen einem beim Karteln entgegen: *ned schdreidn, schäi schbilln!* oder *dou mäi mer än Rechdsånwald huln, bei eich schbild ja ä jeeds andersch.* Die Unerschütterlichkeit widerwärtigem Schicksal gegenüber kommt nicht nur in dem Witz auf Seite 17 zum Ausdruck, sondern in zahlreichen Wendungen. *Ån suu an wäi mein Heiner gräich i nemmer, und än andern mooch i ned* wehrte eine Nürnberger Witwe ab, der man zur Wiederverheiratung riet. Stoßseufzer wie *dou magsd wos mied, bisd Groußvadder wärsd; schau mer hal, wäis weidergäid* oder *suu genger di Geng; denner mer hal suu zouworschdln; wäis kummd, wärds gfressn* und *des wärd aa ned suu haaß gessn, wäis kochd wärd* trösten über manche unangenehme Lebensstrecke hinweg. Ein Nürnberger Gasableser wünschte einst seinen Kunden in Mögeldorf immer ein gutes neues Jahr mit dem waschechten Zusatz *mach mer hal suu weider, wärd scho wern.*

Ein alter Nürnberger, den ich zehn Jahre nicht gesehen hatte und eines Tages traf, hatte sich trotz seines hohen Alters gut gehalten und ich machte ihm dafür ein Kompliment. Seine bescheidene Erklärung lautete: *mid den, daß mer nu ä weng miedhilfd, bleibd mer jung.*

Sogar angesichts des Todes zeigt sich das Gefühl der Ergebenheit ins Schicksal. So rieten einst Verwandte einer alten Tante, sie solle doch aus ihrer Wohnung im dritten Stock in eine Parterrewohnung umziehen, weil sie schlecht zu Fuß war. Ihre trockene Antwort lautete: *ier kennd soong, wos er mechd, iech zäich nemmer um, zäich am Kärchhuuf.*

Wörterbuch

Anmerkungen zur Benützung des Wörterbuchs

1. Die Wörter sind nach der Mundartschreibung alphabetisch geordnet:
anbrennen muß man unter *oobrenner*
Peterlein unter *Bäiderla*
Ofenknödlein unter *Uufmgniedla* suchen.
2. Wo sich Hochsprache und Mundart stark unterscheiden, ist das hochdeutsche entsprechende Wort in Klammer beigegeben: *oogschmooch* (abgeschmackt); *Granggerdskerl* (Krankheitskerl).
3. Die Bedeutung der Mundartausdrücke, also ihre Übersetzung ins Hochdeutsche, steht immer in Anführungszeichen.
4. Abkürzungen:
m., w., s. = männlich, weiblich, sächlich.
Ez., Mz. = Einzahl, Mehrzahl.

# A Ä Å

A-a m. Manchmal auch nur *A*. „Darmentleerung der Kinder". *Housd dein A-a scho gmachd?* „Hast du dein Geschäft schon verrichtet?" Das Wort ist besonders in der Kindersprache zu Hause und lautmalend von den Preßlauten der Kleinen auf dem Töpfchen abgeleitet.

aa sagt man in Nürnberg statt hochdeutsch „auch".

Aachkedzla s. „Eichhörnchen".

Äädscherla! auch häufig *äädscherla, bobäädscherla!* Spottruf in der Kindersprache, oft mit der Geste des Fingerreibens verbunden.

Äädschn w. „sehr kurzer Herrenhaarschnitt". *Homs der ä Äädschn gschniedn?*

aafbebbln „sorgsam pflegen, wieder zu Kräften bringen".

aafbumbn. *Bumb di ned aaf!* „Gib nicht so an, rege dich nicht auf!"

aafdriefln „Gestricktes auftrennen".

aafgåbln „keine besonders geglückte Errungenschaft machen". *Wou housd denn den aafgåbld?* fragen die Angehörigen bekümmert oder scherzhaft, wenn ein Mädchen einen Liebhaber vorstellt, der nicht zu ihr paßt. Die Redensart stammt aus der Bauernsprache.

aafgreimd, *der is aafgreimd* „er ist aus dem Weg oder im Bett".

Aafgschau s. *Däi gräichd is grouße Aafgschau* „sie wird stark beachtet".

aafgschdellder Mausdreeg m. „kleiner, unbedeutender Wichtigtuer".

Aafhubferla s. „oberflächlicher Geschlechtsverkehr". *Housd dei Aafhubferla gmachd?*

aafleiner „auftauen". *Bou, hull in Flaschner, der mou is Rour aafleiner!*

aafsabbm „sich mit einer Krankheit anstecken". *Wou housd n den Schnubfm aafsabbd?*

Aafschneider m. „Prahler".

aafwardn „Männchen machen". *Mei Rußla houd aafgward* „Mein Schnauzer hat sein Männchen gemacht".

aafzwiesln „entwirren". Ähnlich wie *aafdriefln* gebraucht, siehe dort! *Den Hafdn eigwärdlde Schnuur hou i aafzwiesln mäin* „dieses Knäuel verknoteter Schnur mußte ich entwirren".

aafzwiggng „foppen, necken". Nicht so häufig wie das gleichbedeutende *dredzn*.

äärer „eher, vorher". *Der kumd äärer wäi du; äärer wäi ned* „ziemlich sicher".

aaschichdi und **aaschifdi** „alleinstehende Person, oder wenn von zwei zusammengehörenden Gegenständen nur einer vorhanden ist". *Ä aaschichdicher Junggsell, ä aaschifdiche Beddschdood, ä aaschifdicher Schdrumbf.*

ab- siehe unter *oo-*!

Abberd m. (Abort), keine Mz. In der Umgangssprache der Gebildeten wird das alte deutsche Wort entweder vermieden oder durch die Fremdwörter Toilette, Klosett, Klo ersetzt. Wohlerzogene Schüler sagen deshalb in der Schule „Ich muß mal", während der kleine Nürnberger deutlich meldet: *Herr Leerer, i mou am Abberd.*

Abberdbrilln w. „Sitzring auf der Toilettenschüssel".

Abberddeggl m. Beliebt als nicht ganz stubenreine Größenangabe: *ä Bfannerkoung, ä Schnidzl, su grouß wäi ä Abberddeggl.*

Abflbuuzn m. „Kerngehäuse des Apfels". Siehe *Buuzn!*

abghudzd „abgestoßen". *Di Schissl is abghudzd.* Vergleiche das andersbedeutende *ooghudzd!*

Abórdla s. „Stück Holz oder anderer Gegenstand, der vom Herrn geworfen und vom Hund apportiert wird".

Abrilogs m., keine Mz. Ausruf, wenn man jemanden in den April schickt: *Abrilogs, housd hieglodzd!*

abschreggng „1. kaltes Wasser aufgießen; 2. kalte Flüssigkeit temperieren". Wörter mit der Vorsilbe ab- sind immer aus der Hochsprache entlehnt.

Acherla s. Meistens nur in der Mz. *di Acherla* „Eicheln". Auch die Spielkartenfarbe.

Achgodderla! *Achgodderlanaa!* Ausrufe des Entzückens, Erstaunens und Bedauerns.

achln „essen". Aus der Gaunersprache in viele Mundarten Deutschlands eingedrungen.

Acherla

Adee. Neben *Servus* der übliche Abschiedsgruß gegenüber Verwandten oder guten Bekannten. Nur bei Fremden rafft sich der Nürnberger zum hochdeutschen *Widderseen* auf. Aus dem französischen à dieu „mit Gott" in die Mundarten eingedrungen. *Adaada gäi* kindersprachlich für „fortgehen".

af „auf". Als Vorsilbe. Siehe unter *aaf-!* Der Gebrauch dieser Präposition weicht manchmal vom Hochdeutschen ab. *Mier fårn af Bamberch* „wir fahren nach Bamberg"; *mier genger af Brunn* „wir laufen nach Brunn"; *mier genger af Boodn* „wir gehen zum Schwimmen"; *mier genger af Bodaggngschdilln* „wir stehlen Kartoffeln"; *af Schlosser lerner* „den Beruf des Schlossers erlernen".

Äfderling m. Im Osten Nürnbergs auch in der Aussprache *Ifderling* zu hören. „In den Afterdarm des

Schweines gefüllte Blut- oder Hirnwurst". Nur noch selten.

afd Ledzd „zu guter Letzt, schließlich".

afd Nachd „gegen Abend".

af Eer „auf Ehrenwort". Verstärkender Zusatz.

Aff m. „eitle, eingebildete Person". Als Schimpfwort kommt gelegentlich auch der Name der Hunderasse *Affmbinscher* vor. Wie überall in der deutschen Stammtischsprache bedeutet auch in Nürnberg *än Affm hamdroong* „betrunken sein".

ä går „ach nein, was Sie nicht sagen!" Dagegen bedeutet *fraali aa går* „natürlich, und das noch zum Überfluß".

ä jeeds „jeder, jede, jedes". *Dou kennd ä jeeds kummer und...* „da könnte jeder daherkommen und..."

ald. Eine bekannte Redensart: *bevuur mer ald und debberd wern.* Häufige Verstärkung bei Schimpfwörtern, wobei überhaupt nicht an den hochdeutschen Sinn „betagt" gedacht wird. So sagt man auch zu jungen Leuten *alder Debb, alde Dreegsau. Dou wersd ald!* ist ein Ausruf mit der Bedeutung „da kann man lange warten".

Alde w., *Alder* m. *Der Ald* in der Kartlersprache „der Eichelober". Ansonsten achtlose, häufig auch nur scherzhafte, ja sogar liebkosende Benennung des Ehepartners oder der Eltern. So verabschiedet sich der Nürnberger von seinen Stammtischbrüdern *edz mou i ham, sunsd greind mei Alde.* Tritt der bestimmte Artikel die dazu, heißt allerdings der Satz *edz mou i ham, sunsd werd di Ald fuchdi.*

alderieren „sich aufregen, sich ärgern". *Braugsd di går ned alderiern.* Aus der Franzosenzeit übriggebliebenes Fremdwort in unserer Mundart.

allaans sagt man statt hochdeutsch „allein". *Des houd er von allaans gwißd* „das hat er selbst gewußt"; *wennsd ner des von allaans machersd* „wenn du das nur aus eigenem Antrieb machtest!". *Heid hob i mein Moo in Granggnghaus bsouchd, ä ganz allaans is ä dringleeng* lautet z. B. der Kommentar über die Unterbelegung eines Mehrbettzimmers im Krankenhaus.

Allerbadriesubbm w. Früher aß man bei Feierlichkeiten diese Suppe mit Pfannkuchen- und Klößchen-Einlage. Auf Umwegen scheint sich hier der Name des spanischen Volksessens Olla podrida in unsere Mundart eingeschlichen zu haben. Nicht mehr häufig. Der Verein Alt-Fürth versuchte den Brauch in neuester Zeit wiederzubeleben.

allerselbe. *Des is des allerselbe* hört man in Nürnberg statt „das ist genau dasselbe".

allerwaal „immer, inzwischen". *Der is allerwaal wou andersch* „er wechselt ständig seinen Aufenthaltsort"; *Wou housd n allerwaal gärwerd?* „Wo hast du in der Zwischenzeit (oder bisher) gearbeitet?" *Allerwaal bin iech no dou* „noch immer bin ich hier und bestimme, was gemacht wird".

Allmächd! *Allmächd naa! Allmächdis Leem!* Sehr häufige Ausrufe des Erstaunens und Erschreckens, an denen man den Nürnberger in der Fremde sofort erkennt. Vergleiche Seite 22!

ämend „vielleicht, etwa". *Is er ämend går eigschloufm?*

and dou; *is doud mer and nacherer* „ich sehne mich nach ihr".

ander, *der ander, di ander* statt hochdeutsch „der andere" und „die andere" hat oft einen spöttischen Unterton, z. B. *der ander mou aa no sein Semf derzougeem* „er muß seine Meinung äußern, obwohl ihn niemand gefragt hat". *Di andern* häufig für „die Gegenpartei". *Andersch,* auch *anderschds* sagt man statt hochdeutsch „anders".

Andivi m. „Endiviensalat".

ane. Der Plural des unbestimmten Artikels kommt im Gegensatz zur Hochsprache vor und bedeutet „einige". So kann man z. B. im Eisenwarengeschäft hören: *Frollein, i breicherd Schreibla, dou gidds ane, däi sen suu lang...* „Fräulein, ich bräuchte Schrauben, da gibt es welche, die sind so lang..." Vergleiche auch den Volksreim: *Di Fanni sachd zur Walli: des sen fei nuni alli; di Walli sachd zur Fanni; dou hindn kummer aa nu ani.* Die Endsilbe *-i* wird in den meisten Fällen dumpfer gesprochen.

angsderbang „angst und bang". *Dou kends an angsderbang wern* „es ist zum Fürchten".

Angsdhoos m. „feiger, ängstlicher Mensch". Das Spottwort ist zwar in Halb- und Vollmundart gebräuchlich, doch lange nicht so häufig wie die gleichbedeutenden derben Schelten *Schisser, Scheißer, Scheißkerl.*

ans „jemand". *Des alde Heisla kennd ans kaafm und herrichdn loun* „das alte Häuschen könnte jemand kaufen und renovieren lassen"; *is ans grangg ba eich?* „ist jemand bei euch krank?"; *dou ä weng aafreimer, mer waß ned wäi ans kummd* „mach Ordnung, man weiß nicht, wie jemand kommt!"

an sei lautet konsequenterweise das dazugehörige besitzanzeigende Fürwort, z. B. *dou mou mer Angsd hoom, daß an sei ganz Geld hiewärd.*

Ånschbråch w. „Unterhaltung". Klage einer alten, alleinstehenden Person: *i bin hald immer suu allaans, i breicherd ä weng ä Ånschbråch* „...ich bräuchte einen Gesprächspartner". Aus der Hochsprache in die Mundart eingedrungen, wie die Vorsilbe An- statt mundartlich *Oo-* zeigt.

arch ersetzt wie *gscheid* im Nürnbergischen das hochdeutsche Adverb „sehr". *Arch hiegfluung* sagt man statt „böse gestürzt"; *arch dreggerd* statt „sehr schmutzig" und *arch gscheid* statt „sehr klug".

årdli „artig, niedlich". *Is des ä årdlis Waggerla!* stellt die über den Kinderwagen gebeugte Nürnbergerin fest und meint damit „ist das ein niedliches Kind!"

arm. *I bin der armer Fraa ier Dochder* sagten alte Nürnbergerinnen, wenn sie nicht gut bei Kasse waren.

Armleichder m. (Armleuchter) ist eine sogenannte Verglimpfung für das böse Schimpfwort *Årschluuch,* so wie man *Zapperment* statt des verbotenen Fluches *Sakrament* sagt oder *bfui Deigsl* statt *bfui Deifl;* und *Greizgiggerigie* statt Kreuz Christi. Das Wort ist auch sonst in der allgemeinen Umgangssprache Deutschlands üblich.

arm Siel. *Edz houd di arm Siel ä Rou* (jetzt hat die arme Seele Ruhe) statt hochdeutsch „jetzt ist die Sache abgeschlossen; lästiges Bitten ist abgestellt".

ärr (irre). *Den gäi i ärr* „ich vermisse ihn". *Wer lang frouchd, gäid lang ärr.*

Årsch m. Mz. *di Ärsch.* Das Volk gebraucht das gute alte deutsche Wort ohne Hemmung. *Den houds am Årsch hieghoggd* „er ist gestürzt und sitzt auf dem Boden"; *bsuffm bis iewern Årsch* „stark betrunken"; *mid an Årsch af zwaa Hochzeidn hoggng* „zwei Beschäftigungen zu gleicher Zeit verrichten"; *edz houd der Årsch Feieråmd* „die Arbeit ist getan"; *im Årsch sei* „verloren und zerstört"; *nach Årsch und Friedrich schmeggng* „sehr fade schmekken"; *des zäichd an in Årsch zamm* „es ist sehr sauer"; *än Årsch!* derbe Abweisung im Sinn von hochdeutsch „nichts da!" oder „ich mag nicht"; *än ganzn Årsch voll* „sehr viel"; *däi ham si gårschd* „zwei Fußballspieler sind mit dem Gesäß zusammengeprallt"; *der is mer am Årsch läiwer wäi der ander im Gsichd* „ich mag ihn viel lieber als den anderen"; *årschglår* „völlig klar". Das landauf, landab übliche Zitat des Götz von Berlichingen ist auch dem Nürnberger sehr geläufig: *Legg mi am Årsch! Miech leggsd am Årsch!* ist ein Ausruf höchsten Erstaunens, großer Überraschung und Bewunderung. Auch gelegentliche Kurzformen kommen vor: *mårsch* oder *mårschamårsch.*

Årschbadscher m. Derbes Scheltwort für einen „sittlich anstößigen Mann", vergleiche auch *Diddlasbadscher!*

Årschballong m. „Fußtritt".

Årschbombm w. „Sprung ins Wasser mit angewinkelten Beinen."

Årscher m. derbes Scheltwort im Sinn von *Årschloch.*

Årschgaggers m. „Wichtigtuer". Vermutlich nach dem eilfertigen Picken und Gackern der Hühner gebildet.

Årschgradzer m. „Liebediener, Speichellecker".

Årschgsichd auch *Årschbaggnggsichd* s. „feistes Gesicht mit dicken Backen; Mensch mit solchem Gesicht".

Årschkibf, häufige Schelte, nicht so ausdrucksstark wie die folgende.

Årschluuch, halbmundartlich auch *Årschloch.* Das derbste, aber auch häufigste Schimpfwort der Nürnberger Vollmundart, vergleiche zur Entstehung Seite 36!

Ärwerd w. *I gäi in der Ärwerd* „ich gehe ins Geschäft, in den Betrieb".

Asd m. „Eitergeschwür". *Gäi her, lou der dein Asd aafdriggng!*

äsdermiern „schätzen, anerkennen". Überbleibsel aus der Franzosenzeit.

Ässer, Mz. von As in der Kartlersprache.

ä suu, statt hochdeutsch „so", *Ä suu houd ers gmachd. Ä suu ä* (so ein), *af än suu än schäiner Bladz.*

Auch s. Mz. *di Aung* statt hochdeutsch „das Auge, die Augen". *In di Aung langer* „jemanden beleidigen"; *i koo nemmer as di Aung schauer* „ich bin sehr müde", oder „ich habe eine starke Erkältung"; *der machd Eicherla* „er staunt"; *gäi in dei Falln, du magsd ja glanne Eicherla!* „geh ins Bett, du bist sehr müde!"; *der houd nern bschissn, daß nern die Aung drobfm* „er hat ihn tüchtig hereingelegt".

Aungbulver s. „winzige, unleserliche Schrift, feine Stickarbeit".

Aungdeggl m. „Augenlid". *Mid di Aungdeggl glabbern* „die Augen auf- und zumachen".

aus, Äbfl! Abschließender Ausruf im Sinn von hochdeutsch „basta!" Im Stadtteil Gostenhof hörte man gelegentlich *aus, Äbfl, Kanålbern gids!* (Kanalbirnen).

ausbfiffm *Der houd ausbfiffm* „er ist am Ende; er ist ausgeschaltet".

auserwendi statt hochdeutsch „auswendig".

ausgmachd, häufiger verstärkender Zusatz, z. B. *ä ausgmachds Rindviech, ä ausgmachder Grambf.*

ausgniedschn „ausdrücken". *Den hams ausgniedschd* „sie haben ihn ausgefragt". Siehe *gniedschn!*

ausmisdn „altes Gerümpel und unnötigen Kram entfernen".

a(u)s n lameng „aus dem Stegreif, im Handumdrehen". Entstelltes Französisch: *la main* „die Hand".

ausrichdn, *di Leid ausrichdn* „über die Leute reden, klatschen".

ausschleimer „unverblümt seine Meinung sagen". *Edz houd er si wider ämål gscheid ausgschleimd* „er hat seinem Ärger Luft gemacht".

ausseechered „schlecht aussehend".

ausziggern „auszählen beim Fangespiel".

Auwäierla! statt hochdeutsch „o weh!" Die Nürnberger Kinder reimen scherzhaft *auwäierla mei Zäierla* oder *auwäierla Kaffäierla!*

äwall „inzwischen". Vergleiche das gleichbedeutende *derwall!*

ä weng „ein bißchen". *Ä wenger Geld; ä weng vill; ä weng weng* „ziemlich wenig"; *hom S äweng än Schdoll, daß i mi sedzn koo* sehr bescheiden für „Haben Sie einen Stuhl für mich?"

ä wo! Auch *ä wå!* Ärgerlich abwehrender Ausruf im Sinn von „auf keinen Fall".

ä wunder bestätigend statt hochdeutsch „natürlich, selbstverständlich".

B p

Baa s. Mz. *Baaner* und *Baa* „Beine, Knochen". *Ans Baa schmiern* „etwas verlieren"; *i schdäi mer di Baaner in Årsch* „ich muß schon sehr lange warten oder stehen"; *die Baa asn Årsch laafm* „dauernd unterwegs sein"; *zwischn di Baaner rumlaafm* „im Wege sein"; *der rubfd si ka Baa raus* „er überarbeitet sich nicht". Statt *Baa* sagt man in Nürnberg auch häufig *Fouß,* siehe dort! — *Sen dou vill Baaner drin!,* z. B. im Rehbraten. Das *Baaheisla* war früher das Häuschen auf den Friedhöfen, wo die Knochen aufgelassener Gräber gesammelt wurden.

Baagribb s. „Knochengerippe, dürrer Mensch".

Baakuubf m. „eigensinniger Mensch".

Baascheißer m. Schimpf- und Neckwort für „ängstlichen Menschen". Spielform von *Huusnscheißer,* siehe dort!

Baazi m. „Luftikus". *Ä su ä Baazi, su ä elendicher!* Abkürzung des Namens der Nestroyfigur Lumpazivagabundus. Also aus der österreichischen und baierischen Mundart eingedrungen.

Babb m. „Leim". Dazu *babberd* „klebrig" und das Verbum *babbm* mit mancherlei Vorsilben: *draffbabbm, droobabbm, hiebabbm, neibabbm, zoubabbm. Nemmer babb soong kenner* „völlig gesättigt sein".

Bäbb, Bäbbe m. sagen die Nürnberger Kinder zum Exkrement. *Bfui bäbbe* ist dasselbe wie Pfui Teufel! *Ä Bäbberla!* oder *ä Bäbberla gräigsd* stark abweisend für „ich mag nicht, du bekommst nichts".

Babberdeggl m. statt hochdeutsch „Pappdeckel". *Der houd sein Babberdeggl gräichd* „er ist fristlos entlassen worden". Auch *än Babberdeggl!* kann statt *ä Bäbberla!* als starke Abweisung verwendet werden

Babbm w. „Mund". *Hald dei Babbm!* „sei ruhig!". Dazu das Verbum *babbern* „dumm schwätzen".

Bäbbm w. „Mundwinkelgrind, Bläschenausschlag am Mund". Dazu das Neckwort *Bäbbmkeenich* (Päppenkönig) für einen „Menschen, der eine solche Verunstaltung des Gesichts aufweist".

Båbsd (Papst). *In Båbsd sei negsder Vedder* „er hat gute Beziehungen zu höheren Stellen".

Båder oder auch vollmundartlich *Booder* gesprochen m. „Friseur". Eine beliebte Berufsschelte war auch *Booderszibfl* m. Der letzte eigentliche Bader war bis 1956 in Mögeldorf ansässig. Er pries auf seinem Firmenschild seine Verrichtungen an: Zahnziehen, Hühneraugenschneiden, Ohrringstechen, Blutegelsetzen, Haarschneiden.

badsch! wie die hochdeutsche lautmalende Interjektion patsch!

67

Badsch houds dou, nou isser dordn ghoggd erzählt der Nürnberger dramatisch von einem schweren Sturz. *Badsch* m. kann natürlich auch „die Niederlage" bedeuten; *däi ham villeichd än Badsch gräichd; väir zu null hom s verluurn.*

Badscher m. *Dennisbadscher* „Tennisschläger", siehe auch *Muggngbadscher!*

badschn „klatschen", im übertragenen Sinn „verleumden". *I hau der ane nei, daß badschd; Badschn* w. „klatschsüchtige Frau". *Däi alde Badschn kenn i scho* „das alte Klatschweib ist mir gut bekannt"; *badschn* kann auch „stark regnen" bedeuten oder „planschen". *Horch när, wäis draußn badschd; badsch ned suu in di Bfidzn rum!* „steige nicht in die Wasserpfützen!" Statt hochdeutsch „patschnaß" hört man bei uns *badscherd nooß.*

Badzer m. „1. Pfuscher, 2. Fehler". Das Verbum *badzn,* von dem das Hauptwort abgeleitet ist, kommt in vielen Mundarten im ganzen deutschen Sprachgebiet vor und bedeutet je nach Landschaft „in etwas Schmierigem herumlangen; grob flicken; klümpchenbildende Malerfarbe dick auftragen".

badzerd „kurz angebunden; fest". *Der Koung is badzerd* „der Kuchen ist nicht richtig aufgegangen".

Badzn m. „Klumpen". *Ä schwerer Badzn* „ein schweres Kleinkind"; *ä frecher Badzn* „Lausejunge"; *des kosd än Badzn Geld* „es kostet sehr viel"; *der Koung is ä aanzicher Badzn* „der Kuchen ist nicht aufgegangen und völlig spundig"; *in den Gräißbrei sen Bädzla drin; ä Bädzla Semf* „etwas Senf"; *gäisd mied af Laamergradzn, gräigsd aa än Badzn* lautet ein Kinderreim. Auch die Bezeichnung der alten Kleinmünze hat sich noch erhalten: *ä gouder Ausried is drei Badzn weerd.*

baff. *Dou bin i baff* statt „ich bin sprachlos".

båfln „dumm schwätzen". *Der houd wider än Båfl däheergredd.*

Bagåsch w. „Pack". Häufige Schelte für „unliebsame Personengruppe". Aus der Franzosenzeit erhalten geblieben.

Baggers m. „Reibekuchen, Kartoffelpuffer". *Dou gids kan Baggers* „dagegen kann man nichts machen".

baggng. *Den mäins erschd aner baggng* „er ist sehr wählerisch bei der Brautschau und hat noch nicht die Richtige gefunden".

Baggschdaa m. (Backstein) Mz. *Baggschdaaner* „Ziegelstein". *Is riengd Baggschdaaner* „es regnet sehr heftig". *Und wenns Baggschdaa riengd* „und wenn es noch so stark regnet, wir gehen trotzdem aus".

Baggschdaakees m. „Limburger Käse".

Bäiderhaad w. (Peterheide). Der älteste Volksfestplatz in Nürnberg, bevor das Fest zuerst in die Fürther Straße und dann an die Kongreßhalle verlegt wurde. *Dou zäichds wäi af der Bäiderhaad.*

Bäiderla m. (Peterlein) entspricht bei uns dem hochdeutschen Wort Petersilie. *Fir ä Fimferla än Bäiderla* verlangte die Nürnberger Hausfrau bei ihrem Gemüsehändler in einer Zeit, als das beliebte Küchengewürz noch preisgünstiger zu haben war.

Bäiderla af alle Subbm m. „Wichtigtuer". Zahn erklärt um 1800 das alte Nürnberger Spott- und Scheltwort: „Weil nun der Gebrauch der Petersilgen sehr häufig und mannigfaltig ist, so wird damit in diesem Sprüchwort verglichen ein Mann, der sich unverlangt zu vielerlei Geschäften dränget, beinahe allerorten anzutreffen ist und bei allen Gelegenheiten seinen Vorteil zu erringen und seine Kasse zum Verdruß anderer zu bereichern sucht."

Bäiderlasbou m. Mz. *Bäiderlasboum* ist der bekannte Spitzname für den geborenen Nürnberger. Er ist von der Beliebtheit der Petersilie in der Nürnberger Küche abzuleiten, wie schon Zahn beschreibt: „Sowohl das Kraut als die Wurzel des bekannten Küchengewächses oder Gemüses Petersilgen, insgemein Peterlein genannt, ist nebst Rindfleisch abgekocht in Nürnberg eine vorzüglich beliebte Speise, und mit dem Kraut allein werden die Schüsseln verschiedener Gerichte, z. B. der gesottenen Fische, Krebse, wo hier aufgetischet werden, ausgezieret." Heute noch bezeichnet man *Bäiderla und Schwemmgniedla* als die Nationalspeise des Nürnbergers.

Bäirårsch m. „dickes Gesäß". *Villeichd hebsd dein Bäirårsch ämål aaf!* „Könntest du nicht mal kurz aufstehen und mir Platz machen!"

Bäirbauch m. „Mann, der vom häufigen Biergenuß einen stark gewölbten Ober- oder Unterbauch aufweist". Häufig hört man auch das gleichbedeutende *Bäirdimbfl.* Vergleiche *Dimbfl!*

Bäirgaul m. „Bierwagenpferd". Er ist durch den Motor fast völlig verdrängt und nur noch bei Festzügen zu sehen. Für den Sachverhalt „er verträgt sehr wenig Alkohol" sagte man früher gelegentlich: *Der is scho bsuffm, wenn er än Bäirgaul brunzn sichd.*

Bäis s. (Böses) „Wunde". *Housd gwis ä Bäis, wal dei Finger eibundn is?*

bäiser Finger. *Däi is zamgschdelld wäi ä bäiser Finger* „sie ist buntscheckig und geschmacklos gekleidet".

bal (bald) „fast, beinahe". Der vom hochdeutschen abweichende Gebrauch zeigt sich in Wendungen wie *edz wäri bal eigschloufm* oder *edz wäri bal hiegfluung* oder *edz häddin bal aner gschmierd.*

Ballnrußla s. „Balljunge beim Tennisspiel".

Ballnsunndooch m. statt hochdeutsch „Palmsonntag". Aus der Anlehnung des Wortes Palm- an nürnbergerisch *Balln* „der Ball" entwickelte sich ein alter Volksbrauch. Man schenkt in Nürnberg heute noch acht Tage vor Ostern den Kindern Spielbälle.

Ballong, kurz für *Årschballong,* siehe dort!

Bämber m. Kosewort, eigentlich *Kadznbämber* m. „Kater".

Bamberch. *Af den Messer koosd af Bamberch reidn* „das Messer ist sehr stumpf".

Bämberla w. Mz. tierische Exkremente wie z. B. *Hoosnbämberla* oder *Gaaßbämberla, Schåfbämberla, Mausbämberla.*

Bams m. Mz. *Bamsn* „freches Kind".

banander (beieinander). Vom Hochdeutschen abweichende Bedeutungen sind *däi houd iern Haushald schäi banander* „sie führt ihren Haushalt ordentlich"; *du bis gwiß ned ganz banander?* „du bist wohl verrückt?"; *di Kinder sen goud banander* „sie sind gesund"; *i zäich langer Huusn oo, dou bini schäi warm banander; däi is fei nu goud banander* „sie ist noch sehr rüstig". *Banander* oder *midnander* wird auch gern zu einem Grußwort hinzugefügt, wenn man mehrere Personen zusammen grüßt: *Gudnåmd banander, Grißgodd midnander!*

Bander w. Schimpfwort für eine Personengruppe, die noch lange keine Räuberbande zu sein braucht. Verstärkungen sind *Saubander* oder *Radzerbander.*

ban Dooch „am Tage"; *ba der Nachd* „nachts".

Banggerd m. „ungezogenes Kind". Wie überall in Deutschland schon seit dem Mittelalter als Schimpfwort üblich. Ursprünglich war der *Bankhart* oder *Bankert* „das auf der Bank und nicht im Ehebett gezeugte, also uneheliche Kind".

Barasoll m. auch *Barablie* m. „Regenschirm". Überrest aus der Franzosenzeit. Parasol und Parapluie sind die französischen Wörter für Sonnen- und Regenschirm. *Bou hull in Groußvadder sein Barasoll! Is riengd.*

Bärbl. So lautet der hochdeutsche Vorname Barbara bei uns. Ein Nürnberger Kinderreim lautete: *Schneidersbärberla, Schneidersbärberla, wou sen deine Gensla? Drund am Weierla, drund am Weierla, waschn s iere Schwänzla.*

barduu (par tout) „unter allen Umständen". Auch ein französisches Restwort in unserer Mundart. *Der houds ja barduu hoom mäin* „er hat es ja unbedingt haben müssen, und nun klagt er darüber".

barfers und *barfersi* heißt es in der Vollmundart statt hochdeutsch „barfuß". Die Gassenjungen riefen sich nach: *Barferslaafer, Dreegverkaafer!*

bårla, *ä bårla* sagt man in Nürnberg mit der beliebten Verkleinerungssilbe -*la* statt hochdeutsch „ein paar".

Barn m. „Futterkrippe". Um 1900 sagte ein Fuhrmann noch zu meinem Vater in der Laufergasse: *Bou, dou än Håwern in Barn nei!* „Junge, gib Hafer in die Futterkrippe!" Heute ist das Wort mit den Zugpferden in der Stadt fast ausgestorben.

Bärndreeg m. „Lakritze".

Bärschdn w. Nur in der Einzahl gebräuchlich. Spöttisch für „Haar", aber auch für „freches widerborstiges kleines Mädchen". In einem Nürnberger Kinderlied hieß es: *und si nimmd än goldner Kamm, raamd ier rouder Bärschdn zam.*

Bärschdnbinder (Bürstenbinder). *Saafm wäi ä Bärschdnbinder* „viel trinken".

Bärschla s. „Bürschchen". Häufig abfällige Bezeichnung des jüngeren Gegners: *Gäi ner her Bärschla, wensdi drausd!*

Bärzl m. (Bürzel) „Rückenende des Huhns".

baß. *Des is nern zu baß kummer* „es hat sich gut gefügt".

Baßdiecherla s. (Paßtiegelein) „irdene Bratpfanne".

Baßladuu m. *Edz houds des blouß zon Baßladuu neigfressn* „sie hat es, ohne Hunger zu haben, zusätzlich vertilgt". Aus der Franzosenzeit: pour passer le temps „zum Zeitvertreib".

Baucherlawäi s. „Bauchweh der Kinder". *Derfsd ned su vill Schoggerlood essn, suns gräigsd Baucherlawäi!* mahnt die besorgte Mutter.

Bauchschdecherla s. Ez. und Mz. „fingerdicke, längliche Gebilde aus Mehl- oder Kartoffelteig".

Bauer m. Das unberechtigte Vorurteil früherer Jahrhunderte, das der Städter gegen den Landbewohner hatte, hält sich noch in der heutigen Vollmundart. *Beierla, Bauernfimfer* (siehe Seite 46), *Bauerndrambl, Bauernkuubf, Bauernramml, Saubauer* sind immer noch gängige Scheltwörter. Folgende, im gutmütigen Neckton geäußerte Wendung eines Nürnberger Bauarbeiters läßt den alten Gegensatz — humorvoll überbrückt — deutlich werden. *Hald doch dei Dreegschleidern, du reigschuums Beierla, du reigschuums!; dou kummers vo draß rei und neemer an di Ärwerd wech und nou wissn s ned ämool, wos väir Meder fuchzg sen.*

Bausl. Nürnberger Kurzform für den hochdeutschen Namen Paulus. Der bekannte Mundartdichter Paul Rieß nannte sich selbst: *der Bauserla.*

Báwedd für hochdeutsch Babétte. Häufige Stoßseufzer: *Ou mei, Bawedd! Allmechd, Frein Bawedd!*

bazeidn „rechtzeitig". Ironisch empfängt die Ehegattin den „Spätheimkehrer": *bazeidn kummsd du ham, vo deiner Vuurschdandsidzung!*

Bebb, siehe unter *Bäbb!*

bebbern, auch *bibbern* „zittern". *Der bebberd vuur Woud; bibbern vur Keld.*

Beddbrunzer m. Mz. Weiße Rüben, die sehr wasserhaltig sind. *Der Beddbrunzer* ist auch ein Schimpfwort, das wie *Huusnbrunzer* (siehe dort!) verwendet wird.

Beddhubferla s. „Naschwerk für Kinder vor dem Schlafengehen". Das Wort ist durch den Rundfunk ins Hochdeutsche eingedrungen, allerdings in der altbayerischen Form: Betthupferl.

Beddl m. „Kartenspiel, bei dem keiner einen Stich machen darf".

Beddlvochd, *du Beddlvochd!* scherzhaft oder unwillig zu Men-

Menschen, besonders Kindern, die ständig die gleiche Bitte wiederholen. Der Bettelvogt war in früheren Zeiten ein Beamter der Stadt, der sich um den Straßenbettel zu kümmern hatte.

bedebberd „niedergeschlagen".

Bedeid „Platz beim Fangspiel, wo man nicht gefangen werden darf". *Hoggerdi is Bedeid* „wenn man in die Hocke geht, darf man nicht gefangen werden". Früher auch *Bedeind*.

Bedzerla, *Bedzerlamää* s. sagen die Nürnberger Kinder zum Schaf. *Der schiddld si wäi ä Bedz* muß allerdings mehr auf Meister Petz, den Bären, bezogen werden. Die Bedeutung dieser Redensart „er ist dickfellig und gefühllos".

Beesn m. „liederliches, leichtfertiges und schlampiges Frauenzimmer". Wie bei Flegel kann die Bezeichnung des Geräts als Schimpfwort auf die Person, die das Gerät verwendet, übertragen werden.

Begg m. „Bäcker". *I hou im Boum zon Beggng gschiggd.* Ein beliebter Schaukelreim für kleine Kinder lautet: *Dou Begg, housd än Wegg, lou nern ned verbrenner, daß mern essn kenner.* Die einschlägigen Berufsschelten sind *Beggngbaa* s. (vom vielen Stehen x-beinig), *Beggngnoowl* m. (Bekkennabel), *Beggngsuuz* w. und *Beggngzibfl* m.

Beggers m. „großer Schusser". Daher auch die Spottbezeichnung *Beggerskuubf* für einen „kugeligen Kopf".

beggng „heftig und trocken husten". *Der Glaa houd di ganzer Nachd beggd; des is wider ä Gebegg!*

Beggschloochersgaß w. Straßenname am Laufer Schlagturm, wegen der einst dort geschlossen ansässigen Beckschlager. Mittelhochdeutsche Bezeichnung für den „Kupferschmied".

beidln „schütteln". Schlechtes Wetter im April war der Anlaß zu folgendem Dialog. *Wos sagsd dn zu den Wedder, Schorsch? Mier wolln derer Wochng af Meran fårn; dou werds uns gscheid beidln.*

Beidlschneider m. „unreeller Geschäftsmann, der überhöhte Forderungen stellt". Früher verstand man darunter den Dieb, der die Geldbeutel vom Gürtel schnitt.

Beieri (Bäuerin) w. *Der Beieri ier Hemerd* „Haut auf der heißen Milch".

Beierla siehe unter *Bauer!*

Beind (Peunt) w. Heute noch lebt der alte Name des Nürnberger Bauhofs fort. Im Mittelalter bedeutete Peunt „eingezäuntes Grundstück".

Beißzanger w. „böses Weib".

belfern „zanken, nörgeln". Nach dem Belfern oder Bellen der Hunde gebildetes Verbum, das auch die Schimpfwörter *Belferer* m. „Nörgler" und *Belfern* w. „ständig nörgelnde und schimpfende Frau" ergeben kann.

belzi „schlechter Rettich, eingeschlafene Glieder". So sagte in der Zeit, als die Straßenbahnführer noch stehen mußten, ein Beamter auf seinem Behelfssitz: *Läiber än belzerdn Årsch als*

Bladdfäis „lieber ein gefühlloses Hinterteil als Plattfüße". *Der houd fei belzi gschaud* „abweisend".

Belzermärdl m. Der Pelzmartin besucht die Nürnberger Kinder heute noch am 11. November (Martinstag). Dem katholischen Nikolausbrauchtum wurde das protestantische Martinsbrauchtum entgegengesetzt. Vergleiche auch die Form *Bulzer!*

belzn „veredeln". Siehe *Queggngbelzer!*

Bember siehe *Bämber!*

bembern „pumpern, klopfen". *Blummer roobembern* „Papierblumen in der Volksfestbude schießen".

Bengerdz (Pegnitz). Der Name des Flusses, der durch Nürnberg fließt. Der älteste Ortsname der ganzen Umgegend. Illyrisch oder keltisch Bagantia bedeutet nichts anderes als „Wasser". *Wasser in di Bengerdz droong* „Eulen nach Athen tragen, etwas Überflüssiges tun"; *achzehunderdselbigsmål houd di Bengerdz brennd, is di Beieri niewergschwummer, houd iern Ruug verbrennd.* — Obszön verschmitzt: *an der Bengerdz wisserd i ä Blädzla, dou gengerd s.*

Bengg w. statt hochdeutsch „die Bank". Die Mz. lautet *di Benggng.*

benzn „betteln, jammern". *Suu lang houder zoubenzd, bis ers gräichd houd.*

Berchersla s. „geflochtene, mit Mohn bestreute Brötchen". Aus dem Judendeutsch in die Mundart eingedrungen. Nicht mehr häufig.

Beróng m. „Straßenbahnplattform, Bahnsteig". Aus dem Französischen.

besser. *Besser wäi ind Huusn gschissn* „besser als gar nichts". *Bessere Leid* (bessere Leute). Neidlose Anerkennung der bürgerlichen Schicht durch den Kleinbürger. Dagegen hat die Bemerkung *däi maaner gwiß, si sen wos Bessers* einen sehr kritischen Unterton.

Bfaff m. Mz. *di Bfaffm* „Geistlicher". Im protestantischen Nürnberg, einem der Vororte der Reformation, wurde — besonders durch die derben Schwänke des Hans Sachs — die einstige wertneutrale Berufsbezeichnung des Pfarrers zum Schimpfwort und ist es bis heute geblieben.

Bfaffmfudder s. „Naschwerk".

Bfaffmschdiggla s. „saftiges Stück Fleisch vom Geflügel".

Bfanner w. (Pfanne). *An af der Bfanner hoom* „einen Bauchwind zurückhalten".

Bfännla s. „zum Weinen verzogener Kindermund". *Ä Bfännla machng* „zu weinen beginnen".

Bfeem w. (Pfebe). „Kürbis". Fast ausgestorben.

Bfefferlasdooch m. Früher der zweite Weihnachtsfeiertag, an dem gepfeffert wurde. Freunde, und vor allem Mädchen, wurden mit Ruten aus dem Bett getrieben und mußten sich durch Pfefferkuchen loskaufen.

bfeffern „1. heftig werfen, 2. Notdurft verrichten". *Än Schnäiballn naafbfeffern.*

bfeifm, *af wos bfeifm* „etwas nicht brauchen, verachten". *Bfeifm wäi ä Schdärla, wäi ä Zeiserla oder wäi ä Schousdersbou. Än Bfeiferdeggl oder än Bfief.* Starke Abwehr im Sinn von „ich mag nicht". *Bfiffm* (gepfiffen). *Dou houd ä Vuugl drabfiffm* „etwas fallen lassen".

Bfemfern w. „sparsame, geizige Frau". Früher gab es in unserer Mundart die Ausdrücke *Bfenferd* „was nur Pfennige wert ist" und *bfenferdn* „im kleinen kaufen", wovon das Schimpfwort abzuleiten ist.

Bfennifugser m. „Geizhals".

Bfennigsichdla s. „kleines Gesicht".

bfidschn „eilen". Dazu *Bfidscherla, Bfidscherbfeil* „junges, quicklebendiges Ding".

Bfiffer m. „Pilz". *Mier genger in di Bfiffer* „wir gehen zum Pilzesuchen".

Bfingsdogs m. Wie unter *Ousderbädz* gezeigt wird, bezeichnet man putzsüchtige Personen, die sich mit bunten Bändern und anderem Zierat behängen, nach den zum Fest geschmückten Tieren.

bfladsch! „klatschendes Geräusch". *Is houd än Bfladscherer dou. Bfloodsch* m. „weiche Masse, z. B. Pferdemist, Kuhfladen".

bfliedschn „mit breit gezogenem Mund weinen". Das Wort ist mit dem andersbedeutenden hochdeutschen Verbum fletschen verwandt. *Bfliedschn* ist in der Mundart ebenso häufig wie *greiner.* Die *Bfliedschn* ist ein „weinerliches empfindliches Mädchen".

bfobfern „dauernd schelten und kritisieren". Dazu das Scheltwort *du Bfobferer, du alder!* Nach dem lautmalenden Verbum *bfobfern* „im Sieden aufwallen und sprudeln" aus der Küchensprache übernommen; daher auch ein hauptsächlich von der Frau auf den Mann zielendes Scheltwort.

Bfoodschn w. scherzhaft für „Hand" Früher gab es in der Schule noch die sogenannten *Bfäidschla* s. Mz. (Pfötschlein), „einen Schlag mit dem spanischen Rohr über die Innenfläche der Hand, die der Schüler dem Lehrer hinstrecken mußte".

Bframbf m. *Dou housd dein Bframbf* „lieblos zugerichtetes, minderwertiges Essen".

Bfrangner m. (Pfragner). Frühere Bezeichnung für den „Kolonialwarenhändler". Heute, im Zeitalter der Supermärkte und Kaufmärkte, völlig verschwunden. Am Haus Ludwigstraße 69 steht noch in altertümlicher Schrift: Großpfragnerei.

bfrenger „sich drängen". *Der houd s in di Schdrasserboo neibfrengd.*

bfrobferd vull „sehr voll". *Die Kärch vor bfrobferd vull, wal der Breidicham wår ä Foußballer.* Gleichbedeutend mit *gschdeggd vull.*

Bfruudschn w. „mißmutig-mürrisches Gesicht". *Ä Bfruudschn zäing oder machng.*

bfui Deifl!, häufig auch verglimpfend *bfui Deigsl!* Siehe *Armleichder,* wo die Verglimpfung erklärt wird! *Der schaud aus wäi der Bfui Deifl vo Färd oder wäi in Bfui Deigsl sei Großmudder.*

bfundich „sehr gut". Auch *Bfundskerl, Bfundsgaudi.*

Bhäidigodd sagt der Nürnberger manchmal, aber nicht so häufig wie der Altbayer Pfüagott. *Bhäidigodd, schäiner Beieri* ist ein Ausruf mit der Bedeutung „jetzt schlägt's dreizehn oder jetzt wird's recht".

Bibb m. „Leim".

Bibberla s. *Ä Bibberla* „ein klein wenig".

bibbm „kleben"; *bibberd* „klebrig".

bichng „kleben". *Der bichd vuur Dreeg* „er starrt vor Schmutz"; *dou bichd an der Moong zam* (wegen der vielen Süßigkeiten) „klebt der Magen zusammen".

Bidzerla s. „kleines Stückchen". *Geb mer hald nu ä Bidzerla vo den Koung!*

bidzln „1. Schmerz in den Fingerspitzen empfinden, z. B. bei Frost; 2. schnippeln". *Dou ned bidzln!* oder *Mach ka suu ä Gebidzl!* sagt die Mutter zu ihrem Sprößling, wenn er Pfeile schnitzt und den Abfall auf dem Teppich verteilt.

Biebm m. und w. „Truthahn, Truthenne".

Biezi s. „Gemüseabfälle". Auch scherzhaft für „durcheinanderwimmelnde Schar kleiner Kinder" oder auch erbost über „unangenehme, lästige, störende Menschengruppe". *Suu ä Biezi!*

Biffl m. (Büffel) „grober, ungehobelter Mensch".

Bigg m. „Zorn". *Af den hou i än Bigg* „ich grolle ihm".

Bigsn w. (Büchse) „freches lebhaftes Mädchen, durchtriebenes Frauenzimmer". Zur Entstehung des Schimpfworts vergleiche *Bridschn!*

bildschäi „sehr schön". *Ä bildschäins Maadla!*

Bimberla, s. und m.; auch *Bimberlawichdi* oder *Bimberla vo Laff* (Lauf). „Wichtigtuer". Zur Erklärung siehe *Laffer Bimberla!*

bimbern, volkstümliche Bezeichnung für „den Geschlechtsverkehr ausüben".

Binderla s. (Bündelein). *Ä jeeds houd sei Binderla zu schlaafm* „jeder hat seinen Kummer und seine Sorgen".

Bindla s. (Bündlein) „geräuchertes Stück Schweinebauch". Auch die Manschette am Hemdsärmel ist das *Bindla*.

Binggerla s. „Pickel im Gesicht".

Bischerla s. „Bund, Büschel". *Ä Bischerla Hulz; ä Bischerla Subbmwår.*

bisserla „etwas, ein bißchen". *Ä bißla* oder *ä bisserla* ist völlig gleichbedeutend mit dem Synonym *ä weng.* So kann man auf nürnbergisch sagen: *i bin ä weng mäid, i mechd ä bisserla schloufm* oder *i bin ä bisserla mäid, i mechd ä weng schloufm.* Analog zur Redensart *gemmer ä bisserla ford* „gehen wir etwas spazieren" wird *gemmer ä bisserla ham* „gehen wir nach Hause" gebildet.

Bißgurrn w. „zänkisches böses Weib". Das Grundwort Gurre ist schon in mittelhochdeutscher Zeit belegt: gurre, gorre „schlechte Stute".

bissn sagt der Nürnberger statt hochdeutsch „gebissen". *Edz häids mi bal bissn* sagt man, wenn ein gesuchter Gegenstand vor einem liegt und man entdeckt ihn erst nach langem vergeblichem Umhersehen.

Blääsla s., harmlose Schelte für einen „etwas einfältigen Menschen".

Bläbberla s. „Etikett, kleine Aufklebemarke". Auch die dazugehörigen Zeitwörter *drafbläbbm* und *zoubläbbm* für „aufkleben und zukleben" kann man hören. Ob nicht vielleicht eine Wortkreuzung zwischen *babbm* und kleben vorliegt? Vergleiche das unter *Dremberla* Gesagte!

Blädderla s. „kleiner Grind".

Bladdfouß m. Mz. *Bladdfäiß. Dou schdäisd und wards der Bladdfäiß. Bladdfoußindianer* m. gelegentlich als Scheltwort und Neckwort zu hören, vor allem in der Kindersprache.

Bläddla. *Is Bläddla houd si gwend* „es hat sich ins Gegenteil verkehrt, es ist anders geworden".

Bladdn w. „Kopf, Kahlkopf". *Bladdndooni* m. (Plattentoni), Neckwort für „kahlköpfigen Menschen"; *gscheerder Bladdn, Hundsbodaggng!* rufen die Kinder hinter dem Kameraden her, der sich die Haare schneiden hat lassen.

Blädzla s. „Kleingebäck". *Ä Blädzla Worschd* „eine Wurstscheibe".

Bläi (Blühe) w. „Obstblüte, Blütezeit". *Fårmer af Kalchreid in di Bläi?*

bläid (blöde). *Suu bläid wår i blouß aamål* „diesen Fehler mache ich kein zweites Mal mehr".

Bläidl m. (Blödel). Häufiges starkes Schimpfwort, wird allerdings an Ausdrucksstärke noch durch das Synonym *bläider Hund, bläider* übertroffen. In diesem Zusammenhang muß auch auf ein merkwürdiges Scheltwort *bläider Sunner* (blöde Sonne) hingewiesen werden. Wahrscheinlich ist es eine Verglimpfung der starken Schelte *bläider Sau*.

bläigng „laut weinen; schimpfen". *Bläigwaffl* w. „Nörgler".

Blamåsch w. „Schande". Aus der Franzosenzeit.

Blärrer m. (Plärrer). Name des großen Platzes am Spittlertor. Wahrscheinlich geht er nicht auf Jahrmarktgeplärre zurück, sondern auf das bairische Wort Blarrn, Blärrn „große kahle Fläche", das auch dem Ortsnamen Plärn in der Oberpfalz zugrunde liegt. *Schdeich am Blärrer um!* sagt der Nürnberger grob zu jemandem, der ihm aus Versehen auf den Fuß getreten ist.

bledzn „Bäume mit dem Beil zeichnen". Auch: *Än Abfl an di Wend bledzn* „an die Wand werfen". Ferner konnte ich *ä Bledzda* für „Kartoffelsuppe" hören.

Bleechbadscher m. Berufsschelte für den „Flaschner".

Bleechschbodzer m., scherzhaft für den „Trompeter".

Bleechweggla s. Ez. und Mz. „Auf dem Backblech gebackene Brötchen".

bleim (bleiben). *Daß der fei nix bleibd!* Spöttische Bemerkung zu einem, der sich unnötig über eine Kleinigkeit erregt.

Blembl m. „abgestandenes Bier".

bleschn „schlagen". Meistens *is bleschd* „es regnet stark".

bliedschblau „auffallende Blaufärbung".

bliesln „leise reden". Daher auch das Scheltwort *ä Bliesla* w. für eine „Zwischenträgerin".

blimerand „unsicheres, bedrohliches Gefühl". *Dou is mer blimerand worn.* Vom französischen bleu mourant „blaßblau".

blinder Henner. *Ä blinder Henner find aa ämål ä Korn.* Scherzhaft für „unerwarteten und unverdienten Gewinn".

Blindschleing w. „hinterlistiger Schleicher".

bloodn „Obst pflücken". *Kärschdn bloodn.*

Bloudworschd w. Scherzhaft und abwertend für „dicke Frau".

Blousn w. (Blase), scherzhaft und abwertend für eine Personengruppe. *Di ganz Blousn is heid afs Volgsfesd ganger.*

Blousårsch vo Färd m. Ich konnte die merkwürdige, in ihrer Entstehung noch nicht geklärte Wendung als abwehrende Antwort auf neugierige Fragen hören: *Wo gäisdn hie? Zon Blousarsch vo Färd;* gemeint war „das geht dich nichts an".

Blummerscherm m. „Blumentopf".

Blunzn w. „dicke Blutwurst mit würfelig geschnittenem Speck". Im übertragenen Sinn „unförmig dicker Mensch". Ein Wort slawischen Ursprungs, das in die Mundarten eingedrungen ist.

Bobberla s. „Wickelkind". Häufig als Spottwort für „weichlichen Spielkameraden".

Bobbers m. „Gesäß". *Bobbersla* s. „Gesäß des Kleinkinds".

bobbln „angestrengt nähen". Auch sonst für schwierige, knifflige Kleinarbeit. *Ä Gebobbl is des!*

Bobooscheidl m. „Mittelscheitel".

Bodaggng m. Mz. *di Bodaggng* „Kartoffel". Während sich das italienische Wort für die aus Amerika eingeführte Kartoffel: tartufo im Deutschen durchgesetzt hat, herrschen in der Volkssprache je nach Landschaft die deutschen Wörter Erdbirne und Erdapfel vor. Im Regnitztal und auch in Nürnberg fällt die in ganz Deutschland einmalige Bezeichnung *Bodaggng* auf. Sie geht auf das spanische Wort batata, das auch in englisch potato steckt, zurück. Das Wort ist erst seit dem Anbau der Kartoffel im ansbach-bayreuthischen Gebiet bekannt, der im 18. Jahrhundert auf markgräfliches Geheiß erfolgte. Die ältesten Belege stammen bisher aus dem Jahre 1755. *Bodaggng* wird in Nürnberg auch für „Loch im Strumpf" gesagt.

Bodaggngkuubf m. Scherzhaft für „runden Kopf".

Bodesdla s. (Podest). *Der will si afs Bodestla schdelln* „eine Führerrolle spielen".

Bodschamber m. Ein Rest aus der Franzosenzeit. Französisch pot de chambre liegt zugrunde, das wörtlich mit „Zimmertopf" übersetzt werden müßte.

Bodschamberschwengger m. kann man gelegentlich scherzhaft für den „Krankenpfleger" hören.

Boggerla s. Mz. Boggerli. So sagt man in der Nachbarstadt Fürth statt nürnbergisch *Weschzwigger* und hochdeutsch „Wäscheklammer".

boggschdeif gfruurn „sehr hart gefroren".

Bolandi m. „Untergebener". Eigentlich ein Wort der Zigeunersprache mit der ursprünglichen Bedeutung „Nachtwächter". Gern sagt der Nürnberger im erregten Zustand: *Den sein Bolandi machi grood!* „ich bin doch nicht sein Untergebener". Oder: *mach dein Dreeg allaans!; i bin doch ned dei Bolandi.*

Bollerer oder *Bullerer* m. heißt in Fürth der große Schusser statt nürnbergisch *Beggers*, siehe dort!

Bolli m. Häufige Abkürzung von Polizist.

Bolln m. „Verlustpunkt beim Karteln; Note sechs in der Schule." Vergleiche auch *Roßbolln!*

Bolz m. „Faulenzerei". *Än Bolz schäim* oder *bolzn* „faul sein". Dazu das Scheltwort *Bolzer* „Faulenzer".

bomådich „langsam, langweilig". Das an Pomade „Haarcreme" angeglichene Wort geht wahrscheinlich auf ein slawisches Wort (polnisch pomalus „gemächlich") zurück. In alten Nürnberger Wortsammlungen des vorigen Jahrhunderts steht *bamali* und *pomali* für „langsam".

Bomber m. „sehr kurzer Herrenhaarschnitt".

Bombm w. wie *Årschbombm*, siehe dort!

Bonz m. Schelte des kleinen Mannes für den Parteifunktionär. Wie allgemein in der deutschen Umgangssprache. Das Schimpfwort geht auf japanisch bonse „buddhistischer Priester" zurück, wurde seit dem 18. Jahrhundert in Deutschland auf bigotte Pfarrer übertragen und gilt heute im obigen Sinn.

Bonzius. *Der is vo Bonzius bis Bilaadus gloffm* (von Pontius bis Pilatus gelaufen) „ohne Erfolg von einer Behörde zur anderen geschickt worden". Wie allgemein in Deutschland üblich.

Booder m. Siehe *Båder!*

boodn „baden". Die Beugung des Verbums weicht stark vom Hochdeutschen ab: *iech bood mi, du badsd di oder boodsd di, der bad si, mier boodn si oder denner si boodn, ier bad eich, däi boodn si.* Das Mittelwort der Vergangenheit lautet *bad* wie z. B. *wäi ä bade Maus* „tropfnaß". Oder *boodn* wie in der häufigen Wendung *heid wärd si boodn*. Manchmal hört man auch *heid wärd si ooboodner*.

Boonerschdanger w. „himmellanger oder großgewachsener Mensch".

Borbmonee s. sagt der Nürnberger heute noch gern statt „Geldbeutel". Von französisch Portemonnaie.

Borschdn w. Mz. scherzhaft für „struppiges Haar".

Borzelasdooch m., scherzhaft und kindersprachlich für „Geburtstag".

Bosderer m. „Angestellter der Bundespost". Die Zeiten sind wohl heute vorbei, in denen der Nürnberger witzeln konnte: *wer nix is und wer nix koo, der gäid zor Bosd und Eiserboo.*

bossln „werken, basteln" wie in der allgemeinen Umgangssprache. Dazu das anerkennende Neckwort *des is ä alder Boßler.*

Boumdredzerla w. Mz. „In die Stirn gekämmte Löckchen, Schläfenhaare der Frau." Zum Verständnis des Grundworts vergleiche *dredzn!* Das Wort ist eigentlich fast ausgestorben, verdient es aber, wegen seiner Anschaulichkeit wieder etwas belebt zu werden.

bousn „ironisch die Schwächen der Mitmenschen verurteilen".

Dou kummd di Bousheid raus sagt man in Nürnberg scherzhaft, wenn jemand einen Ausschlag oder Pickel hat.

Bousniggl m. „boshafter, sarkastischer Mensch".

Bräbbers m. „Präparandenunterricht". Heute noch bei den evangelischen Schülern verbreitet. Siehe auch *Komfers!*

Bradzn w. Mz. gleichlautend. Scherzhaft und unwillig für „Hand, Hände". *Dou dei Bradzn wech vo meiner Wår!*

Bräi w. (Brühe). *Dou kosd di Bräi mäir wäi di Fiesch* bemerkt der Nürnberger lakonisch bei einem unvorteilhaften Kauf oder bevor er — was noch häufiger ist — einen solchen ablehnt. Verächtlich wird auch „abgestandenes oder zu warmes oder dünnes Bier" mit diesem despektierlichen Wort belegt.

Bräiglmansbild s. (Prügelmannsbild) „großer, breit gebauter Mann".

Bräiserla s. (Bröselein). Mz. gleichlautend. „Brotkrümel". *Dou ned bräisln!* „Verstreue keine Brotkrümel!" *Ä Bräiserla* kann auch im Kontrast zum *Broggng Mannsbild* ein „kleiner schwächlicher Mensch" sein. Vergleiche auch die Verben *derbräisln* und *neibräisln!*

bräiwarm „ganz neu", besonders in bezug auf Nachrichten. *I hob nern gsachd, er sols ned weidersoong; bräiwarm houd ers nadierli seiner Freindin derzilld.*

Brállinee m. statt hochdeutsch „die Pralíne". Auch die Mz. heißt Brállinee „Pralinen". *Housd deine Brallinee scho zambudzd?*

Braß m. „Völlegefühl im Magen; Wut". *Af den hou i scho immer än Braß ghadd.*

Bredscherhuusn w. „Kniebundhose". Von englisch breeches „Reithose" abgeleitet.

bredschn. Auch die Nebenform *bfredschn* ist zu hören, besonders in der Schülersprache für hochdeutsch „sausen, jagen, preschen".

breegln „braten". *Di Bodaggng sen neibreegld. Is Fleisch oobreegln.*

Breezn w. (Breze). Ein harmloses Schimpfwort. *Werum bisdn ned zon Foußballschbilln miedganger, du Breezn?* Die Entstehung des Scheltworts könnte man darauf zurückführen, daß altbackene Laugenbrezen langweilig schmecken.

Breimasdersbauch m. „dicker Bauch".

Breimaul s. „breit und undeutlich sprechender Mensch".

bremsn „schäumen". *Is Windsheimer bremsd gscheid* „der Sprudel schäumt stark".

brenner (brennen). Das Mittelwort der Vergangenheit heißt statt hochdeutsch „gebrannt" in Nürnberg *brennd. Dou housd di brennd* „du hast dich getäuscht".

brenzln „nach Brand riechen".

Bresdla s. Mz. *Bresdli* „Walderdbeere". Ein Fürther Ausdruck, siehe Seite 39!

Bressagg m. (Preßsack). Eine der bevorzugten Fleischwaren des Nürnbergers. Weißer und roter Preßsack. *Bressaggschnerbfl* m. „Anschnitt". Zur näheren Beschreibung siehe *Seisoog!*

bressiern. Französisches Fremdwort. Wird statt hochdeutsch „es eilt" bevorzugt. *Schigg di, is bressierd.* Auch *bressand* kann man noch statt „eilig" hören. *Der houds bressand. Eine Bressanderie houd der der! Wenns bressierd* bedeutet „wenn es sein muß", z. B. *wenns bressierd freß i den Koung af aamool.*

Bridsch m. Mz. immer ohne Artikel. „Schläge, Haue". *Gräigsd Bridsch! Gräigsd äm Bridsch!*

bridscherbraad. *Hoggsd bridscherbraad dou!* „Wenn jemand auf einer Gartenbank sitzt und anderen keinen Platz läßt."

Bridschn w. „liederliches Frauenzimmer, Hure". Die Bildung des starken Scheltworts ist ähnlich wie bei *Schachdl* und *Bigsn*. Es handelt sich um ein altes volkstümliches Hüllwort für die „weibliche Scham". Mittelhochdeutsch: britze und britsche. Vergleiche Seite 36! Freilich kann, besonders die Verkleinerung *Bridschla* s. wie so oft in ein ausdrucksstarkes Kosewort umschlagen. *Des war fier ier Mudder goud gnouch, nou wärds fer des Bridschla aa nu daung* lautet

z. B. das fachmännische Urteil über ein von der Mutter bereits getragenes Kleid.

Bries s. Wird um 1800 in einem Wörterbuch erklärt: „das Drüsichte am Hals und Herz des Kalbes, welches in der Nürnberger Küche auf gar mancherlei Art köstlich zubereitet wird."

Briesla s. „fades, empfindliches Frauenzimmer".

Brillngoobl m. „Brillenträger". Das Grundwort *Goobl* ist die Nürnberger Form des hochdeutschen Vornamens Jakob.

brinzln „nach Urin riechen". Schonungslos kommentiert der Nürnberger: *di Ald houd heid widder brinzld.*

brobber „anständig". *Ä brobbers Leid* „ein anständiger Mensch". Von französisch propre.

Brodz m. Mz. *di Brodzn,* „großspuriger Mensch". Das Scheltwort ist eine Metapher. Der „aufgeblasene" Mensch wird mit der sich aufblasenden Kröte (baierisch Protz, Brotz) verglichen. Das Scheltwort ist baierischen Ursprungs, da die Kröte in Nürnberg *Hiedschn* genannt wird.

brodzln „schimpfen, nörgeln". Vergleiche das auf Seite 38 Gesagte! Das bairische Zeitwort brotzeln ist eine Intensivbildung zu nhd. brodeln und bezeichnet ursprünglich das zischende, knallende Geräusch des Bratvorgangs. Die Köchin überträgt das Wort auf das Schimpfen ihres Mannes. *Brodzlhåfm* m. „Nörgler". *Häir aaf mid dein eewichng Gebrodzl! Sei edz ämool endli ruhich, du alder Brodzlhåfm.* Ein beliebtes gleichbedeutendes Scheltwort ist auch *Brodzlsubbm* w. „Nörgler; nörgelnde Frau".

Brofidniggl m. *Brofidgieger* m. „habgieriger Mensch".

Broggng m. „grober, kräftiger Mann". *Ä Broggng Mannsbild.*

broochers „beleidigt". Ein jiddisches Wort, das in viele deutsche Mundarten eingedrungen ist.

Brosdmålzeid! Ausruf statt hochdeutsch „jetzt wird's recht!".

Broudloodn m. (Brotladen). Wie auch andernorts spöttisch für „Mund".

Broudwärschd w. Meist in der Mehrzahl gebraucht, da eine einzelne Bratwurst nicht zählt. Die weltberühmten kleinen Nürnberger Rostbratwürste aus Schweinefleischgehäck werden heute noch in einigen bekannten Gaststätten auf offenem Rost gebraten und mit Sauerkraut oder Meerrettich auf Zinntellern serviert. Sie sind eines der beliebtesten Nürnberger Gerichte.

Broudworschdfinger m. Mz. „dikke kurze Finger".

Brousn w. „das weiche Innere des Brotes oder Brötchens". Vergleiche auch *Bräiserla!*

Bruchbuudn w. „armselige Wohnung".

brummer. *Der is suu dumm, daß er brummd.*

brunzn. Das alte deutsche Wort für „urinieren". Es lautete in mittelhochdeutscher Zeit brunnezen und ist demnach vom Fließen des Brunnens abzuleiten. Hans Sachs schreibt Prunnen statt Urin. Die Beliebtheit des Wortes in der Vollmundart zeigt eine derbe Wendung *brunzd wäi gschissn* statt *ghubfd wäi gschbrunger* „völlig gleichgültig". — *Brunzi* s. „der Urin".

Brunzgeßla s. „enges schmutziges Gäßchen in der Altstadt vor der Zerstörung im Zweiten Weltkrieg".

Brunzkachl w. „Nachttopf". Kachel sagte man früher für „Tontopf". Auch Scheltwort für „(öffentlich) urinierende Person" wie das folgende.

Brunzkunnerla s. Schelt- und Neckwort. *Kunnerla* = Kunigunde.

Brunzscherm m. „Nachttopf". Ein altes Nürnberger Wort. Der Baumeister Endres Tucher scheut sich nicht, in seinem Bericht an den Rat anläßlich des kaiserlichen Besuchs auf der Burg um 1470 von den „Brunzscherben in den Gemächern der Hohen Herren" zu schreiben.

Bruudlhidz w. „Gluthitze". Dazu *bruudlwarm* „sehr warm".

Bruuserla s. Mz. „Ausreden, Umstände". *Mach kani Bruuserla!*

bscheißn „betrügen". *Dou wärd fei ned bschissn! Den hom s bschissn, daß nern di Aung drobfm.* Dazu die sehr häufigen Scheltwörter *Bscheißer* m. und *Bscheißerniggl* m. bei Spiel und Sport in der Kinder- und Erwachsenensprache.

Bschieß m. *Bschieß kumd afn Diesch* stammt aus der Kartlersprache.

bschreis ned! „Mal den Teufel nicht an die Wand!"

bsuffm „betrunken", aber auch „verrückt". *Bisd gwiß bsuffm!* reagiert der Nürnberger beispielsweise, wenn er von übertriebenen Preisforderungen hört.

bubbln

Bubbl m. „getrockneter Nasenschleim". Aber auch häufiges

Scheltwort für "unerfahrenen jungen Mann". Dazu das Verbum *bubbln* "in der Nase bohren". *Dou ned bubbln!* kann auch "begehre nicht auf, widersprich nicht!" bedeuten.

Budder m. *der Budder* statt hochdeutsch "die Butter".

Budderzeich m. *Der Budderzeich* statt hochdeutsch "das Butterzeug", beliebtes Nürnberger Weihnachtsgebäck.

Buddla s. Mz. *di Buddla*. "Huhn". Nach dem Ruf der Hühner: put put gebildetes lautmalendes Kinderwort. Siehe *oozullds Buddlasbaa!*

Budscheer w. Ein noch recht lebendiges Fremdwort aus der Franzosenzeit. *Schmeiß fei ned di ganz Budscheer hie!* "Wirf nicht das volle Tablett oder den schwierig zu transportierenden Gegenstand auf den Boden!"

Budzdeifl m. "ständig putzende Hausfrau".

Budzlkou w. (Butzelkuh). "Föhrenzapfen". Mz. *Budzlkäi*.

Buggl m. Meist nur Ez. "Rücken". Dazu das Verbum *buggng* statt hochdeutsch "bücken". *Bugg di! Bugglerd* entspricht hochdeutsch "bucklig". *Vo der Ärwerd wer i no ganz grumm und bugglerd. Di ganz bugglerd Verwandschafd* ist eine abfällige Bezeichnung für die oft das Individuum bedrohende Sippe. *Der houd ä Buggerla* heißt auf nürnbergisch "er ist bucklig". Endlich sagt man in Nürnberg *schdeich mer doch am Buggl naaf!* statt dem sonst umgangssprachlich üblichen: rutsch mir doch den Buckel herunter!

Bei beiden Redensarten handelt es sich um Verglimpfungen des Götz-Zitats.

Bulmers m. Scherzhaft für "Kopf". Vergleiche *Ulmers!*

Bulzer m. ist die vollmundartliche alte Form für halbmundartlich *Belzermärdl*. Das u statt e ist aus der nördlich von Nürnberg üblichen Bezeichnung Budzemärdl in das Nürnberger Wort eingedrungen. *Bulzer dou mer nix!* wimmern die kleinen und spotten die aufgeklärten älteren Kinder.

bumberlersgsund statt hochdeutsch "kerngesund".

bumbern "klopfen".

Bumbl w. "weibliche Scham".

Bumbmschdeggla s. Längst ist der Gegenstand, der Pumpenschwengel am Ziehbrunnen, ausgestorben, siehe Seite 45! Doch die Spottbezeichnung für einen "kleinen, dicken Menschen" lebt immer noch fort.

Bumbs und *Bumbers* m. „Bauchwind".

Busserla s. „Kuß".

bussiern. Auch ein Überrest aus der Franzosenzeit; „flirten". Dazu das noch sehr gängige Schimpfwort *Bussierschdengl* m. für den Casanova. Eine kraftmeierische Redensart des jugendlichen Angebers: *Du housd gwis scho lang ka Granggngschwesder mäir bussierd?* „Du willst es wohl mit mir aufnehmen, daß ich dich krankenhausreif schlage?"

Buudn m. statt „Dachboden, Speicher". *Nemm ä Kerzn mied, wensd am Buudn naafgäisd!*

Buuzn m. „dicker, runder Gegenstand". Daher auch der Name der mittelalterlichen Butzenscheiben, die in der Mitte eine knopfartige Verdickung haben. So gibt es in Nürnberg einen *Abflbuuzn* (siehe dort!), aber auch einen *Gwidderbuuzn* „dicke Gewitterwolke", einen *Eiderbuuzn* „Eiterpfropf". *Mid Budz und Schdiel zamgfressn* heißt „restlos aufgegessen".

C Ch

siehe unter G, K und Sch

D T

Daachgniedscher (Teigknietscher) m. Scherzwort für den „Bäcker".

daamisch. Wie im Bairischen: Verstärkung zu Rindvieh. *Rindviech daamisch!* Bedeutung ursprünglich „schwindlig", dann „dumm, verrückt".

Däbb m. Siehe *Debb!*

Dabber m. „Schmutzfleck, der mit der Hand oder dem Fuß auf glatter Fläche erzeugt wurde".

Dachders m. Spöttisch für „Kopf" und „Hut". Auch die Nebenform *Dechders* ist üblich.

Dadderich m. „das Zittern". *Der houd in Dadderich.* Dazu auch das bemitleidende Scheltwort *Daddermoo* m. „alter zittriger Mann".

Dådsch w. Siehe *Doodschn!*

dahamrum (daheim herum) „zu Hause". *Suu daham rum koo i däi Jaggng scho no oozäing.* „Für daheim ist die Jacke noch gut genug."

daherkummer; *wäi der scho daherkummd* „seine Gangart oder Kleidung fordern zu starker Kritik heraus".

dalgerd „ungeschickt". *Dalgerder Hieroonimus* m. „ungeschickter Mensch".

Dambers m. „Rausch".

danzn *wäi der Lumb am Schdeggng* „keinen Tanz auslassen". Auch *Danzdoggerla* s. hört man noch gelegentlich für ein „niedlich gekleidetes Mädchen". *Mach kani Denz!* heißt so viel wie „mach keine Umstände, gib nach!"

därfm „dürfen". *Iech därf, du därfsd, der därf, däi därf, mier därfm, ier därfd, däi därfm. I hob därfd.* Eine sehr einfache Konjugation! Hochdeutsche Hilfsverben: können, müssen, dürfen, kommen meist mit einem Vollverb zusammen vor. In Nürnberg stehen sie oft allein. *Mamma, därf i in Huuf?* „Mutti, darf ich in den Hof gehen?" *Mudder, wäivill därf i?* war früher ein beliebtes Bewegungsspiel der Kinder, bei dem auf Befehl eine bestimmte Zahl von Schritten gemacht werden durfte.

därmi „mager".

Dåsl m. dummer, ungeschickter Mensch.

Daumschlooch m. (Taubenschlag). Auch *Daamschlooch* gesprochen. „Hosenschlitz". *Mach dein Daamschlooch zou! Dou gäids zou wäi in Daamschlooch* „es herrscht ein lebhaftes Kommen und Gehen".

Daumgoggerer m. „Taubenzüchter". Vergleiche dazu das unter *goggern* Gesagte!

Daunerla s. „Kind, das noch nicht richtig laufen kann".

dauwer Nußsoog. *Rumhauer wäi an daum Nußsoog* „jemanden windelweich schlagen".

Debb m. Häufigstes Nürnberger Scheltwort mit umfassender Bedeutungsschattierung. Es kann der „dumme, der ungeschickte, der gerade störende, der störrische Gesprächspartner oder Mitmensch" gemeint sein. Die Kinder schmieren heute noch mit Kreide an die Hauswand: „Der Heiner (oder der Schorsch) ist ein Depp." Eigentlich müßte man *Täpp* schreiben, weil das Wort von tappen und täppisch „ungeschickt, schwerfällig sein" abzuleiten ist. Wie andere ausdrucksstarke Schelten kann besonders die Verkleinerungsform *Debberla* zum Kosewort umschlagen: *mei Debberla, mei glans.* Spöttisch bis bösartig gemeint ist allerdings: *is Debberla vo der zweidn Fraa.*

debberd „dumm". *debberds Mannsbild; debberds Frauerzimmer; schdell di ned suu debberd! I zål mi nu debberd* „die Kosten sind zu hoch".

Deez m. „Kopf". *Der houd si sein Deez ooghaud.* Von französisch tête „Kopf" abzuleiten, aber nicht direkt, sondern auf dem Umweg über die norddeutsche Umgangssprache in unsere Mundart eingedrungen.

Deggl m. Spöttisch für „Kopf" und „Damenhut". *Gräigsd aner am Deggl. Ä jeder Schachdl brauchd iern Deggl.*

dei „dein, deine". Der Nürnberger verwendet im Gegensatz zur Schriftsprache gerne und häufig das besitzanzeigende Fürwort der Zweiten Person zur Verstärkung. *Mach dei Däir zou!* „Schließe die Türe!" *Heb dei Fäiß aaf!*

Deidschers w. So hieß früher in der Nürnberger Kindersprache die Deutschherrnwiese, als man auf ihr noch Schlittschuh laufen konnte.

Deifl m. (Teufel), *närrscher Deifl, spinnerder Deifl* sind häufige Scheltwörter. *Dou houd der Deifl sein Soog ausgschidd* wird ein „Menschenauflauf und ein aufgeregtes Durcheinanderlaufen" kritisiert. *Den soll doch glei der Deifl huln!* Ein freundlicher Wunsch wie überall in der deutschen Umgangssprache. *Deiflszeich* s. „schwierige Angelegenheit".

Deller. *Der maand, wenn er sachd:* Deller, *nou lichd di Worschd scho draf* „er glaubt, es hört alles auf sein Kommando". *Freß fei in Deller ned aa no mied!* sagt man scherzhaft zu jemandem, dem es sehr gut geschmeckt hat und der den Teller ganz sauber und leer ißt.

Delln w. „Einbuchtung, Vertiefung". *Mei Balln houd ä Delln.*

Dembfla s. (Dämpflein) s. „Vorteig beim Hefegebäck". *Wenn die Uufmgniedla baggng wärn, machd mer mid der Hefm und Milch ä Dembfla ins Meel* (Originalwortlaut einer Nürnberger Hausfrau).

den seins, „seines". Der Nürnberger teilt folgendermaßen auf: *Des is meins, des is deins und des is den seins.* Vergleiche: *derer iers!*

denggng (denken). Das Besondere an der Beugung dieses Zeitworts ist die Bildung der Vergangenheit. Sie lautet in Nürnberg *dengd* statt hochdeutsch „gedacht". *Alles häddi dengd, blouß des ned.* „*Hams scho reechd"*, hob i gsachd, „*Rimbviech" hob i mer dengd. I hob mer dengd „du koosd mi greizweis" und bin ganger.*

denner; *mier denner, däi denner* „wir tun, sie tun". Siehe unter *dou!*

der. Eigentlich müßte man genau genommen *deer* schreiben, da das Wort lang gesprochen wird. Vertritt die hochdeutschen Fürwörter „dieser" und „er". Vergleiche Seite 28! Gilt auch für *däi* und *des. Derer ier* statt hochdeutsch „ihr". *Derer iern Haushald mecherdi ämäl seeng. Derer Wochng.* Häufige Zeitangabe: „in dieser Woche".

der. Wie die folgende Vorsilbe *der-* immer kurz gesprochen. Wird vom Mundartsprecher gern zur Verstärkung in den Satz eingeschoben: *Des is der aner* „Das ist einer!" *Der houd der villeichd gschwidzd.*

der-. Diese im bairischen Sprachraum übliche Vorsilbe entspricht auch in Nürnberg dem hochdeutschen er-, z. B. bei Zeitwörtern wie *dersaafm, derwischn, derwärng, derzilln* statt ersaufen, erwischen, erwürgen, erzählen.

derbaggng „verkraften". *Des koo i grood nu derbaggng. Den derbagg i ned.*

derbebbern. *Der derbebberd si* „er regt sich furchtbar auf".

Derbl m. „Platz auf oder neben dem Backofen". Scherzhaft für „Kopf". *I hau der ane af dein Derbl naaf.*

derbleggng „verspotten".

derbräisln „zugrundgehen". *Den houds derbräisld* „er ist umgekommen; er ist todmüde".

derfanger „sich erholen, sich knapp vor dem Hinfallen bewahren". *Der houd si grood nu derfangd.* Nach einem finanziellen Aderlaß: *Edz mou i mi erschd wider derfanger.*

Derfangerledz und *Derfang.* Siehe *Fangerledz!*

derferdi „fertig". *Der wärd iewerhabds ned derferdi* „er kommt zu keinem Ende".

dergniedschn „Kinder vor Freude umarmen und schier zerdrücken".

dergraadschn „mit knapper Not erreichen".

derhudzn „1. sich abhetzen; 2. einen tödlichen Autounfall erleiden".

derlaabld „erschöpft".

derlaafm. *Des koo i ned derlaafm* „so weit kann ich nicht laufen".

dermaadschd „matt, erschöpft".

dermachng „schaffen, leisten". *Däi koos nemmer allaans dermachng* „sie schafft es allein nicht mehr".

dernoogld „von Schnaken verstochen".

derrabbln „sich erholen".

derschaffm „leisten". *Wos mer alles breicherd, des koo mer ja går ned derschaffm* „was man sich alles anschaffen müßte, das kann man ja gar nicht bezahlen".

derschdunggng; *derluung* und *derschdunggng* „völlig frei erfunden".

derwall „inzwischen". *Mier sen derwall ins Wärdshaus ganger. I will mer den sein Gardn ooschauer, derwall wår der går nemmer dou* „ich will mir seinen Garten ansehen, aber dieser war nicht mehr vorhanden".

di Sunndooch, *di Freidooch* „an Sonntagen, Freitagen" usw.

Dibferla s. (Tüpfelein) „Pünktchen". *Naaf, runder naaf, und ä Dibferla draf!* wurden einst die Kinder der ersten Volksschulklasse in der deutschen Schrift unterwiesen.

Dibferlasscheißer m. „Pedant".

dibfm „schnell laufen, spurten". *Dibfi* war der Spitzname eines bekannten Spielers des Ersten Fußball-Clubs Nürnberg in früheren Jahrzehnten.

Diddlasbadscher m. Derbe Schelte für „sittlich anstößiger Mann". Siehe *Duddn!*

Diedheifdla s. „kleine Mengenangabe beim Abwiegen der Kartoffeln". Fast völlig ausgestorben.

diedschn „drücken".

Diesch m. Mz. *di Diesch* „Tisch". *Daham hams nern umern Diesch rumdriem* „er stammt aus ärmlichen Verhältnissen und spielt sich nun auf".

diesi „trübe". *Ä diesis Wedder.*

Diggerla s. „kleiner, dicker Mensch; wohlgenährtes Kind". In der Kindersprache war früher auch der Spottruf *Diggsau vo Schweinau!* üblich oder der Scherzreim *Diggerla, Diggerla digg, digg, digg, morng kumsd in der Worschdfabrigg* (statt hochdeutsch „du kommst in die Wurstfabrik").

diggschdoggerd „dick, untersetzt".

Dimbferla s. (Dümpfelein) „Blutwurst". Vor langer Zeit gab es in der deutschen Sprache ein Zeitwort dumpfen, dümpfen in der Bedeutung „dämpfen, sieden", wovon sich die Bedeutung gut ableiten läßt. Vergleiche auch *Bäirdimpfl!*

Ding m. und s. Achtlose und aggressive Benennung von Männern, mit sächlichem Geschlecht von weiblichen Wesen. *Ä bläider Ding, ä fåder Ding, ä verfressner Ding; ä ganz jungs Ding.* Ein beliebter Kinderreim war früher: *Gäi naaf zon Ding und sooch zon Ding, der Ding soll roo, sunsd lefd in Ding sei Ding dervoo.*

dischberåd „verzweifelt". Überrest aus der Franzosenzeit.

dischgeriern „verhandeln, sich unterhalten". Ebenfalls aus dem Französischen.

dobbln „Schuhe sohlen"; nicht mehr sehr häufig.

Dogder m. Mz. *di Dogder.* „Arzt". *I mou zon Dogder. I hob Schiß vuurn Dogder.* Das Wort Arzt ist in der Vollmundart nicht gebräuchlich.

Doggng. w. Verkleinerungsform *Doggerla.* s. „Puppe". Früher gab es in Nürnberg den Berufszweig der Dockenmacher, die Puppen aller Art herstellten. Die berühmten Nürnberger Puppenhäuser hießen in der Vollmundart *Doggerlasschdum.* Einige Scheltwörter für putzsüchtige Frauen waren bis an die Schwelle unseres Jahrhunderts sehr häufig, z. B. *schdaubiche Doggng, budzder Doggng, Dreedidoggng, Mudidoggng* (Modedocke). Der durchaus aktuelle Sachverhalt: „je älter eine Frau wird, um so länger braucht sie, um sich schön zu machen" hieß im Nürnbergischen treffend und trocken: *Ä alder Doggng mou mer budzn.*

Doldi m. Neben *Debb* eines der häufigsten Schimpfwörter in der Mundart. Eine Strophe eines bekannten Strebelgedichts endete: *Schleich di, zäich di, drugg di, droll di, schau daß d weiderkummsd du Doldi!* Gelegentlich hört man auch die Nebenform *Dolln* w.

Dooch m. Ez. und Mz. (Tag, Tage). *Ban Dooch* „am Tag, tagsüber"; *di Dooch* „neulich, vor kurzem"; *di Dooch hob in gseeng. Kumd der Dooch, gäid der Dooch* „das ist der Lauf der Welt". Manchmal kommt auch eine Mz.-Form *Deech* vor, z. B. *ä schäins bår Deech* „einige schöne, gemütliche Tage". *Der schmarrd vill, wenn der Dooch lang is* „er redet ohne Pause dummes Zeug". *Su goud Nachd, edz wärd s Dooch!* Ein origineller Ausruf höchsten Erstaunens.

Doochbleddla s. "Klatschbase, die alles weiß und ihr Wissen mit erstaunlicher Schnelligkeit und großem Aktionsradius weiterverbreitet".

Doodschn. Mz. w. "Entenfüße". Gehört in seiner Bedeutung zu *neidaadschn* "hineintreten".

Dooferla s. Harmloses Neckwort. Vom Berliner Wort doof abgeleitet.

Doon. Nördlicher Stadtteil Nürnbergs, zu Beginn unseres Jahrhunderts noch ein Dorf des Knoblauchlands. Die hochdeutsche Schreibung ist Thon. Der Ortsname geht auf das Wort Tann "Nadelwald" zurück.

Doos. Zwischen Nürnberg und Fürth gelegener Stadtteil. Geht auf das Getöse der dort einen kleinen Wasserfall verursachenden Pegnitz zurück. *In Doos oder wou, houd ä Begg oder wer, sei Frau oder wen, derschloong oder wos.*

Dord m. *Än Dord oodou; an zon Dord dou* "quälen, ärgern". Ein Restwort aus der Franzosenzeit.

dordn heißt es in Nürnberg immer statt hochdeutsch "dort".

Dorf. *Vo jeedn Dorf än Hund* "von jeder Farbe eine Karte".

Dorgl m. "dummer, ungeschickter Mensch".

dou (tun). Das in der Mundart häufiger als in der Hochsprache verwendete Zeitwort weicht in seiner Bildung vom Schriftdeutschen stark ab. *Iech dou, du dousd, der doud, mier denner, ier dedd oder doud, däi denner.* Das Mittelwort der Vergangenheit lautet *dou* statt "getan", die Befehlsform *dou!* und in der Mz. *ded! Dou langsam! Ded langsam!* Es ersetzt beim denkfaulen Mundartsprecher eine Reihe hochdeutscher Verben, besonders in den Zusammensetzungen *neidou, noodou, herdou, niewerdou, naafdou, nausdou, rumdou, wechdou.* Beispiele: *dou demmer går ned lang rum* "da machen wir keine Umstände"; *des koo i scho leidn, wemmer wou hiekummd, wou mer di Schou roodou mou* "ich kann es nicht leiden, wenn man in einem Haus die Schuhe ausziehen muß"; *des doud wäi ä Gwidder* "die Entlüftung lärmt stark"; *Badsch houds dou!* "es ertönte ein klatschendes Geräusch"; *des doud ka goud ned, wenn di Junger ba di Aldn wooner* "es geht nicht gut, wenn jung und alt beisammen wohnen".

Wos denner mer denn? Scherzhafte Antwort: *Mier denner di Fäiß wäi.*

Noch häufiger kommt *dou* und *denner* allerdings als Hilfszeitwort vor, eine Eigenart unseres Dialekts, die auch wieder völlig vom hochsprachlichen Gebrauch abweicht. Beispiele: *Mier denner heid åmd kardln. Denner mer ä weng umern Schduug gäi?* "gehen wir etwas spazieren?" *Wos demmer den heid åmd widder essn? Maansd, der deed wos ba mier essn, der Gnooschbeidl?* "Er will um keinen Preis bei mir essen". *Dou doch den sein Debbm* ned machng! *Der Bfarrer doud fei arch schäi briedichng* „der Geistliche kann gut predigen".

Zum Abschluß ein derber Kinderreim: *Edz waß i, wos i dou, edz scheiß i in mein Schou, und wenn der bäise Masder kummd, soochi i hobs ned dou.*

Doud m. „Tod". *Des koo i in Doud nei ned leidn* „ich kann es überhaupt nicht leiden". *Doud und Deifl is in derer Schubloodn* „überflüssiges Zeug".

Doud vo Forchheim, heute noch ein bekanntes Nürnberger Spottwort für einen „schlecht aussehenden Menschen". Geht wahrscheinlich eher auf eine bestimmte bildliche Darstellung als auf eine Pestepidemie zurück.

doud (tot). *Däi Subbm weggd än Doudn aaf* „sie ist scharf gewürzt und schmeckt herzhaft". *Der is in Doudngrääwer nu ämool vo der Schibbm gschbrunger* oder *vo der Schaufl ghubfd* „er ist von schwerer Krankheit genesen oder einem Unfall entronnen".

Doudnläichdla s. „Lampe, die nur geringe Helligkeit verbreitet".

Draad s. „Getreide".

Dräädlaszäicher m. Scherzhaft für den „Elektriker".

draamer (träumen). *Des houds der gwiß draamd?* „das ist sehr unwahrscheinlich". *Heid nachd houds mer wos Koomisch draamd.*

draamhabberd „verträumt, langsam und vergeßlich".

Draameicherla s. „träumerischer, langsamer Mensch". Zum Verständnis des Grundworts *-meicherla* vergleiche *Greinmeicherla!*

Drachng m. Scherzhaft: *Scha hie, der läßd sein Drachng schdeing* „er führt seine Frau spazieren". Siehe auch *Hausdrachng!*

Drambl m. „schwerfälliger, plumper, auch unhöflicher Mensch". Scheltwort für Männer und Frauen.

dredzn „foppen, necken". *Du alder Dredzer!* „Mensch, der gern andere neckt und hänselt". Siehe *Boumdredzerla* und *Moongdredzerla!*

Dreeg m. „Schmutz". Dieses in der Mundart sehr häufig verwendete Wort wird meistens lang gesprochen, kann aber auch, besonders in der Halbmundart, einen kurzen Stammvokal haben, also: *Dregg*. Vergleiche die folgenden Beispiele: *Der houd Dregg am Schdeggng* „er ist schuldig". *In Dregg und Schbegg* „sehr schmutzig; in der Arbeitskleidung, ohne sich umzuziehen". *Än Dreeg!* Starke Ablehnung mit der Bedeutung „kommt gar nicht in Frage". *Des gäid derer än Dreeg oo* „das geht sie überhaupt nichts an". *Ä Dreggla* „ein kleines unbedeutendes Ding, z. B. eine Wunde, Kirsche oder Kartoffel". *Grein ned glei weecher suu än Dreggla!* „Weine nicht wegen jeder Kleinigkeit".

Dreeg ist auch eine Art von Kartenspiel. *Raus dein Dreeg!* „Heraus mit der Karte!" *I bin ja blouß in Dreeg sei Dreeg* sagt der Nürnberger empört, wenn er ausgenützt oder vom Arbeitgeber nicht genügend respektiert wird. Die bekanntesten mit diesem Wort gebildeten Schimpfwörter sind *Dreegbardl, Dreegbuddl, Dreeghamml, Dreegsau, Dreegschbachdl* und *Dreegschbådz* oder *Dreggschboodz.* Der Anlaß dazu ist in den meisten Fällen Unsauberkeit des Körpers oder der Kleidung. *Dreegsau* oder verstärkt *Dreegsau, dreggerder* kann sich allerdings auch auf charakterliche Gemeinheit beziehen. Mit dem Spezialausdruck *Dreegschleidern* (Dreckschleuder) ist ein „böses Mundwerk" gemeint.

Dreeorcherla s. Mz. hießen früher die „Schlittschuhe, die man an die Stiefel anschnallen mußte". Man verwendete zum Zuschrauben eine kleine Kurbel.

Dreescheim w. (Drehscheibe). Spottbezeichnung für „Irrenhaus".

Dreff m. *Der houd än Dreff gräichd* „einen Schlag erhalten".

dreggerd „schmutzig". In der Wendung *lach ned suu dreggerd!* bedeutet es „schadenfroh".

Dremberla m. „Trödelmarkt, Flohmarkt". *Dou gäids zou wäi am Dremberla* „es herrscht lebhafter Verkehr". *Der houd än Dremberla banander* „seine Wohnungseinrichtung sieht wie altes Gerümpel aus". In neuerer Zeit wurde der Nürnberger Trempelmarkt wieder zum Leben erweckt. Der Name ist eine Wortkreuzung zwischen dem schon bei Hans Sachs bezeugten *Trendelmarkt* und dem nürnbergischen Wort *Grembl,* d. h., daß das -mb von *Grembl* sich in das gleichbedeutende Wort *Trendel* einschlich und das -nd verdrängte. *Trendelmarkt* selbst war wieder eine Kreuzung zwischen dem schriftsprachlichen Wort *Trödel* und dem Wort *Tändelmarkt.* In Nördlingen gibt es das letztere Wort noch als Straßennamen. Auch hochdeutsch Tand, bairisch-österreichisch Tandler „Trödelhändler" und tändeln haben ähnliche Bedeutung. Eine wahrhaft komplizierte Wortentstehung!

drenzln „sich beim Essen oder Trinken beschmutzen, verklekkern".

Dried m. (Tritt); *alli Dried lang* „immer wieder".

Driedscheiferla s. (Trittschäufelein). „Türschwelle". Volkstümlich entstelltes Wort, das auf mittelhochdeutsch drischuvel „Türschwelle" zurückgeht. Dieses ist mit englisch threshold „Schwelle" verwandt. Das Wort wird immer seltener.

Driedscheiferla

driemer (drüben). *Der wou dou driemer hoggd, den koo i ned schmeggng* „den Menschen am Nebentisch kann ich nicht leiden".

drobferd naß oder *-nooß* „tropfnaß".

Droddl m. Wie hochdeutsch Trottel, häufiges Scheltwort.

Droddwår s. Aus der Franzosenzeit übriggeblieben. Trottoir statt hochdeutsch „Gehsteig". Die Mundart bewahrt oft sehr konservativ alte Fremdwörter, wenn sie die Hochsprache schon längst aufgegeben hat.

droggln „langsam gehen, langsam arbeiten".

Droller m. „Doppelkinn" neben *Goodl* zu hören. *Der houd der villeichd än Droller droohenger!*

droll di! „Verschwinde!"

droomer statt hochdeutsch „droben".

droo rummachng (daran herummachen) „herumbasteln".

druggng sagt man in ganz Süddeutschland statt hochdeutsch drücken, so wie es auch *buggng* statt sich bücken heißt. *Des druggd der ka Ribb'm naus* „das bißchen kannst du schon noch essen".

Drumm s. (Trumm). Auch die Mz. *Drimmer* gibt es. „Großes Stück". *Ä Drumm Worschd. Vo der Groußmudder ä bår Drimmla miedwaschn. Ä Drimmer Mannsbild. Ä Drimmer Schelln gräigsd! In aan Drumm* „im ganzen".

drumrum (darum herum). *Dou kummi ned drum rum* „das bleibt mir nicht erspart"; *drumrumriedn* „nicht gleich zur Sache kommen, Ausflüchte suchen".

Druud m. und w. „Hexe". *Heind houd mi der Druud druggd* „heute nacht hatte ich einen Alptraum".

Druudlmadam w. „Brummkreisel; dicke kleine Frau". Nicht mehr häufig.

Druudscherla s. „dicke, kleine langsame Frau". Siehe auch *Kalde Naundscherla und warme Druudscherla!*

Dudderer m. Meist *junger Dudderer* „Grünschnabel".

Duddn w. Ez. und Mz. „Frauenbrust". *Duddnweib* sagte man früher für den aus dem Kaiseradler umgedeuteten Jungfrauenadler, das Reichs-Wappen. Schon mittelhochdeutsch gibt es das Wort tutte „weibliche Brust", das also in unserer Mundart noch fortlebt. Von der Verkleinerungssilbe *Diddla* ist das derbe Schimpfwort *Diddlasbadscher* abgeleitet. *Komfermandndiddla* nennt man die Jungmädchenbrust.

Dudzndeich m. Weiher im Südosten von Nürnberg. Volksetymologisch als ein Dutzend Teiche erklärt, gehört aber zu dem alten deutschen Wort dutze „Binse, Schilf".

dugg di „bück dich!"

Dulln w. „Abwässerschacht, Straßengulli". *Ä Moong wäi ä Dulln* „er verträgt alles". *Dullnradz* m. Schelte für „schmutzige Kinder".

Dullnraamer m. nennt man heute noch in Nürnberg die Städtische Grubenentleerung. Das Wort erfreut sich wegen seines merkwürdigen Klanges allgemeiner Beliebtheit und wird oft wie *oozullds Buddlasbaa* zum Testwort für den Zugereisten, ob er schon die Mundart versteht.

dumm. *Der is suu dumm, daß er brummd* oder *schdeßt, suu dumm, daß nern die Gens beißn, dimmer wäi lang.* Vier häufige Redensarten, die starken Unwillen über außergewöhnliche Dummheit und Ungeschicklichkeit ausdrücken. *Z dumm, daß er än Noogl grood ind Wend neihaud* „technisch unbegabt".

dunggl. *Zwischn dunggl und sigsd mi ned.* Scherzhaft für „in völliger Dunkelheit".

dunnerwedschgoggl! verglimpfender sanfter Fluch, auch Ausdruck der Bewunderung.

durchgäi „entfliehen".

durchraamer auch *durchbudzn* für hochdeutsch „abführen".

Durl. So sagt man in Nürnberg statt des hochdeutschen weiblichen Vornamens Dora, Dorothea. Ein bekanntes Kirchweihlied war: *Danz mit der Durl, walz mid der Durl, bis af Schweinau, mid der Durl...*

duschn „stark regnen". Häufiges Synonym für die Zeitwörter *gäißn, bleschn, schiddn, schiffm.*

Duud m. „Pate". Schon mittelhochdeutsch gibt es das Wort tot, totte „Taufpate", das landschaftlich neben Pate, Gode und Gevatter steht. In früheren Zeiten gab es in Nürnberg das Schimpfwort *Wasserduud, Wasserduud!* wenn ein Taufpate es unterließ, den spalierstehenden Kindern kleine Münzen zuzuwerfen.

Duudn und Blåsn. *Ka Ånung vo Duudn und Blåsn* „er hat keinerlei Kenntnisse, er versteht nichts davon". Erinnert an die alte Reichsstadtzeit, vergleiche Seite 47!

Duur (Tor). Der Nürnberger ging früher *vuurs Duur* oder *ums Duur*, wenn er spazieren ging.

Duur (Tour). *In aaner Duur* „ständig". *Bfeif doch ned in aaner Duur!*

duushäärerd „schwerhörig". Eine häufig zu hörende ärgerliche Reaktion der Eltern auf die Eigenwilligkeit ihrer Kinder ist: *bisd gwiß duushäärerd* „du hörst wohl nicht, was ich dir sage!"

Duusl m. „Glück". *Houd der än Duusl ghad!*

duusln und *duusn* „schlummern". *Duusn* hörte ich auch als Scheltwort für „alte Frauen".

Duuwl m. „Nachglimmen des Kerzendochts". Auch das Verbum *duuwln* „stinkend brennen" existiert noch.

E

ebberd sagt man in Nürnberg statt hochdeutsch „etwa". *Maansd ebberd går, iech ...*

Eddescheerla s. Von französisch Etage „altmodisches Möbelstück, Stufengestell".

edzerd, *edzerdla* sagt der Nürnberger statt hochdeutsch „jetzt". *Edzerdla suwos naa!* „Nein, so etwas!"

eelend, *eléndich.* Bei der Nachstellung des verstärkenden Eigenschaftsworts hinter ein Hauptwort wechselt im Gegensatz zu hochdeutsch *élend* die Betonung: *Hundslumb elénder; Baazi elénder; Glumb eléndigs! Ä langs Eelend* sagt man für einen „großgewachsenen, hageren Menschen".

Eelgedz (Ölgötze) m. Von sehr alten Nürnbergern auch *Ielgedz* gesprochen „stummer, steifer, regloser Mensch". *Hoggd dou wäi ä Eelgedz, red und deid nix.* Seit der Reformation Luthers werden Heiligenbilder in protestantischen Gebieten, also auch in der Reichsstadt Nürnberg, als Ölgötzen bezeichnet. Wie aus Öl(baum)zweig Ölzweig geworden ist, ist auch Ölgötz eine sogenannte Klammerform. Entweder liegt Öl(berg)götze zugrunde, dann wären die oft außerhalb der Kirchen dargestellten schlafenden Jünger Christi gemeint oder Öl(lampen)götze „Heiligenfiguren, vor denen ein Öllämpchen brennt".

eerer (eher). Siehe *äärer!*

Eesau håricher (haariger Esau) „haariger Mensch". Nach der Geschichte im Alten Testament (Genesis 25, 25) entstandenes Spottwort, das die lutherische Bibelfestigkeit der alten Nürnberger demonstriert.

eewich und drei Dooch „sehr lange Zeit". Vergleiche die Redensart *Jår und Dooch!*

Egg s. So sagt man in Nürnberg ausschließlich für hochdeutsch „die Ecke". *Dou hauds ä Egg wech* bedeutet entweder „es kostet viel Geld" oder „ein gutes Stück Arbeit wird geleistet". *Eggerla* s.

Der find immer nu ä Eggerla „er findet in dem vollbesetzten Raum immer noch ein Plätzchen". Früher gab es bei den Nürnberger Kindern ein Versteckspiel: *Egg verschdegg ums Keelerhaus* (Kellerhaus). Ein Auszählreim lautete: *Egg, Egg, Egg, und du bisd wegg.*

ei- statt der hochdeutschen Vorsilbe ein- siehe auch *aa!*

eibauer, si (sich einbauen) „sich warm anziehen".

eibiggng „den Saum bei der Näharbeit einschlagen".

Eichla, *Eicherla* s. (Äuglein). Mz. Siehe *Aung!*

Eiderbuuzn m. „Eiterpfropfen". Siehe *Buuzn!*

eidrichdern (eintrichtern). *An wos eidrichdern* „einem mit Nachdruck etwas beibringen". Seit dem „Poetischen Trichter" des Nürnbergers Harsdörffer ist das Wort, von dem auch die Spottgeschichte vom Nürnberger Trichter abgeleitet wird, in die Mundart und in die Hochsprache eingedrungen.

Eierblooz m. Obwohl die Eier in Nürnberg immer *Gaggerla* heißen, nennt man ein sehr beliebtes Pfannengericht aus Eiern, Milch und Semmeln *Eierblooz.*

eigäi. *Dou gäisd ei wäi ä Briemerla* (Primelpflänzchen) bedeutet „das bringt mich fast um, ich kann es nicht aushalten".

eikiern (einkehren). „Ins Wirtshaus gehen". *Babba, wenn denner mern eikiern?* fragten die wenig gehfreudigen Kinder das Familienoberhaupt beim langweili-

eidrichdern

gen sonntäglichen Spaziergang über die Felder des Knoblauchlands. Wenn ein Besuch kommt, nicht ablegt und gleich wieder gehen möchte, sagte und sagt man in Nürnberg: *edz zäich di hald ä weng aus, hoggsd ja dou wäi di Fra Boos af der Eikier.*

-einerd. Eine ausgestorbene Nachsilbe in unserer Mundart. Sie war früher gang und gäbe, so sagte man z. B. *heieinerde Gaggerla* „nach Heu schmeckende Eier"; *huleinerd* „hohl klingend"; *goudeinerd* „solide"; *kuleinerd* „kühl"; *graweinerd* „dämmerig";

grouß einerd „protzig" und *glaaeinerd* „ärmlich".

eirenggng (einrenken). *Af den Schnabs houd si mei Moong wider eigrenggd.*

eirenner. *Renn der dei Hiern ned ei!* „lauf langsam!" *Der houd si än Schbieß eigrennd* „er hat sich ein winziges Holzstückchen unter die Haut gestoßen".

eirichdn. *Is richd si ei* „aus dem Gewitterregen wird ein Landregen".

eirissi „streitsüchtig".

eisaafm (einseifen). „Das Gesicht des Gegners beim Schneeballwerfen mit Schnee einreiben".

eisalzn. *Lou di fei eisalzn!* Abwehrende Redensart mit der ungefähren Bedeutung: „du machst dich ja lächerlich".

eiszabferd kald „eisig kalt".

Elfer m. „Elfmeterball". *Sauber houd ern raus, den Elfer* wird ein reaktionsfähiger Torwart fachmännisch auf dem Fußballplatz gelobt.

ender „vorher". *I bin ender hiekummer.* Fast schon ausgestorbenes Adverb.

Erbersn w. Mz. statt hochdeutsch „die Erbsen".

-erd. Mit Hilfe dieser Nachsilbe bildet der Nürnberger seine Möglichkeitsform. *Wemmers gwieß wisserdn, gengerd mer hie* „wenn wir es genau wüßten, würden wir hingehen". Siehe Seite 32! Bei den Eigenschaftswörtern entspricht *-erd* dem hochdeutschen -ig. *Debberd, dreggerd, schlamberd* heißt „tappig, dreckig, schlampig".

-erei. Wie auch in anderen Mundarten bei uns ein beliebtes Anhängsel an Hauptwörter, die dadurch negativen Sinn bekommen: *ä Fårerei, ä Fresserei machd der zam* „er fährt schlecht; er ißt unappetitlich".

-ers. Hauptwörter auf *-ers* haben immer männliches Geschlecht. Eine sehr häufig zu hörende Endung, die besonders in der Schülersprache abkürzenden Charakter hat. Beispiele sind *Bräbbers* „Präparantenunterricht", *Füllers* „Füllfederhalter", *Gebäggers* „Gepäckständer am Fahrrad", *Kauers* „Kaugummi", *Komfers* „Konfirmandenunterricht", *Relchers* „Religionsunterricht", *Schollers* „Schulaufgabe", *Schbiggers* „Spickzettel", *Schimbfers* „Schimpfrede".

Erschdnbedzer m. „Spöttisch für den kleinen Schüler, der die erste Klasse besucht".

eschoffiern, si „sich aufregen". Aus der Franzosenzeit.

esdermiern (ästimieren). Auch ein französisches Fremdwort in unserer Mundart „schätzen, hochschätzen".

Essichkiewerla s. Mz. „Früchte des Rotdorns".

F

Fäänla (Fähnlein) s. „billiges, leichtes Sommerkleid". *Däi houd ä suu ä Fäänla droohenger.*

Fabriggschliedn m. Gemeines Schimpfwort für „Arbeiterin". Das Grundwort ist ursprünglich obszön zu verstehen. Vergleiche auch *Schliedn!*

fåder Noggng w. „langweiliger, entschlußloser sowie passiver Mensch".

Fadzerneddla s. Nur noch ganz selten für „Taschentuch" zu hören. Aus dem gleichbedeutenden italienischen Wort fazzoletto in unsere Mundart eingedrungen.

Falln w. „Bett". Hauptsächlich in der Wendung *edz gengermer in unser Falln* oder *gäi edz in dei Falln, Bou!* zu hören.

falsch „zornig". *Hald dei Maul!, sunsd weri falsch.*

falscher Fuchzger m. „Lügner, Heuchler". Vergleiche auch *fuchzg, Fuchzgerla!*

fanger (fangen). Wie im Hochdeutschen gebeugt mit der Ausnahme der Vergangenheit. Gefangen heißt bei uns: *gfangd. Der houd aner gfangd* „er hat eine Ohrfeige bekommen".
Fangerledz s. Fangespiel der Kinder. Vergleiche das unter *-ledz* Gesagte!

färchdn (fürchten). Das Mittelwort der Vergangenheit heißt

Falscher Fuchzger

gforchdn statt hochdeutsch „gefürchtet". *Des is ned gforchdn* „das ist kein Problem".

Färd. Name der Nachbarstadt Fürth. *Af Färd noo fårn* sagt der Nürnberger, weil die Schwesterstadt pegnitzabwärts liegt. Apropos Schwesterstadt! Zwischen beiden Städten schwelt heute noch ein meist unbewußter, in historischen Zusammenhängen wurzelnder Gegensatz, der sich nicht nur in den traditionellen Lokalspielen der beiden Fußballvereine zeigt. Weil das schlechte Wetter aus dem Westen kommt, meint der boshafte Nürnberger *Vo Färd raf kummd nix Gscheids.* Vergleiche die Ausführungen auf Seite 40!

Fårer m. „unbeabsichtigter Strich mit dem Schreibgerät".

fårn. Wie im Hochdeutschen gebeugt. *An fårn loun* „einen Bauchwind entweichen lassen". *Der fäärd der midn Naggerdn ins*

Gsichd „er wird dich wütend anfahren".

Fäßla. *Edz gäids aus än andern Fäßla* hörte man früher gelegentlich „jetzt wird gearbeitet und nicht mehr gefeiert".

Fauler Hund, *fauler Gnochng, fauler Schdingger, faule Sau.* Starke Schelten.

fechdn „betteln". Dazu das Scheltwort *Fechdbrouder* m. für den „Bettler". Die Bezeichnung geht auf die fechtenden und bettelnden Wanderburschen im 16. Jahrhundert zurück.

Fedzn m. Beliebte Verstärkung. *Ä Fedzn Gschraa* „lautes Geschrei"; *ä Fedzn Freid* „eine riesige Freude"; *ä Fedzn Kerl, ä Mords Drum Fedzn Kerl* „großer wuchtiger Mensch"; *hiehauer, daß die Fedzn fläing.*

Feechhoodern m. „Putzlumpen".

fei (fein) „bestimmt, gewiß, wirklich". Das Flickwort ist in Nürnberg sehr beliebt und häufig. *Dou is fei schäi* „hier ist es wirklich schön"; *i koo ders fei ned gwieß verschbrechng; fei wärgli; daß d fei ned zu schbeed kummsd!* „daß du ja nicht zu spät kommst!"; *kumm fei!* „komm bitte ganz bestimmt!"

Feichling m. „1. furchtsamer Mensch. 2. jemand, der sich nicht dem Wunsch des anderen fügt." *Feichling, drausd di ned! Werum gäisd n ned mied, du Feichling?*

Feierla s. (Feuerlein). „Feuer im Freien", z. B. das Kartoffelfeuer. *An ä Feierla undern Årsch machng* „einem einheizen, einem Beine machen".

Feiermeldergsichd s. „dummer Gesichtsausdruck". *Der houd ä Gsichd wäi a Feiermelder, zon Neischloong.*

feiern „heftig werfen". In der Mundart sehr häufiges Verbum, wie die Zusammensetzungen *hiefeiern, neifeiern, hinderfeiern* zeigen.

feislerd „faulig, schimmlig"; *feisln* „faulig riechen".

Ferschn w. Ez. und Mz. entspricht hochdeutsch „Ferse, Fersen".

ferschn „sausen". Auch *umernanderferschn.*

Fidzerla s. *Ä Fidzerla Babäir* „ein kleines Stück Papier".

fidzn „sich schnell bewegen". *Um di Eggng fidzn. Ä fidzerfedzis Ding* „ein lebhaftes Mädchen".

fier statt hochdeutsch „für". Die Mundart bewahrt noch den mittelhochdeutschen Gebrauch von für im Sinne „gegen" auf. So verlangen die Nürnberger heute noch in der Apotheke *ä Midderla firn Housdn* oder *fir di Housdn.*

Fierhoos m. „Hasenjung".

Fiesl, kurz für *Gnäifiesl* „Geizhals", siehe dort!

figgng. Die gängige Bezeichnung der Mundart für die Ausübung des Geschlechtsverkehrs.

Fimferla s. „Fünfpfennigstück".

fimfern. *Der koo mi fimfern* „er kann mich kreuzweise...". Die Redensart und der Name des Rathauses am Fünferplatz gehen auf das alte Fünfergericht zurück, das unter anderem Beleidigungsklagen zu verhandeln hatte. Vergleiche Seite 46!

Fingerbidzln s. Kinderspiel, bei dem mit Zeige- und Mittelfinger der ausgestreckte Zeige- und Mittelfinger des Gegners geschlagen wurde. Zur Erhöhung der *Bitzel*-Wirkung wurden die Finger angefeuchtet.

fischbern „wispern".

Fisimadendn w. Mz. „Ausflüchte". *Mach kane Fisimadendn!* Das merkwürdige Wort geht auf ein altes Wort Visament „Aussehen, Zierat" zurück. Über die Bedeutungsbrücke „unnötige Zutaten" wird die Bedeutung „Umstände, Ausflüchte" erreicht.

fixerferdi „völlig mit den Kräften am Ende".

fläing (fliegen), *gfluung* (geflogen); *di Drebbm noogfluung* „die Stiege hinuntergefallen".

Flanggerla s. „leichtsinniger Mensch". Nur noch selten.

Flaschn w. Ez. und Mz. „Mensch, der bei irgendeiner Tätigkeit versagt, z. B. im Sport". Vielleicht von der wertlosen, leeren Flasche abgeleitetes Schimpfwort. Dazu das Verbum *flaschn, ooflaschn* „verprügeln", das besonders in der Schülersprache häufig ist.

Fleeg m. Ez. und Mz. „Schürze".

fleier „Wäsche spülen". *Fleiwasser* „sauberes Wasser, in dem die Wäsche nach dem Waschen gespült wird".

Fleischbriggn w. Einer der ältesten einbogigen Brückenbauten Deutschlands. Wegen des Standbilds des Ochsen an ihrer Nordseite sagt man in Nürnberg statt hochdeutsch „das ist eine Binsenwahrheit" *Des hed mer der af der Fleischbriggng aa soong kenner.*

Fleischkichla s. Ez. und Mz. (Fleischküchlein). Fleischspeise, die hochdeutsch: Frikadellen, in München: Fleischpflanzerl und in Wien: Karbonadln heißt.

mid Fleiß „absichtlich". *Der houd des fei mid Fleiß gmachd* „er hat es absichtlich getan".

Flidscherla s. „Leichtsinniges junges Mädchen". Siehe auch *Flindscherla!*

Fliecher m. sagte man früher in der Kindersprache statt hochdeutsch „Flugzeug". *Scha hie, Mamma, ä Fliecher!*

Flinderlasschloocher m. „Goldschläger". Altes Nürnberger Handwerk.

Flindscherla s. „leichtfertiges junges Mädchen". Wahrscheinlich vereinigt das Scheltwort zwei Wörter: *Flinderla* „Goldplättchen" und *flidschn* „wie ein Pfeil fliegen". Siehe auch *Flidscherla!*

Flißla s. (Flüßlein) „Krämpfe des Säuglings, Freisen".

Flossn w. Ez. und Mz. Derb scherzhaft für „Fuß, Füße". *Dou dei Flossn wech!* „Zieh deine Füße ein!"

Flouchhaam (Flughaube) w. „Krankenschwester". Das humorvolle Scheltwort hörte ich von Insassen des Sebastianspitals. Früher trugen die Krankenschwestern hohe und breite Kopfbedeckungen.

Floukisdn w. Scherzwort für „Bett". Früher auch „kleines Vorstadtkino".

Flunschn w. „weinerlich oder verdrießlich verzogener Mund". *Mach ka Flunschn!* Das Wort ist eine Nebenform zu neuhochdeutsch flennen, althochdeutsch flannen und mittelhochdeutsch vlans „Maul".

Fodzn w. „Mund". Ein sehr derbes Schimpfwort, obwohl man sich kaum mehr des Vergleichs mit der weiblichen Scham bewußt ist, wenn man das Wort verwendet. Schon mittelhochdeutsch hieß votze „vulva", daher das ordinäre Scheltwort *Fodznschlegger* für einen „sittlich verkommenen Menschen". Kinder gebrauchen häufig das abgeleitete Verbum *fodzn* „schlagen", das ursprünglich wohl „auf den Mund schlagen" bedeutete. *Ward ner, i fodz di! Gäi ner heer, gräigsd ä Drimmer Fodzn!*

Foosernachd w. statt hochdeutsch „Fastnacht".

foosernaggerd „splitternackt".

Foosn w. „Hure, schlechtes Frauenzimmer". Nach Küpper wahrscheinlich von französisch (femme) faux, da es erst seit 1900 im Deutschen auftaucht.

Fouß m. Mz. *Fäiß*. Statt hochdeutsch Fuß, Füße. In Nürnberg ist oft das ganze Bein gemeint. Daher z. B. die Redensart *Und wennsd di afn Kuubf schdellsd und mid di Fäiß wagglsd* „und wenn du noch so sehr dagegen bist (ich tue es trotzdem)".

foußln „unterm Tisch jemandem heimlich mit den Füßen signalisieren".

Fra Boos w. Hauptsächlich noch in der Redensart *Hoggsd dou, wäi di Fra Boos af der Eikier.* Siehe *eikiern!*

Fradz m. wie allgemein umgangssprachlich ein Schimpf- und Kosewort. *Ä goldis Fredzla.*

fräi „morgens und vormittags". *Heid fräi ham di Kinder ka Scholl* „die Kinder haben heute vormittag keinen Unterricht". *In der Fräi,* gleichbedeutend.

fräirn (frieren). *Den wärds nu nach der Sunner fräirn* „er wird noch dankbar sein für das, was er jetzt verachtet". Albrecht Dürer schreibt in einem seiner Briefe schon als waschechter Nürnberger „Wie wird mich nach der Sonnen frieren!"

franzerd (fransig). *Is Maul franzerd riedn* „unaufhörlich mahnen".

Fråß m. „schlechtes Essen". Z. B. *Kandienerfråß* (Kantinenfraß).

Frauerzimmer s. Ein beliebtes Stützwort für negative Eigenschaftswörter wie *schlamberds Frauerzimmer*, *schusslerds Frauerzimmer*.

freggng (verrecken). Derb für „verenden, sterben". *Der Hund is gfreggd. Der Modoor is gfreggd* „der Motor ist stehengeblieben". *Ned ums Freggng* „um alles in der Welt nicht!" *Der lichd dou wäi gfreggd* „er rührt sich nicht". Dazu die ausdrucksstarke Schelte *Fregger eléner, Hundsfregger miseråblicher*. Aus dem Nürnberger Umland stammt die folgende Bauern-„Weisheit": *Weiberschderm is ka Verderm, ober Gaalfereggng, des is ä Schreggng*.

Freind und Kubferschdecher! Scherzhafte Anrede.

Freisn w. Mz. „Gesichtskrämpfe kleiner Kinder". Siehe auch *Gfraaschli! Dou kennsd glei di Freisn gräing* „da könnte man sehr zornig werden".

Fressn w. Verächtlich für „Mund". Aus der allgemeinen Umgangssprache: Halt die Fresse! in die Mundart eingedrungen; *fressn wäi ä Scheinerdrescher*. Siehe Seite 45! *Den hou i gfressn* „ich kann ihn nicht ausstehen".

Frichdla s. *Ä sauwers Frichdla* „Taugenichts". Wie allgemein umgangssprachlich.

Friedn w. *Freddla* s. „große und kleine Haue zum Unkrautjäten". Daher auch *Gfredd*, siehe dort!

frodzln. Aus der allgemeinen Umgangssprache übernommen; gleichbedeutend mit *dredzn*, aber nicht so häufig; „necken, foppen".

Frollein (Fräulein) s. „Lehrerin". Eine Achtklässerin der Volksschule in Mögeldorf äußerte um 1960: *Unser Frollein houd ä Kind gräichd, desdweeng hammier edz än Leerer*.

Fruusch m. Mz. *Fresch* (Frosch, Frösche). *Der lichd dou wäi ä brellder Fruusch* „er ist völlig ermattet". *Fruuschaung* „hervorquellende Augen". *Alles gäid, ner blouß di Fresch hubfm*, scherzhafte Redensart statt „es ist alles möglich, wenn man will".

fuchdi „zornig".

Fuchdl w. *alde Fuchdl* „altes böses Weib".

fuchzg statt hochdeutsch fünfzig. *Fuchzgerla* s. „Fünfzigpfennigmünze". Siehe auch *falscher Fuchzger!*

fugsdeiflswild „sehr zornig und erregt".

Fünferplatz, gesprochen *Fimferblooz*, siehe *fimfern!*

fungglnooglnei „ganz neu".

Funzl w. „schlecht brennende Lampe und Taschenlampe"; *funzln* „leuchten". *Dou ämool dou her funzln!*

Fürth. Siehe unter *Färd!*

Furz m. Etwas häufigeres Synonym wie *Bumbs*, aber nicht so gebräuchlich wie das sehr häufige *Schieß*. „Bauchwind". Auch beliebte Spottbezeichnung für kleinen Wichtigtuer. *Ä glanner Furz*. Der Plural *Firz* (statt eigentlich zu erwartendem *Färz*) wird gern in folgenden Redensarten verwendet: *Däi mid iere neier Firz* „mit ihren neuen Plänen". *Der houd Firz im Hiern* „unausgegorene Planungen im Kopf".

Dazu *furzn* „Bauchwinde lassen". *Wos isn des fier ä Gfurz? Furzer alder!* einschlägige abwehrende Schelte. Im übertragenen Sinn bedeutet *rumfurzn* „wild herumfahren".

Fuusern, w. Mz. auch *Fuuserla* s. Mz. „Fäserchen, Fädchen".

Fuusl m. „schlechter Schnaps". Wie allgemein umgangssprachlich.

(Kl, Kn, Kr)

gaadschn „plappern; die ersten Sprechversuche des Säuglings". Das Zeitwort wird aber auch, hauptsächlich in der Schülersprache, für „verraten, verpetzen" angewendet. Dazu die Scheltwörter *alder Gaadscher, alde Gaadscheri, alds Gaadschmaul!*

gaafern (geifern). Dazu *Gaaferledzla* s. und *Gaafergollerla* s. für den „Brustlatz, den die Kleinstkinder beim Essen umgebunden erhalten". Goller oder Koller war früher die Halsbekleidung des Kriegsmannes, aber auch der Kragen der Frauentracht.

die Gaas w. Im Gegensatz zu hochdeutsch „das Gas".

Gaaß w. (Geiß). Obwohl es im Erlebnisbereich des modernen Großstädters die Ziege nicht mehr gibt, haben sich in der Vollmundart noch einige sprachliche Erinnerungen erhalten. *Gaaßbemberla* s. „Exkrement des Tiers". *Der schdinggd wäi ä Gaaßbuug. Gaaßgschau* s. „leerer, ausdrucksloser Blick". *Gaaßmetzger* m. „Berufsschelte für den Metzger". *Gaaß, bläide Gaaß* und *Gaaßhiern* s. Scheltwörter für „dumme Menschen". *Der Herrgodd lääd der Gaaß in Schwoonz ned zlang wagsn* „die Bäume nicht in den Himmel wachsen". Nur vereinzelt konnte ich folgende Redensarten hören: *afn Gaaßmargd gäi* „sterben" und das vom Land eingedrungene: *derer Gaaß wär aa wider gschdreid* (dieser Ziege wäre auch wieder gestreut) „diese soziale Verpflichtung wäre endlich erledigt!"

Gaddern m. „Geländertüre in den alten Nürnberger Häusern, die den Flur vom Stiegenhaus trennte." Nahezu ausgestorben.

gadschn „1. beim Fangespiel mit der Hand berühren; 2. wenn sich beim Murmelspiel zwei Schusser berühren".

gadzn „stottern". *Alder Gadzer* sagt man scherzhaft zu einem Menschen, der sich oft verspricht. *Den hau i nei, daß er gadzd* läßt die versteckte Brutalität des Mundartsprechers durchschimmern. Schon mittelhochdeutsch kommt das Verbum gagzen „stammeln, stottern" vor, wobei das G vor dem Z die etymologische Ableitung vom Gackern der Hühner erlaubt.

gaggererd „buntscheckig, von schreiender, greller Farbe".

Gaggerla s. Mz. *di Gaggerla*. Das Nürnberger Wort für hochdeutsch „Ei"; *gaggerlasgelb* sagt man gelegentlich für „eigelb". *Gaggerlaskuubf* ist ein „länglicher, eiförmiger Kopf"; *gaggern* heißt so viel wie „dumm reden". *Du mid dein eewichng Neigegagger!* „du mischt dich ständig ungefragt ein". *Af Gaggerla gäi* „vorsichtig laufen". Die Fürther Heilquelle heißt vielleicht deshalb *Gaggerlasquelln*, weil das Wasser wie faule Eier stinkt.

Gaggl m. „Einbildung, Stolz". *Der houd än Gaggl* „er ist eingebildet".

gagglerd „wackelig".

Gaggo m. Achtlose Benennung, z. B. *schäiglerder Gaggo* „schielender Mensch".

gäi (gehen). Die Beugung lautet folgendermaßen: *iech gäi, du gäisd, der gäid, mier genger, ier gäid, däi genger*. „Gegangen" heißt *ganger*. *Der gäid mid derer scho zwaa Jår* „sie verkehren seit zwei Jahren". Eine originelle Aufforderung ist die Redensart: *Genger S zou, bleim S nu ä weng dou! Suu genger di Geng* „das ist der Lauf der Welt".

Gäißer m. Das Nürnberger Wort für „Gießkanne". Siehe Seite 42!

Galngschdrigg, Galngvuugl, beide m., kann man gelegentlich noch als Schelten hören. Eine lange Nachwirkung in der Sprache, wenn man denkt, daß das Hochgericht im Nürnberger Stadtteil Galgenhof schon vor fast zweihundert Jahren entfernt wurde. Im alten Nürnberg gab es natürlich noch eine Vielzahl von anderen Schimpfwörtern wie *Gallingausd* (Galgenaas), *Galngschwengl, Gallinggsind, Galngraddl, Galngdäib.*

gamberd „passend, praktisch, bequem". Vergleiche auch *ungamberd!*

Gamberla s. „Kinderschleuder".

Gandi m. Zu Lebzeiten des indischen Politikers Mahatma Gandhi und auch noch nach seinem Tod ein Scherzwort in der Nürnberger Sportsprache, das man auf „hagere Sportler" anwandte.

Gäng Mz. Siehe *Geng!*

Ganggl m. „langer, magerer und schlaksiger Mensch". Auch häufig *langer Ganggl* wegen des Gleichklangs. Vom alten Zeitwort gangeln „schlendern, umherziehen" abgeleitet.

Gangwerg s. „Gangart". Meist spöttisch: *Houd däi ä Gangwerg!* „Sie läuft merkwürdig."

Gänsgroong m. (Gänsekragen). Siehe *Gensgroong!*

går „aufgebraucht, ausgegangen". *Is Salz is går. Aus is und går is und schood is, daß wår is* reimt der Nürnberger.

Gard w. Selten gewordenes Scheltwort für „minderwertige Gesellschaft".

gärdli. Entspricht dem hochdeutschen Wort gättlich, das etymologisch zu Gatte gehört. Bedeutung ist „passend, richtig". *I kumm doch gärdli?* „Ich komme doch nicht ungelegen?" Bei der Aussprache hat sich in Nürnberg wie bei *gnärschi* statt hochdeutsch genäschig ein r eingeschmuggelt, das mit dem Wortstamm gar nichts zu tun hat. Vergleiche *ungärdli!*

gärdln „im Garten arbeiten".

garm (garben) sagte man früher für das „Aufgehen des Hefeteiges".

Gärndla s. sagte man früher für „Einkaufsnetz".

Gaß w. *Mamma, därf i af die Gaß?* „Mutter, darf ich auf die Straße gehen?" *Gassnbou* m. und *Gassnmaadla* s. waren früher häufige Schelten für „streunende Kinder". Gelegentlich hört man auch noch das alte Scheltwort *Geßlersgeicher* m. Damit war der Mann gemeint, der Mädchen nachstellte und sich mit ihnen in den dunklen Gassen während der Nachtzeit lustierte; geigen ist ein altes Hüllwort für den Geschlechtsverkehr.

Gaul m. sagt man im Fränkischen für Pferd, während der Bayer Roß und der Norddeutsche Pferd oder Peerd gebraucht. *Mach mer mein Gaul ned schei!* „Mach mich nicht irre!" hört man noch häufig, obwohl das Pferd völlig aus dem Straßenverkehr verdrängt ist. *Än gschengdn Gaul schaud mer ned ins Maul* stammt aus der Viehhändlersprache. Der Käufer erkannte das Alter des Tiers am Gebiß. Die Bedeutung der häufigen Redensart: „Geschenke kritisiert man nicht". *Des kosd kan Gaul* „es ist erschwinglich".

Gauner m. Eines der häufigsten Scheltwörter auch im Nürnbergischen. Ursprünglich ein jiddisches Wort für den „Spieler", wurde es durch Lessing schriftdeutsch. *Du Gauner du élender! Ein Gauner ein eléndicher!*

Gebadsch s. Nur in der Ez. „üble Nachrede". *Dou bisd in ä schäins Gebadsch neikummer.*

Gebäggers m. „Gepäckständer am Fahrrad". Vergleiche das unter *-ers* Ausgeführte!

Gebimber s. „1. Geschlechtsverkehr, 2. Klavierspiel des Anfängers". *Der mid sein eewichng Glawiergebimber!*

Gedou s. „närrisches Betragen, übereifrige Geschäftigkeit". Die vornehmere Ausdrucksweise des Vollmundart- und Halbmundartsprechers für das viel häufigere *Gscheiß*, siehe dort!

Geduudl s. „Kirchweihmusik oder dergleichen".

Geebersdorf. *Der is ned vo Geebersdorf* „er ist nicht freigebig, sondern geizig".

geecher statt hochdeutsch „gegen". *Heid schbilld der Glub geecher Färd.*

Geegerla s. (Gökerlein). Mz. gleichlautend. Nur für das „gebratene Hähnchen", während für das lebende Tier *Gieger* gesagt wird, siehe dort!

geem (geben). Beugung: *ich gib, du gibsd, der gibd, mier geem, ier gebd, däi geem.* Die Befehlsform heißt nicht gib!, sondern *geb!,* das Mittelwort der Vergangenheit *geem* statt „gegeben". *Gidsn des aa; gids denn suwos aa!* „Gibt es denn das!" *I gib der ane; der houd nern ane geem* „ich ohrfeige dich; er hat ihn geohrfeigt".

Gei (Gäu) s. keine Mz. Das alte germanische Wort Gau hält sich

in der Mundart noch in der ursprünglichen Bedeutung „abgegrenzter Bezirk". So spricht man bei uns immer noch vom *Gei* des Briefträgers *(den sei Gei)* oder der Zeitungsträgerin *(derer ier Gei).*
Geizgroong m. Wie hochdeutsch Geizhals und Geizkragen. *Geizgroong, Geizgroong, housd dei Mudder im Bedd derschloong!* spotteten die Nürnberger Gassenjungen zu Beginn unseres Jahrhunderts.
Gelberla s. Mz. „Pfifferling, Eierschwamm".
Geld s. *I hou mei Geld ned gschdulln* äußert der Nürnberger erbost, wenn ihm etwas zu teuer ist oder wenn jemand auf seine Kosten verschwenderisch ist. *Mier ham doch kan Geldscheißer ned* ist eine häufige Redensart im Sinn von „wir können uns das nicht leisten".
gell! Häufiger bestätigungserheischender, einleitender und abschließender Zusatz. *Gell des maansd du aa! Du magsd doch aa mied, gell! Gell, des habbi aa gsachd.* Vom hochdeutschen Zeitwort gelten, es gilt! abgeleitet. *GellnS!* heißt die Höflichkeitsform.
Gelleroum w. (gelbe Rübe) Ez. und Mz. Auch als Scheltwort für „alte runzlige Frau" verwendet. Z. B. der lakonische Bericht eines Ehemannes von der goldenen Konfirmation seiner Frau: *Dou sen s der Rei nouch drin ghoggd, däi aldn Gelleroum. Wenn iech ämål schderb, schdeggd er mer ä Gelleroum hindn nei, nou zäing mi di Gens naus* hörte ich oft als derbe Abweisung einer standesgemäß feierlichen Beerdigung.
Gembern m. Spöttisch für „große Nase".
Geng m. Mz. (Gänge). *Nemm deini Geng zamm!* „Vermeide Umwege bei Besorgungen!" *Suu genger di Geng* „das ist der Lauf der Welt".
Gens w. Mz. von *Goons. Der is suu dumm, daß nern di Gens beißn.* Eine merkwürdige alte und zäh am Leben gebliebene Redensart ist *däi houd än Gensårsch gfressn* „sie spricht pausenlos und erzählt ohne Unterbrechung". Schon bei Gabler ist das Schimpfwort ‚Gensoarsch' bildlich dargestellt. Aus der Abbildung kann man die Geschwätzigkeit erschließen.

Gensgroong m. „Mensch mit langem Hals". Heute noch eine beliebte Spottbezeichnung. Schuld daran ist wohl das bekannte, heute noch oft abgebildete Nürnberger Original um die

Jahrhundertwende. Es handelte sich um einen Straßenhändler, der mit einem sogenannten Bauchladen ausgerüstet war. Mein Vater erzählte mir noch von diesem Unikum, den die Lausbuben zu foppen pflegten: *Gensgroong, Gensgroong, housd fier ä Fimferla Baggschdaakees im Moong!* Daraufhin ballte der Beschimpfte die Fäuste und spuckte wütend nach den johlenden Kindern.

Gerch sagt man in Nürnberg statt hochdeutsch Georg; aber auch das französisierte *Schorsch* ist häufig.

Gerschdla s. nur Ez. „geringe Ersparnisse". *Dou gäid ja mei ganz Gerschdla draf. Dou mou i hald mei ganz Gerschdla zamgradzn; der houd sei ganz Gerschdla versuffm.*

Gerwersgaul m. (Gerbersgaul). Nur noch in der Redensart *Der houd gschbieer wäi ä Gerwersgaul.* Siehe Seite 45!

Gfraaschli s. Nur Ez. „Krämpfe bei Säuglingen". Im alten Nürnberg gab es die Scheltwörter *Fraaschlis Gsichd* und *Fraaschlis Ousd* (Aas).

Gfredd s. „Mühe, Plage". *Is des ä Gfredd! Dou derfsd di rumfreddn.* Vergleiche *Friedn!*

gfreggd. Siehe *freggng!*

Gfreß s. „1. schlecht zubereitetes Essen; 2. schlechte Tischmanieren".

Gfruuzl s. „1. unansehnliche, unappetitliche Speisereste; 2. durcheinanderwimmelnde Kinder".

gfundns Fressn s. „willkommener, unverdienter Glücksfall".

Ghalder, Kalder m. (Gehalter) „Schrank". Das Wort ist ähnlich wie hochdeutsch Behälter mit anderer Vorsilbe gebildet. Ganz alte Nürnberger sprechen noch vom *Kuchngghalder* und vom *Glaaderghalder* (Kleidergehalter). Ein *Ghelderla* war ein „kleiner Vorratsschrank".

ghaud, kaud statt hochdeutsch „gehauen". *Der houd nern ane neighaud* „er hat ihn geohrfeigt". *Ned ghaud und ned gschdochng* „man weiß nicht, wie man daran ist, man wird nicht klug daraus". Aus der mittelalterlichen Soldatensprache.

gheeb, keeb „eng, passend"; *gheeb gnäid* „eng genäht". *Der Balgng lichd gheeb aaf* „genau passend"; *gheeb verbeigschossn* „knapp am Fußballtor vorbeigeschossen".

ghubfd (kubfd) wäi gschbrunger „völlig gleichgültig, wie man etwas angeht oder erledigt".

Ghulz, Kulz (Geholze) s. „schlechter Stil beim Fußballen".

Gibskuubf m. Besonders in der Kindersprache beliebtes Scheltwort wie hochdeutsch Gipskopf. Gelegentlich hörte man früher *Gibskuubfdrabber* m. (Gipskopftrapper).

Gidderbarie s. „Gesäßpolster bei der Frauentracht im Knoblauchsland". Von französisch cul de Paris abzuleiten. Bis in unsere Zeit herein lebendig gewesen.

giecherdi — gåcherdi „Hals über Kopf".

Giegagadznbercher m. Das Stottern nachahmendes Neck- und Scheltwort für den „Stotterer". Siehe *gadzn!*

Gieger m. Mz. gleichlautend. „Hahn". *Der schdeichd wäi der Gieger in Groos* „er schreitet stolz einher". Vergleiche auch *Schmausngieger!*

giegsn „mit ausgestrecktem Zeigefinger stechen und kitzeln".

Gifd m. „Zorn". Dazu die Scheltwörter *Gifdniggl* m., *Gifdnuudl* w. und *Gifdzwerch* m. für „boshafte Menschen". Das Zeitwort: *gifdn* „Gift und Galle speien".

Gimbl m. Nicht allzu häufiges Scheltwort für den „dummen Menschen".

Gischbl m. Ist in gleicher Bedeutung wie das vorhergehende Scheltwort sehr häufig.

Giwidznhuuf lautet die mundartliche Aussprache für den Namen des Stadtteils Gibitzenhof.

glaa, glenner, am glensdn lautet hochdeutsch „klein, kleiner, am kleinsten" in unserer Mundart.

glaam (glauben) *glabd* (geglaubt). *Des glabsd* häufig für „das will ich meinen, da gibt es keinen Widerspruch"; *glab däi Wår* „ich glaube es dir nicht"; *glaam* kann allerdings auch für hochdeutsch „klauben" stehen: *aafglaam, zamglaam. Di Wesch glabd si zamm* „ich habe viel zu waschen".

Glåchmudder w. „weinerliche, jammernde Frau".

Gladzn w. Ez. und Mz. „kahler Kopf". Gleichbedeutend mit *Bladdn. Gladzndooni* m. Neckwort für den „Kahlköpfigen".

Gläifl m., siehe *Glouf!*

gläim (klieben) „spalten". *Schdegg gläim* „Wurzelstöcke mit der Axt spalten, unter Verwendung von Keilen".

Gleddn w. Ez. und Mz. (Klette) „aufdringlicher Mensch". *Der hengd droo wäi ä Gleddn.*

Gleebers m. „scherzhaft für Kopf".

Glees s. Ez. für hochdeutsch „ein Kloß". *I mechd nu ä Glees* hört man häufig, obwohl das alte Nürnberger Wort für Kartoffelkloß *Gniedla* ist, siehe dort!

Gliddaasch w. Verächtlich und spöttisch für „Kleidung".

gliegoud „völlig unbeschädigt; gut erhalten".

glodzn wird sehr häufig abwertend für „sehen, schauen" verwendet. *Abrilogs, housd hieglodzd!* Dazu das Hauptwort *Glodzer* m. Mz. für „Augen". *Mach dei Glodzer aaf!* „Paß besser auf!" *Mach deine Glodzer aaf, bevuursd meggersd* „schau genau hin, bevor du kritisierst!"; *der houd in Glodz* „er hat vor Müdigkeit, oder weil er nachdenkt, einen leeren, ausdruckslosen Blick". Häufig hört man auch noch die alte Redensart *glodzn wäi ä gschdochngs Kelbla.*

Gloggng w. (die Glocke). *An di grouß Gloggng henger* „etwas bekanntgeben, wozu es noch zu früh ist". Ein ordinärer Kinderreim lautete früher: *Dreivärdl af der Gloggng, wenn der Hund scheißd, gids Broggng; wenn di Kadz scheißd, gids än Brei, dreivärdl is verbei.* Vergleiche *Ruuzgloggng!*

Gloosauch s. (Glasauge). Bei Spuckwettbewerben der Kinder unterscheidet man zwischen: *ä Kudderla schbodzn* „einen kleinen Speichelfleck produzieren" und *ä Gloosauch schbodzn* „einen überdimensionalen Fleck zustandebringen". *I schbodz der ä Gloosauch* meist scherzhaft für „ich mag nicht".

Glooser m. statt hochdeutsch Glaser. *Dei Vadder is ka Glooser ned* heißt „du bist nicht durchsichtig, geh aus dem Weg, verdekke meine Lichtquelle nicht!"

Glooschermvärdl s. (Glasscherbenviertel). „Wohnviertel, in dem es viele Altbauten gibt, wo viele arme Leute wohnen".

Glooschleifer m. Spitzname für die Einwohner der Stadt Fürth; *die Färdee Gloschleifee*. Man spricht dabei das auslautende -*e* übertrieben lang, um eine abweichende Eigenart der Fürther Mundart nachzuäffen.

Gloubern w. Ez. und Mz. Derber Ausdruck für „Hand, Finger, Hände". Ein mittelhochdeutsches Wort *klouber* ist mit neuhochdeutsch Klaue verwandt und hat sich demnach noch in unserer Mundart bis auf den heutigen Tag gehalten. *Dou dei Gloubern* oder *Glouwern wech!*

Glouf m. „grober, unhöflicher Mensch". Häufiger ist das gleichbedeutende *Gläifl*. Wahrscheinlich mit hochdeutsch Kloben, klobig verwandtes Wort.

Glub m. Selbstverständlich gibt es in Nürnberg nur einen *Glub*, den Ersten Fußball-Club Nürnberg. *Wäi houd n der Glub gschbilld?* Ein Spieler oder Anhänger des Vereins ist ein *Glubberer*.

Gluggscheißer m. (Klugscheißer) „Besserwisser".

Glumb s. Ein sehr häufiges Nürnberger Wort, das auch in den zornig gesprochenen Nebenformen *Sauglumb* und *Scheißglumb* vorkommt. In den allermeisten Fällen sind nicht irgendwelche Altwaren damit gemeint, sondern die widerspenstige Materie schlechthin. Wenn z. B. ein Apparat im entscheidenden Augenblick versagt oder ein Werkzeug nicht in Ordnung ist. Auch „teure, aber minderwertige Neuanschaffungen" werden damit bezeichnet: *fräier houd mer hal nu wos Gscheids gräichd fer sei deiers Geld, heid gid s nix wäi ä Glumb.*

Glumsn w. „Spalte, Ritze".

Glusderer m. „Gelüste". *Housd än Glusderer af än Bfärsich?* „Hast du Appetit auf einen Pfirsich?" *Glusderd* lautet das zugehörige Adjektiv. *Ä glusderds Frauerzimmer, ä glusderds Mannsbild* „naschhafter Mensch". Vergleiche auch *hieglusdn!*

Gmaa w. (Gemeinde). Und zwar ist die politische wie die kirchliche Gemeinde damit benannt. So ist der *Gmaadebb* ein Synonym für hochdeutsch „Dorftrottel". In einer Großreuther Gaststätte hängt heute noch die *Gmaabrilln*. In Zeiten, als Schreiben und Lesen noch nicht allgemeine Übung bei den Landbewohnern waren, genügte eine Brille für das ganze Dorf. Heute noch werden Nürnberger, die sich verlesen, freundlich aufgefordert: *Hogg hal di Gmaabrilln aaf!* Im bekannten Gedicht von Grübel ‚Der Geißbock und die Totenbeine' jammert der Geistliche: *Miech dauerd när mei Gmaa* „ich bedauere nur meine Gemeinde".

gmääd (gemäht). *A gmääds Wiesla* s. „Vorteil, Gewinn".

gmachd. *Ins gmachde Bedd lieng* „ohne Mühe zu Geld kommen", besonders wenn ein Juniorchef einen Betrieb, der gut läuft, vom Vater übernimmt.

Gmandschi s. „Gemengsel, untereinandergemischte Speisen mit viel Flüssigkeit".

Gmechd s. (Gemächte) „männlicher Geschlechtsteil".

Gmeer s. „Durcheinander". Vergleiche *meern!*

Gmerg s. „Gedächtnis". *I hou hal ä schlechds Gmerg* jammern alte Leute.

gmischd „zweifelhaft". Die besorgte Mutter berät ihren heranwachsenden Sprößling vor einer Party: *wenns gmischd wärd, gäisd ham.*

gnabbm (knappen) „hinken".

Gnagg s. Keine Mz. „Genick". *I bagg di am Gnagg* „ich packe dich am Kragen". Dazu

Gnagger m. Scheltwort für „alten Mann".

Gnaggworschd w. Mz.: *Gnaggwärschd* „Regensburger Wurst".

Gnaggworschdfinger Mz. Steigerung von *Broudworschdfinger,* da die ‚Regensburger' viel dicker als die Bratwürste sind.

Gnäi s. Ez. und Mz. für hochdeutsch „Knie". *Gnäischnaggler* m. „weiche Knie".

Gnäifiesl m. Schimpfwort für den „Geizhals".

Gnäirudscher m. „Frömmler".

Gnalldebb m. Verstärkung von *Debb*. Seltener ist *Gnallkuubf* m. Aus der allgemeinen Umgangssprache ‚er hat nen Knall' entlehnt.

gnärschi (genäschig). Auch das Scheltwort *Gnärscher* m. gibt es statt des häufigeren *Gnooschbeidls,* siehe dort!

Gnärzla s. Ez. und Mz. „Brotanschnitt, Kopf". Hochdeutsch würde man das Wort Knörzlein schreiben, es ist die Verkleinerungsform zu Knorzen. *I hob mer mei Gnärzla ooghaud* „ich habe mir den Kopf angestoßen".

gnarzn „weinerliches Schreien der Kinder, Quengsen".

gnaunzn „weinerlich sprechen, nörgeln, tadeln". Dazu die Scheltwörter *alde Gnaunzn* w., *alder Gnaunzer* m.

Gnechla s., früher auch *Gneggla* (Knöchlein) „kleine Schweinshaxe". Früher sagte man statt „Schweinssulze" auch *Gnegglasulzn.*

gnelfm „nörgeln, zanken". *Gnelferer* m. „Nörgler". Der Ausdruck ist vom Knelfen des kläffenden Hundes auf den Menschen übertragen.

Gnibberdignabb m. „hinkender Mensch". Kinder, die manchmal das Gebrechen der Erwachsenen schonungslos kritisieren, riefen früher, meist in sicherer Deckung: *Gnibberdignabb, dei Ärsch brich ab!* Ein Kinderreim lautete: *Iech und mei Gnibberdignabb* genger schbaziern; gäi ner her, Gnibberdignabb, lou di schäi fiern!

Gniedla s. Ez. und Mz. (Knödel). Die übliche Bezeichnung für „Kartoffel- und andere Klöße".

Gniedlaskuubf m. „großer runder Kopf; Mensch mit solch einem Kopf".

gniedschn „quetschen, drücken". *In ledzdn Gniedscher geem* „ein Werkstück vollenden". Dazu: *Gniedscher* m. Schimpfwort für „langweiligen Menschen".

gniefln „reiben, wetzen". *Der Schou gniefld.*

Gniewl m. Mz. „Fingergelenke, Finger". Dazu *gniewln* „angestrengt stricken".

Gnobbern m. Ein sehr häufiges, ernst und humorvoll gebrauchtes Scheltwort, verstärkt auch *Hundsgnobbern,* zur Kennzeichnung des „hartnäckigen, unnachgiebigen, schwer zu überzeugenden Mannes". Auch *frecher Gnobbern* sagt man.

Gnochng m. *Fauler Gnochng.* Häufige Schelte statt *fauler Schdingger, fauler Hund!*

Gnooschbeidl m. Bekannte Schelte für den „Genäschigen".

Gnuuwerla m. „Knoblauch". *Gnuuwerlasbeieri* w. Bäuerin im „Knoblauchsland"; heute noch der Name für das Anbaugebiet für Gemüse im Norden der Stadt.

Goddfried, saudummer m. Häufiges Scheltwort.

Goggerloori m. Spöttisch für „Liebhaber". Früher gab es als Schreckgespenst für kleine Kinder den *Wassergoggerloori.*

goggern „herumsuchen, auf etwas aus sein". Sicher von der Bezeichnung *Goggl* für den „Hahn, der auf dem Mist herumscharrt" abgeleitet. Dazu gibt es die Substantivierung *Goggerer* m. Siehe *Daamgoggerer, Maadlasgoggerer, Schuddgråmgoggerer!* Ein Kaninchenzüchter wird ebenfalls als *Hoosngoggerer* und *Hooserer* bezeichnet. Der *Goggerer* ist also „einer, der auf etwas aus ist". Ähnliche Bildungen auf -erer sind etwa der *Håderlumberer* „der auf Lumpen aus ist", der *Bosderer,* „einer, der mit der Bundespost zu tun hat" und der *Gluberer* „einer, der mit dem Club zu tun hat".

Goggl m. „Hahn". Nicht so häufig wie das gleichbedeutende *Gieger. Alder Goggl,* ein Schimpfwort für „einen alten, sich wie jung gebärdenden Mann". Unter *Goggl* versteht man auch einen „hochstehenden Haarschopf". Vielleicht nach dem Hahnenkamm gebildetes Wort.

Goldschloocher m. „Blattgoldmacher".

Golläichdla s. Nahezu ausgestorbene Bezeichnung für „Kerze".

Goobl. So sagt man in Nürnberg statt des hochdeutschen Vornamens Jakob.

Goodl m. „Doppelkinn". Siehe auch *Droller!*

Goons w. Mz. *Gens* für hochdeutsch „Gans".

Gooradz m. Mz. *Di Wieder Gooradzn*. Spottbezeichnung für die alten Wöhrder. Die etymologische Ableitung Gebhards von italienisch corazza „Küraß" überzeugt aus sachlichen Gründen wenig. Siehe *Radz!*

Goori m. „komischer, schrulliger Mensch". Vom Vornamen Gregor abgeleitet.

Goschn w. Die häufigste Scherz- und Schimpfbezeichnung für den „Mund". Verstärkungen sind *Schwerdgoschn, Saugoschn, Revolvergoschn*. *Der ier Goschn gäid wäi gschmierd* „sie redet unaufhörlich". *Der ier Goschn mäins ämool exdra derschloong, wenns gschdorm is*.

goud (gut). Ausdrucksstarke Kosewörter sind *gouder Henner, gouder Sau* und *gouder Zwedschger* und *mei Gouderla*, die ersten beiden für Erwachsene, die anderen für Kinder. *Goud Nachd, edz werd s Dooch!* oder *goud Nachd, schäiner Beieri!* Die Ausrufe haben etwa den Sinn „Ach du meine Zeit, ach du liebe Güte!" *Der is di gouder Schdund selwer* „er ist die Güte in Person".

goudeinerd „grundsolide". Fast ausgestorben.

gouder Moo, gouder Fraa. Häufige Einleitung zu kritischen, mahnenden Bemerkungen wie z. B. *Gouder Moo, dou mäin S scho nu wardn.*

Gräberla s. „Raum zwischen den Ehebetten". *Derfsd im Gräberla schloufm* wird kleinen Kindern zur Beruhigung versprochen.

grabschn „begierig nach etwas greifen".

Gracherla s. Mz. *di Gracherla* „Schneebeeren, die beim Darauftreten zerplatzen; Papierplättchen mit etwas Pulver als Munition für den Kinderrevolver". Daher auch das Scheltwort der Kindersprache *Gracherlasbladdn* w.

Graddi w. Ein in die Vollmundart abgesunkenes Wort der Verwaltungssprache „Weihnachtsgratifikation". *Housd dei Graddi scho gräichd?*

Graddl m. „Stolz". *Der houd villeichd än Graddl!*

grådn „verzichten, entbehren". Beim Feilschen um den Heizölpreis meinte ein Nürnberger Kohlenhändler: *Däi zwaa Bfenning koo i ned grådn* „auf die zwei Pfennige (pro Liter) kann ich nicht verzichten".

Grädz w. Siehe Gredz!

Gradzberschdn w. „böses, widerspenstiges Mädchen; Frau, die Haare auf den Zähnen hat".

Gradzerla s. „Gerät zum Ausräumen des Kohlenofens oder zum Enteisen der Windschutzscheibe".

Gråf Bibbers m. „stolzer, sich lächerlich machender Mann". Meistens hört man: *wäi der Gråf Bibbers*.

Graffl m. (Geraffel) „minderwertiger, zusammengetragener Hausrat". *Ham däi än Graffl banander!* bemerkt die neugierige Hausfrau hinterm Vorhang beim Einzug neuer Nachbarn.

Gråglhågng m., auch *Grouglhågng* von älteren Sprechern zu hören. Spottwort für „großgewachsenen Menschen". Das Wort ist übriggeblieben, die Sache, nach der das Neckwort gebildet wurde, längst ausgestorben. Früher war der Krakelhaken eine lange Stange mit einem Haken an der Spitze, mit der die Krakeln, d. h. die dürren Äste, von den hochstämmigen Kiefern der Nürnberger Wälder gebrochen wurden.

Gräim w. Mz. (Grieben) „gebratene Speckstückchen".

Gräiwerla s. Mz. „geröstete Brotwürfel in den Kartoffelklößen".

gräing „erhalten, bekommen". *Däi ham än Boum gräichd* „ein Junge ist angekommen"; *ä bår am Baggng gräigsd* oder *gräigsd aner gschmierd* „du bekommst eine Ohrfeige".

gräiß Iner Godd. So lautet „Grüß Gott" in der Nürnberger Höflichkeitsform.

Gralln w. Mz. (Krallen) „lange Fingernägel". *Schemsd di ned, mid dener Gralln!*

Grambers m. „kleiner Kerl". *Suu ä glanner Grambers, und koo scho in Vadder sei Bäir huln.* Offensichtlich aus der Oberpfalz eingedrungen, da dort der Begleiter des Nikolaus: der Krampus heißt.

Grambf m. Mz. *di Grembf.* „Prahlerei, Ausreden, Täuschungsmanöver". *Der machd Grembf. Häir aaf mid deine Grembf!* Daher der *Grambfbolln* m., die *Grambfhenner* w. und der *Grambfer* m. häufige Schelten für den „Aufschneider und Prahlhans".

grambfm „stehlen".

Grand m. „Zorn". *Heid houd er widder sein Grand* „heute ist schlecht mit ihm zu sprechen". Dazu das Verbum: *grandln* „nörgeln, schlecht aufgelegt sein" und die Schimpfwörter *alder Grandlhuber!* oder *Grandler!* Ein im Bairischen sehr häufiges Wort. Aman bemerkt dazu treffend „ein Grantler ist immer grantig, selbst vorübergehende Heiterkeit ist ihm fremd".

Granggerdskerl m. (Krankheitskerl). Häufiges Nürnberger Scheltwort. Auch ein gleichbedeutendes Schimpfwort für Frauen *Granggerdslouder* w. ist zu hören. Vielleicht aus dem Fluch: Krankheit komme über dich! entwickelt. Tod und Pestilenz! lautete früher ein ähnlich „frommer" Wunsch.

Suu froochd mer än Granggng (so fragt man einen Kranken) sagt man in Nürnberg spöttisch, wenn einem ein Gläschen Schnaps angeboten wird, das man gern annimmt.

Granggngschdiggla s. „gutes Stück Fleisch". Ein Nürnberger Metzger erklärt: „Zwerchrippe, die eine gute Krankensuppe gibt".

Graud s. (Kraut). *Wäi Graud und Rum* (Rüben) sagt man in Nürnberg für „unordentlich". *Des machd is Graud aa nemmer fedd* „darauf kommt es nun bei allem übrigen Jammer oder Ärger auch nicht mehr an".

graudern „nutzlose Arbeit verrichten". Besonders sagt man: *rumgraudern*. Auch das Schimpfwort *Grauderer, alder* ist noch häufig für „einen alten unbeholfenen Mann, der nichts Rechtes mehr zuwege bringt".

Graudschdambfer m. Mz. Scherzhaft für „dicke, stramme Beine". Das Kraut wurde früher mit bloßen Füßen in die Fässer getreten.

Graudschdår m. „verliebter alter Geck".

Grawádd m. Starkes Scheltwort für „frechen Jungen". Verstärkt *Lausgrawádd!* Das Schimpfwort, das auch in anderen Dialekten vorkommt, geht auf die nachhaltige schlechte Erfahrung mit kroatischer Soldateska im Dreißigjährigen Krieg zurück. Vgl. auch *Schlawiener!*

Grawall m. Ein beliebtes, weil herausfordernd klingendes Wort. *Grawallschachdl* w., *Grawallschousder* m., *Grawallgaggo* m. sind Schelten für „lärmende Menschen".

Grawídschgo. *Af Grawídschgo gmachd* „schlampig gefertigt".

gräwln „modern, schimmeln".

Grawuuz m. „kleiner frecher Junge". Möglicherweise aus *Grawadd* und *Buuzn* kombiniertes Schimpfwort.

grebbisch (kräpisch) „lebhaft, besonders von kleinen Kindern". *Allmechd, is des scho grebbisch zu sein Alder* „... ist das Kind für sein Alter schon lebhaft".

grebsdn (gröbsten). Eine verstümmelte Redensart lautet *di grebsdn roodou* „einem derb die Meinung sagen".

Gredz w. Nur Ez. (Krätze). *Mer maand ja, du housd di Gredz* „der Ausschlag, den du hast, sieht bösartig aus". *Des is ä sauwere Gredz* „wenn man als Zahlungsmittel nur kleines Geld erhält".

Gree m. (Kren) „Meerrettich". *Di Greebeieri, is Greeweibla* lieferte früher das beliebte Gewächs aus der Forchheimer und Erlanger Gegend frei Haus. *Bissi wäi ä Greeschdengl* „böse".

Greedi und Bleedi. *Dou wår Greedi und Bleedi dordn* „minderwertige Gesellschaft". Das Schimpfwort ist nach dem Alten Testament, 2. Samuel 3, 18, gebildet und seit dem 18. Jahrhundert in lutherischen Kreisen verbreitet.

Greideri s. (Kräuterich). „Das Grüne an Rettichen, Radieschen".

Greifler m. sagte man früher zu einem „Mann, der an Frauenzimmern herumtastet".

greiner und *bfliedschn* sind die beiden häufigsten Nürnberger Wörter für hochdeutsch „weinen, heulen". *Ruuzäwasser greiner* heißt „in Tränen aufgelöst sein". *Wider wos gscheeng und ned griener!* ist eine häufige Redensart am Ende einer Arbeit oder eines Auftrags. *Wos leer schdäid, greind ned*.

Greinmeicherla s. ist ein bekanntes Scheltwort für ein „empfindliches, weinerliches Kind". Ein beliebter Kinderreim lautete:

Greinmeicherla grein, schdegg dei Bfeiferla nei, dou ned suu ä Bfruudschn machng, daß di alle Leid auslachng!

greisli statt hochdeutsch „greulich, furchtbar".

Greiz (Kreuz) kommt in Nürnberg in folgenden Redensarten und Flüchen abweichend von der Schriftsprache vor: *greizerqueer* statt kreuz und quer; *drei Greizla machng* „froh sein, daß man fertig ist" nach der früher bei Analphabeten üblichen Sitte, drei Kreuze statt des Namens zu machen; *Greizerla* s. Mz. bedeutet manchmal heute noch „Geld". *Bou i håb kane Greizerla mäir, i koo der kan Lufballong kaafm* meinte ein Vater auf dem Volksfest; *Greizkiesldunnerwedder!* ein häufiger Fluch. *Greizdunnerweddersagraménder!* eines der stärksten und längsten Nürnberger Schimpfwörter, das man allerdings auch im harmlosen Sinn, rauh aber herzlich, auf Baustellen hören kann. — *Greizgiggerigie!* Verharmlosendes Fluchwort statt: Kreuz Christi. Siehe Armleuchter!

grelzn „rülpsen". Ä *Grelzerla* s. „das Aufstoßen des Säuglings", wofür man allerdings auch *Kudzerla* sagt.

Grembl m. (Krempel) „überflüssige, unordentliche Haushaltsgegenstände, Unordnung". *Den ganzn Grembl hieschmeißn* bedeutet „alles liegen und stehen lassen, nicht mehr weiterarbeiten".

Gribbl eléndicher m. (Krüppel). Häufige Schelte mit starkem Ausdruck für „boshafte, ungezogene Menschen", die keineswegs verkrüppelt zu sein brauchen. Auch *Hundsgribbl* und *Saugribbl* sind als Verstärkung üblich.

Gribbm w. Nur Ez. *Der houd nix in der Gribbm* sagt man zu einem schmächtigen Menschen. Wohl von Futterkrippe abzuleiten und nicht von hochdeutsch Gerippe, das es früher in der Form *Baanis Gribb* s. (Beingerippe) auch als Scheltwort gab.

Gribschn w. Mz. Scherzhaft für „Hände". Vom Zeitwort gripschen abzuleiten, das es früher gleichbedeutend und ablautend zu grapschen gab.

Gried s. (Gerede). *Du housd ä saudumms Gried* sagt man statt hochdeutsch „du stellst dumme Behauptungen auf".

Grieß s. (Geriß). *Des Maadla houd is grouße Grieß* „sie ist in der Männerwelt sehr begehrt".

griewln „kraulen". Ein beliebter Kinderreim mit neckenden Begleitgesten war: *Griewerla gråwerla Lechla buurn, Näsla zubfm, Hårla rubfm und än groußn Badsch!*

Griffl m. Mz. Scherzhaft und ärgerlich für „Hände". *Dou dei Griffl wech!*„Hände weg!"

Griminåler m. „Kriminalbeamter".

Grischberla s. „kleiner, schmächtiger Mensch".

Griskindla s. (Christkindlein). *Der schdråld wäi ä Griskindla* meist gutmütige Bezeichnung für einen „sehr freundlichen Menschen". *Dou schausd wäi ä Griskindla* und *schlamberds Griskindla* haben allerdings bereits leicht abfällige Bedeutung. *Griskindla* bedeutet in Nürnberg und andernorts auch „Weihnachtsgeschenk". *Housd dei Griskindla scho gräichd?*

Griskindlasmargd m. der weltberühmte Weihnachtsmarkt auf dem Nürnberger Hauptmarkt. Früher Kindleinsmarkt genannt. Zahn führt dazu aus: „In Nürnberg wird einige Wochen vor Weihnachten, und zwar schon im November-Monat der Kleine Kindleinsmarkt an und auf der Fleischbrücke, später aber gewöhnlich am Barbaratag, dem 4. Dezember, der Große zwischen den langen Krämen und dem Haupt- oder Grünen Markt aufgeschlagen. Auf dem Kleinen werden mehrenteils Spielwaren von geringem Wert verkaufet, der Große aber besteht aus zwei Reihen aneinandergestellter hölzerner Buden, in welchen Zinngießer, Rotschmiede, Flaschner, Zuckerbäcker, Buchbinder, Pergamenter, Zirkelschmiede, Holzschnitzer, Alabasterer, Puppenhändler und andere Professionisten ihre Fabrikate sowohl bei Tag als bei Nacht in ihren beleuchteten Buden öffentlich feilhaben. Dieser große Kindleins- oder Christmarkt ist eine Art von Jahrmärkten, jedoch nur für einheimische und bürgerliche Professionisten, und dauert gewöhnlich bis einige Tage nach Weihnacht. Eltern schicken oder führen ihre Kinder, Freier ihre Verlobten auf denselben und machen ihnen mit dem einen oder anderen Gegenstand, der ihnen vorzüglich gefällt, ein Geschenk. Auch Dienstboten erhalten dergleichen oder eine Vergütung an Geld. Hauptsächlich aber werden auf diesem Markt die Christgeschenke selbst eingekaufet. Vielen dienet auch derselbe zur Promenade, besonders am Thomastag, an dem sich in zahlreicher Menge fremde Personen aus benachbarten Orten einfinden und einander nach der gemeinen Volkssprache einen Kindleinsmarkt kaufen."

grood sagt man statt hochdeutsch „gerade". Ein Nürnberger Kolonialwarenhändler bemerkte vor Jahrzehnten hinter seiner Waage befriedigt: *grooderoudn, grooderoudn!*

Groodoo (Geradean) m. „ruppiger, grober, aber ehrlicher Mensch"; *groodoo schmeggng* „schlecht oder langweilig schmecken".

groodschn „schwerfällig gehen; langsam arbeiten". Dazu die Scheltwörter *Groodscher* m., *Groodschn* w.!

Groong (Kragen) m. „Hals". Sein *Groong zon Fensder nausreggng* „neugierig zum Fenster hinausschauen". *An in Groong rum dräier* schlimme Drohung, der keine Tat folgt. Vergleiche *Gensgroong!*

Groosgensla s. (Grasgänslein) „junge Gans, die noch nicht gemästet ist".

Grooshubfer (Grashüpfer) m. „1. Heuschrecke; 2. junger unerfahrener Mensch".

Grouer w. (Krähe). Als Schimpfwort für „alte Frauen" verwendet. *Ä fläicherder Grouer find mäir wäi ä hoggerder* „wenn man beweglich und rührig ist, bringt man es weiter".

großkobferd „aufgeblasen". *Di Großkobferdn* m. Mz. „Angehörige der oberen Klasse".

großmechdi statt hochdeutsch „sehr, großartig". *Der houd großmechdi oogeem. Scha doch gscheid hie! Dou schdäids doch großmechdi draff.*

Großneijår s. (Großneujahr). Der Nürnberger Ausdruck für „Epiphanias" oder Dreikönigsfest.

Grumbm m. Mz. (Krumen). „Brosamen".

grumm und bugglerd. Verstärkung von bucklig. *Ba derer Ärwerd wärd mer grumm und bugglerd.*

grummbaanerd (krummbeinig).

grummer Hund. *Nou bin i der grumm Hund* „dann bin ich der Schuldige". *Desdweeng braugsd mi ned glei in grummer Hund haaßn* „deswegen brauchst du mich nicht gleich zu schelten".

Grunderla s. Mz. „kleine Pegnitzfische".

Gruubf m. (Kropf). *Iewerflissi wäi ä Gruubf* „völlig überflüssig"; *ärcher di grobferdi, grabbl di Wend naaf!* Beliebt ist auch ein Volkswitz: *Mudder schau roo, der Schorschla glabd ned, daß d än Gruubf housd!*

Gruubfbindn w. Scherzhaft für „Krawatte".

Gruud w. Schimpfwort für „Lausejungen". Nicht für hochdeutsch Kröte, das in Nürnberg *Hiedschn* heißt.

Gruusch m. „unordentlicher, überflüssiger Hausrat".

Gsabb s. (Gesapp) „durch Regenwasser aufgeweichter Boden; Schneematsch". *Ä rechds Gsabb is des heid!*

Gschäfdla s. „Stuhlgang kleiner Kinder". *Housd dei Gschäfdla scho gmachd?*

Gschafdlhuuber m. „Wichtigtuer". Wie im Bairischen.

Gschbanderer m. „Länge der ausgespreizten Hand zwischen Daumen und Spitze des kleinen Fingers; Maß beim Schussern".

Gschbann s. Scherzhaft für „ungleiche Eheleute". Nach der früheren landwirtschaftlichen Gewohnheit, ein Pferd und ein Rind vor den Karren zu spannen.

Gschbeßla. s. Ez. Mz. *Der houd (ä) Gschbeßla gmachd* „Gaudi, Scherze".

Gschbilli s. (Gespülicht) „das abzuspülende Geschirr, das Spülen".

gschbieer (gespien). So lautet die Vergangenheit von *schbeier* (speien). *Der schaud aus wäi gschbieer* „er sieht sehr schlecht aus".

Gschbuud s. (Gespött) „Spott".

Gschbuusi s. Scherzhaft für „Freundin, Verlobte". *Den sei Gschbuusi.* Das alte Wort Gesponse von lateinisch sponsa „Verlobte"; hat sich in unserer Mundart erhalten, während es im Schriftdeutschen untergegangen ist.

Gschdechla s. (Gestechlein) „Balgerei, Reiterspiel". Das alte Wort Gestech für Bürgerturniere wird in der Mundart bis auf den heutigen Tag festgehalten. Vergleiche Seite 46!

Gschdegg s. (Gesteck). Mz. *Gschdegger.* Schimpf- und Scherzwort für Mädchen. — *Gschdeggla mid dein korzn Reggla* (Röcklein). — Höchstwahrscheinlich obszönen Ursprungs.

gschdeggd vull. *Di Schdrasserboo is gschdeggd vull.*

gschdegglde Milch „sauere Milch".

Gschdell s. Scherzhaft und abwertend für „Körper". *Den houds is Gschdell zamghaud* „er ist zusammengebrochen, schwer erkrankt". *Ä langs Gschdell* „ein großgewachsener Mensch". Auch *Gschdellaasch* s. (Stellage) kommt gelegentlich in gleicher Bedeutung vor.

gschdobfd vull. Wie *gschdeggd vull* und *bfrobferd vull* „sehr voll".

gschdochngs Kelbla. *Der schaud wäi ä gschdochngs Kelbla* „sehr dumm". Zahn beschreibt sehr anschaulich: „. . . wurden öfters abgestochene Kälber auf ganz damit beladenen Wägen in die Stadt Nürnberg gebracht und auf dem sogenannten Kälbermarkt ohnfern des Schönen Brunnens zu jedermanns Kauf offen ausgelagert. Nun sind die Augen der geschlachteten Tiere gewöhnlich aus dem Kopf herausgetrieben und nach gemeiner Volkssprache glotzend. Daher wird mit selbigem Sprichwort verglichen: Personen, die entweder schon von Natur große, aus dem Kopf hervorragende Augen haben oder bei verschiedenen Zufällen, Schreck, Zorn, angestrengter Aufmerksamkeit die Augen weit aufsperren."

der schreibd wäi gschdochng „sehr schöne und gleichmäßige Handschrift".

gschdregsderlengs hiegfluung „er ist der Länge nach hingefallen".

gschdudzd. *Wäi ä gschdudzder Hund laafm* „schnell laufen".

gschdulln (gestohlen). *Der koo mer gschdulln wern.* Starke Ablehnung. *Des houd er ned gschdulln* wird von einem Kind gesagt, das eine Eigenschaft offensichtlich nicht erworben, sondern von seinen Eltern ererbt hat. *Der rennd, wäi wenner wos gschdulln hed.*

gscheeng (geschehen). *Gscheeng is gscheeng* "es ist nichts mehr zu ändern". *Maadla wos greinsd? Gscheeng is gscheeng.*

gscheerd (geschert) "dreist, herausfordernd". Auch häufig bei Schelten wie *gscheerder Hamml, gscheerder Ramml.* Vergleiche Seite 46! *Gscheerder Bladdn, Hundsbodaggng!* riefen früher die Kinder, wenn ein Spielgefährte mit frischgeschnittenem Haar vom Friseur kam.

gscheggerd. *Lach ned suu gscheggerd!* "Lach nicht so schadenfroh!"

gscheid. Beliebtes Verstärkungswort, stark abweichend von der Schriftsprache. *Der is gscheid hiegfluung* "er ist schwer gestürzt"; *gscheid dumm* "sehr dumm"; *fräier housd hal wos Gscheids gräichd fer dei Geld; den hob i gscheid gfodzd* "tüchtig verhauen". *Der houd gärwerd wäi ned gscheid; der is gloffm wäi ned gscheid* entspricht hochdeutsch "wie verrückt". *Di gscheidn Leid mou mer oohäirn, di dummer mou mer riedn loun. Ä ganzer Gscheider* ironisch für den siebengescheiten Besserwisser. Die stolze Mutter zu ihrem Sprößling: *du bisd mei Gscheiderla.*

Gscheiß s. "Hetze, Wichtigtuerei". Besonders starke Ablehnung übertriebener Geschäftigkeit verrät die Verstärkung: *ä gschissns Gscheiß ham däi ghad.*

Gscherrla s. Ez. und Mz. "Sandspielform für Kinder". "Laufgeschirr für Kinder, wenn sie das Laufen lernen".

gschissn. *Däi ham s gschissn noudwendi* "sie haben es sehr eilig". *Gschissn kumma* "unerwartet und eilig ankommen oder hinzutreten". Eine sehr saloppe, aus der Umgangssprache in die Vollmundart eingedrungene Redensart: *der schdäid dou wäi ä gschissns Fråchezeing* "er steht ratlos da". — *Gmaand und gschissn is zwaaerlei* derb für hochdeutsch "glauben heißt nichts wissen".

gschlaafd bringer (geschleift) "etwas Schweres oder Unnötiges herbeitragen".

Gschlabberi s. "wässerige Speisen".

Gschlamb s. "1. Unordnung, Schlamperei; 2. Menstruation".

Gschlegg s. Auch *wos Gschleggerds* "Süßigkeiten".

Gschlooch (Geschlage) s. "dauerndes störendes Hämmern". *Häir aaf mid dein eewichng Gschlooch!*

gschloong (geschlagen). *Edz ward i af den scho ä gschloongne Schdund.*

Gschluuderi s. "wertloses Zeug".

Gschmaaß s. (Geschmeiß). Sehr abfällige Schimpfbenennung für eine "widerwärtige Personengruppe".

gschmalzne Rechnung sagt man häufig statt *gesalzene Rechnung.*

Gschmarri s. "dummes Gerede". *Ä Gschmarri naafhenger* "jemandem Überflüssiges erzählen". *Ä saudumms Gschmarri.*

gschmerzd. *Edz is wider di Gschmerzder* "sie trägt ihr Leid wieder auffällig zur Schau".

Gschmier s. „schlechte Schrift, Torte mit viel Creme oder Schlagrahm"; *des gäid wäi gschmierd* „es klappt tadellos"; *der ier Goschn gäid wäi gschmierd* „sie redet unaufhörlich".

Gschmorgl s. „dummes Gerede". Siehe *schmorgln!*

gschniedn (geschnitten). *Dou housd di gschniedn* „du hast dich verrechnet, getäuscht".

gschniegld und biegld (geschniegelt und gebügelt) „sehr fein und modisch gekleidet".

Gschnuufer m. Ez. *Den gebi kan Gschnuufer* „ich beachte ihn nicht".

Gschobb s. „schlecht sitzende, Wülste bildende Kleidung" oder „wenn man z. B. sein Hemd in den Hosenbund stopft": *Is des ä Gschobb!*

Gschräid s. (Geschröte) „dicker, unförmiger Körper". Die Bedeutung hat sich stark gewandelt. Mittelhochdeutsch geschroete heißt noch „Hodensack".

gschrubbds Beierla s. „schlaues Bäuerlein".

Gschussl s. und *Gschuuß* s. „Eile". *Vur lauder Gschuuß is er hiegfluung.* Siehe *schussln!*

gschwabbld vull „randvoll".

Gschwärdl s. „üble Gesellschaft". Vergleiche auch das Schimpfwort *Schwardn!*

gschwingg statt hochdeutsch „geschwind".

gschwolln (geschwollen). *Gschwolln daherriedn* „dumm reden".

Gschwollkuubf m. „aufgeblasener, großspuriger Mensch".

Gsedzla (Gesätzlein) s. Ez. und Mz. „Abschnitt beim Schreiben". *Drei Gsedzla Rechnunger hammer aaf* „wir müssen drei Reihen von Rechnungen als Hausaufgabe machen". *Grein ä Gsedzla!* Spottruf für weinerlichen Spielkameraden.

gseeng (gesehen). *Des housd gseeng* „das ist verschwunden, das ist dir gestohlen worden".

Gseich s. „dummes Gerede". Siehe *seichng!*

Gseires s. „dummes Gerede". Hebräisch gezera „Behauptung, erregtes Gespräch" ist über das Jiddische in die deutschen Vollmundarten, auch ins Nürnbergische eingedrungen.

Gsellschafd w. Abwertend gebraucht für „mißliebige Personengruppe". *Ä sauwere Gsellschafd!*

Gsichd s. *Der machd ä Gsichd* „er schaut finster". *Ä Gsichd wäi ä verbrennder Hendscher* „häßlich, verzerrt". *Ä Gsichd wäi drei Dooch Reengwedder* „verdrießlich". *Der machd ä Gsichd wäi di Kadz, wenns dunnerd* oder entstellt... *wäi ä Eichhernla, wenns blidzd* „ratlos, erstaunt".

Gsief s. „übles Gebräu, meist schlechtes, abgestandenes Bier".

Gsundheidsfårer „steif auf dem Fahrrad sitzender Mann".

gudzn „schauen". Die *Gudzerla* waren früher die kleinen Guckfenster neben der Haustüre. Daher sagte man zu „müßig zum Fenster hinaussehenden Leuten"

Gudzerlasbeißer. Zahn erklärt: „Da die Gutzerlein selten so groß sind, daß ein ganzer Mannskopf hinaussehen kann, sondern dieser nur bis an den Mund zu sehen ist, scheint die heraussehende Person gleichsam in das Gutzerlein zu beißen." *Gudzluuch* sagte man für „Dachfenster"; *gudzn* ist aus älterem guckezen entstanden.

Gurgng m. Ez. und Mz. Scherzhaft für „Nase". Siehe das gleichbedeutende Neckwort *Kimmerling!*

Guß m. für hochdeutsch „Ausguß, Spüle".

Guuglhubf m. „Hefekuchen von besonderer Form wie im übrigen Bayern".

Gwaaf s. und *Gwaffl* s. „dummes Gerede". Siehe *waafm* und *waffln!*

Gwärch s. (Gewürge) „Durcheinander". *I bin frou wenn kanns kummd, sonsd hou i blouß ä Gwerch* „. . . sonst habe ich nur Unannehmlichkeiten". Siehe auch *Närmbercher Gwärch!*

gwaschn. *Ä Schelln, däi si gwaschn houd* „eine starke Ohrfeige". *Edz schdäid er dou mid sein gwaschner Hals* „er hat das Nachsehen".

Gwichder heißt die Mz. von *Gwichd* s. statt hochdeutsch „die Gewichte".

Gwidderbuuzn m. „dicke Gewitterwolke". Siehe *Buuzn!*

Gwieß s. *Ä Bamder houd hal sei Gwieß* „ein Beamter hat sein sicheres Einkommen". *Nix gwieß waaß mer ned* „man weiß nichts Genaues"; *gwieß wår und ned gluung* sagt der Nürnberger gern zur Bekräftigung, daß etwas „ganz wahrheitsgetreu" ist.

Gwinsd m. „Gewinn beim Spiel".

Gworschdl s. (Gewurstel) „Durcheinander, verknotete Schnur oder verknotetes Garn".

Gwuuzl s. „Durcheinanderwimmeln". Siehe *wuuzln!*

H

hä? Dieses Wort, oder besser gesagt dieser Laut, ist schwer schriftlich wiederzugeben. Ludwig Thoma schreibt z. B.: hn. Es handelt sich in Nürnberg um einen nasalen, kurzen, dem Bellen ähnlichen Laut, der mit vorgeschobenem Unterkiefer ausgestoßen wird. Die Bedeutung entspricht genau der hochdeutschen Frage „Wie bitte?"

Häädschl w. „Gleitbahn auf der Eisfläche, auf der die Kinder entlangschlittern". *Ä Häädschl aafzäing* „eine solche Gleitbahn herstellen". Dazu das Zeitwort *häädschln* „gleiten".

haadschn „schwerfällig und plump gehen". *Semmer nooghaadschd* „wir sind hinuntergegangen"; *zamghaadschde Schou* „abgetretene Schuhe".

haagl (heikel) „wählerisch beim Essen".

haamer „sich zusammennehmen". *Haam di fei!*

haaß (heiß). *Mach mi ned haaß!* „reize mich nicht!"

Habberla s. „einfältiger Tropf".

Habdmargd m. Der Nürnberger Hauptmarkt.

Håbergaaß w. „langbeinige Spinnenart". Spöttisch auch für „langbeinigen Menschen".

Håbern, meist auch *Håwern* gesprochen, m., statt hochdeutsch „Hafer". *Den schdichd der Håwern* „er ist übermütig".

Hachd m. „Habicht". Hauptsächlich in der Redensart: *Wäi ä Hachd is er af den lousgfårn* „wütend ist er auf ihn losgegangen".

hachln „streiten". *Däi hachln midnander.*

Hådern m. „Lumpen". Ez. und Mz. *Feechhådern* „Putzlumpen". Die von dem Nürnberger Ulman Stromer gegründete erste Papiermühle Deutschlands im 14. Jahrhundert hieß Hadermühle. Heute noch Straßenname beim ehemaligen Standort der Mühle. Dazu ein häufiges Nürnberger Scheltwort *Håderlumb,* m., meist auch scherzhaft für „durchtriebenen Menschen" verwendet.

Hadzl w. „Elster".

Hafdn m. (Haufen), auch in der Aussprache *Haafm* üblich. *Än Hafdn* „sehr viel, sehr viel", z. B. *än Hafdn Ärwerd; än Haafm Geld; än Hafdn Kinder; än Hafdn Schuldn; än Hafdn Leid* (Leute).

Håfm m. „Topf". Von alten Nürnbergern auch noch *Hoofm* gesprochen. *Alder Hoofm* Schimpfwort für „alte Frau". Dazu die Redensart *glane Hääferla laafm bal iewer* „kleine Leute sind oft jähzornig". *Der aa houd is Hääferla, der ander is Schisserla zerbrochng* „beide sind an dem Streit schuld". *In Deggl vom Hoofm roodou* „die Wahrheit sagen". Ein alter Kinderreim lautete früher: *Ä Hääferla, ä Schisserla, is mei ganz Kichnggscherr, des lood i af ä Wäächerla und får dermied af Färd, di Juudn wolln wos kaafm, däi loun mi nemmer laafm. Ä Hääferla, ä Schisserla, is mei ganz Kichnggscherr.* Der *Hääferlasgudzer* war in alten Zeiten der „Küchenschmecker, der in die Häfen gutzte". Siehe *gudzn!* Der *Håfner* m. für schriftdeutsch: „der Ofensetzer".

Hägerla und Schlingerla s. Mz. „Haken und Öse als Verschluß am Kleid".

Haggerla s. Mz. „Zähne von Kleinkindern". *Der Glaa schreid, wal er Haggerla gräichd* „... weil er zahnt".

Häidla (Hütlein) s. Mz. *Du maansd gwieß, ba mier houds Häidla aaf* „du glaubst wohl, ich kann mir alles leisten".

häir aaf!; *häirns S aaf!; edz häir fei aaf!* „Ach, was Sie nicht sagen".

hal (halt). Beliebtes Flickwort im einschränkenden Sinn. *Dou hal ä weng langsam! Gäi hal ä weng afd Seidn!*

halmi auch *halmerd* und *halmerdi,* statt hochdeutsch „halb"; *i bin scho halmi ferdi* „die Arbeit ist zur Hälfte vollendet".

Haloodri m. „Taugenichts". Eine Wortkreuzung zwischen dem griechischen Fremdwort Allotria und Halunke.

håm (haben). *Iech hou oder hab, du housd, der houd, mier ham oder hom, ier habd, däi ham oder hom.* Mittelwort der Vergangenheit *ghad* (gehabt). Wie im Hochdeutschen als Voll- und Hilfsverb gebraucht. *Housd scho än Zugger in dein Kaffe nei? Housd mi?* „hast du mich verstanden?" *I waß scho, du housd ers mäir mid di Broudhääring „. . . du bevorzugst Bratheringe".* Spottvers, den die Jungen früher einem Betrunkenen nachriefen: *Er houd nern, er houd nern und leßd n nemmer lous; du moußders håm* spöttisch, wenn jemand eine größere Anschaffung plant.

ham (heim). *Ham wenni kumm!* Drohung der Eltern, die das Kind nicht in der Öffentlichkeit strafen wollen. Verkürzend für *ham wenn i kumm, bsorchis der gscheid!*

Hamblmoo m. (Hampelmann). „1. Gliederpuppe aus Holz 2. Mensch, der sich zu allem bereit erklärt, der keine eigene Meinung hat."

hamgeing. *Der koo si hamgeing loun* „er hat aufgegeben, er ist nichts mehr wert".

Hamml m. Häufiges Schimpfwort für „dummen und groben Menschen". Verstärkungen sind *Dreeghamml, Sauhamml! gscheerder Hamml!*

Händ w. Ez. statt hochdeutsch die Hand. Die Mz. lautet unverändert *di Hend.* Siehe *Hend!*

Händscher (Handschuh). Siehe *Hendscher!*

Handscherm sagte man früher für „Waschbecken", siehe *Scherm!*

Håner m. Ez. und Mz. „Wasserhahn".

Hanni. Häufig für den männlichen Vornamen Hans.

Hanskaschber, Hansworschd m. Beliebte Schelten wie auch im Hochdeutschen für „alberne Menschen".

Hardla m. und s. Beliebte Schelte für einen „dummen, einfältigen Menschen". Nachwirkung eines alten Nürnberger Originals. Der *Hardla, mach än Schbrung* soll in der zweiten Hälfte des 19. Jahrhunderts von den Kindern kleine Münzen geschenkt bekommen haben, daß er jedesmal dafür einen Sprung machte. Er hieß Leonhard (Heckmann). Daher sein Spitzname *Hardla.*

hårich (haarig) „mit knapper Not". *Des war hårich* sagt man, wenn zwei Pkw beinahe zusammengestoßen wären. Zum Scheltwort *håricher Eesau* vergleiche *Eesau!*

Hårwerg s. „unordentliche Frisur".

Haschbl m. „Wirrkopf". „Aufgeregter, närrischer Mensch". Wahrscheinlich vom Zeitwort haspeln „übereilt handeln und reden", das Schmeller aufführt, abzuleiten, vgl. auch hochdeutsch sich verhaspeln! In der Halbmundart hört man ein gleichbedeutendes aus Norddeutschland importiertes *Haschmich!*

Häschberla s. Mz. „Mispelfrüchte".

hasserlaa! Ausruf, wenn etwas heiß ist, oder man sich die Finger verbrannt hat.

Haucherla s. Mz. Hauchbildlein, die um 1930 von den Schulkindern als Buchzeichen verwendet wurden.

Haud w. (Haut). *Is langd mer in di Haud nei* „es reicht mir wirklich".

hauer (hauen). Vergangenheit *ghaud* für hochdeutsch „gehauen". *Den hau i ungschbidzd in Buudn nei* ist eine sehr starke Drohung, der meist keine Taten folgen. *Is Maul am Diesch hauer* „nichts zu nagen und zu beißen haben". Ein alter Volksreim lautete: *Am Mondooch fengd di Wochng oo; am Diensdooch semmer iewl droo; am Middwoch semmer middn drin; Dunnerschdooch gids än Kimmerling, am Freidooch gids än baggner Fiesch, am Samsdooch hau mers Maul am Diesch.*

Hausblooz (Hausplatz) m. „Hausflur". *Daß er mer fei die Rääder* (Fahrräder) *durchn Hausblooz droochd, der is frisch buzd!*

Hausdrachng m. Wie ein allgemein umgangssprachliches Scherzwort für die „Frau Gemahlin". Siehe auch *Drachng!*

Hauserla s. Mz. *Heiserla,* nannte man früher in Nürnberg die „Mieter". So hörte ich noch 1960 in Mögeldorf: *Däi koo zfriedn sei, wou s suu ånschdendiche Heiserla houd.*

Hausmacher w. Siehe *Schdaddworschd!*

Haxn m. Ez. und Mz. Scherzhaft für „Bein, Beine" wie im Bairischen.

Hebberla s. „junge Ziege".

hebbern „schnell, übertrieben geschäftig laufen". Auch das Scheltwort *Hebberer* m. für „Mensch, der es immer eilig hat".

Hebfl m. „einfältiger Mensch".

Hedscher m. „Schluckauf". *Hedscherbäider* m. Harmloses Neckwort.

Hedz w. „Vergnügen, Gaudi". *Des wår ä Hedz.* Wie im ganzen bairischen Sprachraum, z. B. auch in Wien.

Heebmal (Hebmahl) s. „Richtfest".

Hefdla s. Ez. und Mz. „Stecknadel"; *hefdn* heißt in der Schneidersprache heute noch „reihen, provisorisch nähen". Häufig hört man heute noch die Redensart *aafbassn wäi ä Hefdlasmacher* „genau hinschauen wie die alten Nadelhersteller", obwohl das Handwerk der Heftleinmacher längst außer Kurs gekommen ist. Siehe Seite 44!

Hefferkäichla s. Ez. und Mz. „Rohrnudel". *I hau der af dei Goschn, daß aafgschwilld wäi ä Hefferkäichla.*

Hefferzuubf m. „großes geflochtenes Gebäck aus Hefenteig".

Hei (Heu) s. *Däi ham Geld wäi Hei* „sie sind sehr wohlhabend".

Heischiewerla s. „Heubündel".

Heichdl m. „beschränkter Mensch".

Heider m., selten noch zu hören für „altes Pferd, Klepper".

Heifla Eelend. „bemitleidenswerter Mensch". *Hoggd dou wäi ä Heifla Eelend.*

Heigeing (Heugeige) w. Spottwort für „großgewachsene Leute". Die Heugeige war eine lange Stange, die auf dem Heuwagen lag und mit der die Last befestigt wurde.

Heilicher, *komischer.* Siehe *Komischer H.!*

heind sagte man im alten Nürnberg statt hochdeutsch „heute". Wie sich „heute" aus althochdeutsch hiu dagu „diesen Tag" entwickelte, so *heind* aus althochdeutsch hiu nachtu „diese Nacht".

Heiner und *Heini.* Harmlose Neckwörter in der Kindersprache. Vergleiche den früheren Kinderreim *Heiner, Zigeiner, Zichooribabier, geb mer än Zweier, nou gäii mid dir! Heini* ist nach Küpper in ganz Deutschland umgangssprachlich.

Heisla s. (Häuslein). „Abtritt, Klosett". *Heisla hubfm* war früher ein Kinderspiel, bei dem Felder (Häuslein) auf dem Sandboden aufgezeichnet wurden. *Ä Heisla Rechnunger* sagten die Kinder in der Volksschule für einen „Absatz Rechnungen im Buch oder Heft". *Edz mou i nu ä Heisla weidergäi* bricht ein Besucher das Gespräch ab und will damit sagen, daß er noch andere Besuche zu machen hat. *Ins Heisla kummer* „Kinder mit beiden Armen auffangen". *As n Heisla sei* „sehr aufgeregt vor Schmerz oder Freude sein".

hel „glatt". Selten zu hören.

Helfdergodd! Scherzhafter Zuspruch, wenn der andere niesen muß.

hell af der Bladdn „klug".

hellerlichd. *Am hellerlichdn Dooch lichd der im Bedd.*

hellern „aushöhlen". Im Aussterben begriffenes Wort. Um 1900 lautete ein Gassenreim: *Di Wierder (Wöhrder) Boum sen bäise Boum; däi reißn raus di weißn Roum; däi hellerns aus und scheißn nei und schdeggngs wider in Agger nei.*

Helwerla, Häiwerla hört man bei uns statt des hochdeutschen Vornamens Helmut.

Hemmerd s. statt hochdeutsch Hemd. Schon in mittelhochdeutscher Zeit sagte man hemed statt neuhochdeutsch Hemd. So heißt es im Nibelungenlied, als Siegfried und Gunter zur Quelle laufen „in zwein wīzen (weißen) hemeden".

Dou zäichd s an des Hemmerd hindn nei, sagt der Nürnberger, „wenn etwas sehr sauer ist". *Kummsd scho wider um ä alds Hemmerd* bedeutet: „Eines Tages wirst du mich wieder brauchen können". *Hemmerdi* heißt soviel wie „im Hemd".

Hemmerdschwenggl m. **Hemmerdbridscher** m. und **Hemmerdzibfl** m. sagt man scherzhaft zu kleinen Kindern, die im Nachthemd oder im bloßen Hemd ohne Hose herumlaufen.

Hemmerdmåler m. Scherzhafte Entstellung von Emmentaler Käse.

Hemmerdschduug „Unterteil des Hemds". *Nou nimmsd in Hemmerdschduug* sagte man scherzhaft für jemanden, der kein Taschentuch hat und sich schneuzen muß.

Hend w. Ez. und Mz. statt hochdeutsch „Hand, Hände". *Dou dree i di Hend ned rum* „ich gebe beiden Streitenden die Schuld". *Hams der gwiß in d Hend gschissn?* „Du bist aber heute unbeholfen, dir geht nichts von der Hand"; *mid der Hend iewern Schbidålbladz,* eine verhüllende Redensart für das eindeutige: *mid der Hend iewern Årsch,* eine derbe Abweisung unerfüllbarer Wünsche. Siehe *Schbidålbladz!*

Hendscher m. Ez. und Mz. „Handschuh".

henger (hängen). *Ghengd (kengd)* heißt die Vergangenheit statt hochdeutsch „gehangen". *Is der Scherm no dordghengd?* „Hat oder ist der Schirm noch dort gehangen?"

Henggl m. verstärkt *Sauhenggl* „widerwärtiger Mensch". *Versicherungshenggl* spöttisch für „Versicherungsvertreter". Im alten Nürnberg gab es den *Hängelein,* einen Spruchsprecher und Gelegenheitsdichter, der eine besondere Amtstracht, mit kleinen Schildern behangen, trug.

Henner w. Ez. und Mz., wie hochdeutsch „die Henne, die Hennen". Ein häufiges Stützwort für Schimpf- und Kosenamen. *Ä bläider Henner* „dummes weibliches Wesen". *Ä gouder Henner, ä grangger Henner. Mei Hennerla! Der schaud, wäi wennern die Henner is Broud wechbiggd heddn* „er ist völlig ratlos".

He(e)ringssiel w. „langer dürrer Mensch".

wäi der Herr, suu is Gscherr (wie der Herr, so das Pferdegeschirr). Die Redensart bedeutet: „der ordentliche oder unordentliche Zustand des Eigentums läßt auf den Grad der Ordnungsliebe des Besitzers schließen".

in aller Herrgoddsfräi „sehr früh am Morgen".

herrichdn „zurichten, vorbereiten". *Dou koosd di herrichdn.* Scherzhafte Drohung im Sinn von „Tu das ja nicht, du setzt dich starker Kritik, ja Handgreiflichkeiten aus". *Hob der däi Wår hergrichd? Scha ner hie, wäi si däi herrichd!* „. . . wie sie sich schminkt und putzt". *Wäi housdn dei Huusn hergrichd?* fragt die Mutter ärgerlich, wenn der Junge die Hose zerrissen oder beschmutzt hat.

Herr Nachber! Freundliche, gutmütige, manchmal aber auch spöttische, ja sogar herausfordernde und drohende Anrede.

Herzerla! Kosewort, auch *Herzerbedzerla!*

Hex w. Ez. Beliebtes Schimpf- und Kosewort. Verstärkungen sind *Schloudhex* und *Wedderhex. Hexla* s. und *Hexerdurl* s. sind häufige Kosewörter für kleine Mädchen. *Di Hex* war früher beim Murmelspiel eine große Kugel.

Hexnschuß. Wie allgemeindeutsch für „Rheuma, Ischias". Der alte Volksglaube hält sich noch im modernen Wort, obwohl niemand mehr glaubt, daß die böse Hexe den Zauber geschickt hat.

Hiddn, alde! (alte Hütte). Freundschaftliche Anrede.

hie (hin). *Der ganze Dooch is hie* „der Tag ist nutzlos vergeudet". *Hie sei* „todmüde sein". *Aner is scho hie* lautet der Nürnberger Kommentar beim Lesen eines Kriminalromans. Dazu der alte Nürnberger Witz, der auf einem Mißverständnis des Wortes beruht: Ein einsamer Mensch stöhnt: *Wenn i ner hie wär, wenn i ner hie wär.* Auf mitleidige Fragen, warum er so verzweifelt sei, erklärt er: *zu mein Freind sein Gebordsdooch, dou houds wos Gscheids zon Saafm geem.*

hiebadzn „klecksen, zusammengedrängt ans Ende einer Zeile schreiben". Auch das ähnliche *hiebedschn* „mit Nachdruck etwas hinwerfen oder ankleben, eine weiche Masse gegen die Wand schleudern".

Hiedschn w. Das Nürnberger Wort für „Kröte". Auch „ein alter Fußball, der nicht mehr prall ist" wird *Hiedschn* genannt, und zusätzlich kann das Wort als Schelte für „dicke Frauen" verwendet werden.

hiefeiern (hinfeuern). *Der houd di Wår hiegfeierd, daß blouß suu gschebberd houd.*

hiefläing (hinfliegen), *hiegfluung* (hingeflogen). So sagt man in der Mundart ausschließlich für „fallen, stürzen".

Hiefm w. Mz. Auch die Nebenform *Hiefdn.* „Hagebutte". *Hiefmmarg* „rohes Hagebuttenmark". Die Ausdrücke für die Hagebutte sind wie bei vielen anderen Pflanzennamen in den deutschen Mundartlandschaften recht verschieden. Hiefe sagt man in weiten Teilen Mitteldeutschlands, im Bairischen: Arschkitzel, und Hetschebeer, in Schwaben: Hegebutze, am Rhein: Hambuttel, im südlichen Nordbayern: Hühnerfüße oder Hennenfetzen, in Nordostbayern: Wagenbutzerl und Wagenroiferla, um nur einige Kostproben zu geben.

Hiegleri w. Mz. *Hieglerinner.* So sagt man immer noch in der Mundart zur Nürnberger Marktfrau. Auch das Scheltwort *Hieglersbridschn* w. existiert, doch sollte man es nicht leichtfertig gebrauchen, da die Nürnberger Marktfrauen durch ihre Schimpfwortkanonaden, die es auslösen könnte, weithin gefürchtet sind. Die Tradition reicht von der legendären Bäuerin Zwoo im 18. Jahrhundert bis zur Marktfrau Gunda in unseren Tagen. Das Wort ist etymologisch von mittelhochdeutsch hucke „Kleinhändler(in)" abzuleiten. Dazu Huckler bei Schmeller, das in Nürnberg mit Umlaut Hückler(in) und dann zu i entrundet und gedehnt *Hiegleri* gesprochen wird. Siehe *huggln!*

hieglusdn (hingelüsten). *An den Zwedschgerkoung houds mi hieglusd.*

Hiehaha m. Spöttisch für „zähes Fleisch". Man ahmt den Ruf des Pferdes nach und will damit sagen: zäh wie Pferdefleisch.

hiehauer (hinhauen). *Hiehauer, daß die Fedzn fläing!* Eine ausdrucksstarke Drohung, die nie verwirklicht wird. *Den houds hieghaud* „er ist gestürzt".

hielanger. *Der koo hielanger* „er kann fest zupacken".

hierembln steht gleichbedeutend neben *hierumbln* „anstoßen".

hieriedn (hinreden). *An den hammer hiegred* „wir haben versteckte Anspielungen gemacht", auch „wir haben ihm zugeredet"; *dumm an an hieredn* „jemanden beleidigen".

Hieroonimus. Siehe *dalgerder Hieroonimus!*

hieschaugln (hinschaukeln), *des hammer hiegschaugld* „das haben wir elegant gemacht".

hieschbrenger (hinsprengen) „jemanden unnötig beauftragen und hinschicken". *Dou ham s mi edz hergschbrengd, und es is går nix lous.* Die Bedeutung des Nürnberger Worts zeigt noch anschaulich die Entstehung des Wortes sprengen im Hochdeutschen: Pferde, Menschen, Häuser und Felsen „springen lassen".

hieschnorrn (hinschnurren) „hinfallen, stürzen". Siehe *schnorrn!*

hieweddern „hinschmettern, hinfallen". *Den houds gscheid hiegwedderd.*

hie wern (hin werden) „entzweigehen, eingehen".

Higg-Hagg m. „Streit".

Himml m. *Immer wås, wos in Himml held!* lautet ein häufiger Stoßseufzer mit dem Sinn „die unangenehmen Vorfälle nehmen kein Ende".

Himmlfårdsnoosn w. „nach oben gestülpte Nase". Wie allgemein umgangssprachlich.

hinderernander. *Däi sen hinderernander* oder *hindernander kummer* „sie haben gestritten und streiten immer noch".

Hinderfodz m. „hinterhältiger Mensch". Dazu *hinderfodzich* „gemein, hinterrücks". Zur Entstehung des Wortes vergleiche *Fodzn!*

hinderisch „rückwärts". *Der is hinderisch in di Karaasch neigfårn.* Ein ungezogener Bengel gab auf die Frage: *Wos machdn dei Vadder?* abwehrend zur Antwort: *Der fäärd in Huuf nei, aamool hinderisch, aamool vorderisch und nou in Greis rum.*

Hindern m. „Gesäß". Dieses Wort gebraucht der Nürnberger nur, wenn er seinen vornehmen Tag hat oder wenn er es mit Fremden zu tun hat. Viel häufiger ist das Synonym *Årsch. I hau der dein Hindern vull.*

hindervorn „überhaupt, überall". *Mer wård hindervorn ned ferdi* oder *derferdi* „Man wird überhaupt nicht mehr fertig". *Dou is hindervorn ka Bladz ned* „nirgends ist Platz". *Dou is hindervorn ä Gwärch* „es ist überall Unordnung".

Hi(e)rn s. *Dir hams gwiß ins Hi(e)rn gschissn?* „du bist wohl verrückt?"

Hi(e)rnheiner m. Verstärkende Form des Scheltworts *Heiner*. Siehe dort!

Hi(e)rnkasdn m. Scherzhaft für „Stirne". Wohl aus der allgemeinen Umgangssprache in die Vollmundart eingedrungen.

hobb! Beliebte Aufforderung zu schnellerer Handlungsweise: *hobb, fang oo!, hobb, dou her!*

hobberla sagt man gern zu kleinen Kindern, die man an der Hand führt, wenn sie einen kleinen Sprung machen sollen.

hobbla! So heißt „entschuldigen Sie bitte!" in der Mundart, wenn man z. B. jemanden aus Versehen gestoßen hat.

Hobfmschdanger w. „großgewachsener Mensch".

hobsern statt hochdeutsch „hopsen".

hoggng (hocken). So sagt man in der Mundart fast ausschließlich für hochdeutsch „sitzen". *Der hoggd am Diesch. Hogg di hie! Der hoggd* „er sitzt im Gefängnis". *Der Koung houd si ghoggd* „ist nicht aufgegangen". *Ä Hogger* „ein zu lange bleibender Gast". *Der houd kan Hoggerdn ned* „er kann nicht ausdauernd (geistig) arbeiten". *Hoggerdi is Bedeind* Ausruf beim Fangspiel. Siehe *Bedeid!*

hoggngbleim „unverheiratet bleiben; in der Schule eine Klasse wiederholen müssen". *Maadla dree der Loggng, sunsd bleibsd hoggng. Draff hoggngbleim* „einen Artikel nicht loswerden". *Droom hoggng bleim* „etwas nicht abgeben wollen". Stammtischsong einer bierseligen Gesellschaft: *Heid gemmer wider går ned ham, hoggd der schwarz Moo derham oder . . . ä schwarz Ding derham.* — *Maansd gwiß, ba mier hoggds* „du meinst wohl, ich kann das ohne weiteres zahlen". *Den sei Houd hoggd droom wäi naafgschissn* „sein Hut ist zu klein für seinen Kopf".

Holler m. heißt in Nürnberg der „Flieder". *Hollerschdreiwerla* s. Mz. waren allerdings „in Omeletteteig gebackene Holunderdolden, mit Zucker und Zimt bestreut".

Hollerfiggl m. Ein häufiges Schelt- und Neckwort für den „dummen Menschen".

Hoos m. Ez. der Hase. Mz. *di Hoosn*. Zum Titel des Buches vergleiche Seite 11!

Hooserer m. „Kaninchenzüchter".

Hoosergärdla s. „fahrbares Osternest für Kinder". Spöttisch für „kleinen Schrebergarten".

hooserwild „wütend".

horch! Sehr beliebte Aufforderung, Bitte um Gehör, aber auch bloße Bekräftigung. *No horch ämäl!* bedeutet etwa „das habe ich dir gleich gesagt, das ist doch selbstverständlich"; die Höflichkeitsform lautet: *Horng S.*

horng ist in der Nürnberger Mundart fast so häufig wie hochdeutsch „hören". *Housd wider ned gscheid hieghorchd* „du hast nicht richtig zugehört".

Hornogs (Hornochse) m. Obwohl das gehörnte Rind völlig aus dem Straßenbild der Großstadt verschwunden ist, blieb *Hornogs* immer noch ein sehr beliebtes Scheltwort mit gleicher Bedeutung und Ausdrucksstärke wie *Rindviech.* Siehe dort!

Hoschbers m. „überspannter, närrischer, aufgeregter Mensch".

houch sagt man in Nürnberg auch, wenn die Schriftsprache „der hohe, die hohe" beugt, z. B. *ä houche Laddern* „eine hohe Leiter". *Ä hougs Viech* „ein hohes Tier, ein Beamter von höchstem Rang".

Houchwasserhuusn w. Ez. und Mz. sagt der Nürnberger spöttisch für „zu kurze Männerhose".

Houder m. „Hutmacher". Hört man nur noch selten.

Housdn m. und w. Im Gegensatz zu hochdeutsch „der Husten". Der einzelne Hustlaut ist in Nürnberg *der Housderer.* Den *housd i wos* „ich erteile ihm eine eindeutige Abfuhr". *Wer lang housd, lebd lang.*

housd mi! (hast du mich!) „verstehst du mich!

Hubberla s. Ez. und Mz. „kleiner Hügel, kleine niedrige Bodenerhebung".

hubferd „aufgeregt, nervös". *Ä hubferds Mannsbild.*

Hubferschneider m. „Grashüpfer".

hubfm statt hochdeutsch „hüpfen". *Hubferleds* spielten die Kinder auf der Straße. *Der houd än Hubferer dou* „er hat einen Sprung gemacht". *Junger Hubfer* m. häufige Schelte für „unerfahrene junge Leute". Synonyme sind *junger Bubbl* und *junger Dudderer,* siehe dort!

hudln „schnell und ungenau arbeiten, pfuschen". Wie allgemein in oberdeutschen Mundarten.

Hudzl w. Mz. *Hudzln.* Wie im Hochdeutschen „getrocknete Birne" bedeutend. Bei uns auch für „altes verhutzeltes Weiblein" als bemitleidendes Neckwort gebräuchlich. *Hudzlbroud* s. „Früchtebrot". Gelegentlich hörte ich auch die Dingschelte *Hudzlbräi* w. (Hutzelbrühe). *Däi Hudzlbräi koosd selber saafm,* z. B. für „schlechten dünnen Kaffee".

hudzn „stoßen". Vergleiche die Zusammensetzungen *abhudzn, derhudzn, oohudzn! Än gscheidn Hudzer gräing* „einen tüchtigen Stoß bekommen". *Hudzerboggerla* spielt die waschechte Nürnberger Mutter mit ihrem Kind und stößt dabei ihre Stirn zart gegen den Kopf des Kindes.

Hueil w. „altes häßliches Weib". Schmeller führt für Nürnberg die *Hueul* „Nachteule" auf, ein Wort, das sich aus mittelhochdeutsch huo „Eule" (nach ihrem Ruf) und iule „Eule" vermischt hat.

huggln „auf dem Rücken tragen". Dazu *di Hugglkäizn* w. „Tragkorb", und die Bezeichnung der „Marktfrau": *Hiegleri!*

hui. *Außn hui, inner bfui* „nach außen hin in Ordnung, innerlich verwahrlost".

Hulberla s. Mz. „Himbeeren".

huleiner „widerhallen". Ein fast ausgestorbenes Wort.

hulzn „schlecht Fußball spielen".

Hulzbaaschwinger m. Aus alten Zeiten ein bösartiges Scheltwort der respektlosen Jugend für den „Prothesenträger".

Hulzwurm m. Ein selten zu hörendes Spottwort für den Tischler oder Schreiner. Schon bei Hans Sachs kommt das Scheltwort holzwurm vor.

Humml w. *Närscher Humml* „aufgeregter Mensch". Eine beliebte Schelte.

humsn „unvernehmlich singen, vor sich hin brummeln und summen".

Hund m. Mz. *di Hund* und *di Hind*. Nach den Ergebnissen der internationalen Schimpfwortforschung (Aman) eines der häufigsten, vielleicht überhaupt das häufigste Schimpfwort in allen Sprachen der Welt. Es bleibt dabei merkwürdig, daß der Hund, der als eines der ältesten Haustiere oft Symbol für Treue ist, diese gleichzeitige Abwertung erfahren hat. Auch in Nürnberg gibt es außer dem häufigen *bläider Hund, bläider* die zusammengesetzten Scheltwörter *Hundsfregger, Hundsknobbern, Hundsgnochng, Hundsgribbl, Hundskäider, Hundslumb, Hundling, Hundsviech.* Auch *Misdhund* und *Sauhund* sind häufig. Nur wenige dieser Schelten werden auf das Tier selbst bezogen, meist ist ein unliebsamer Mann das Objekt der ausdrucksstarken Schelten. *Hund-* kann auch als Schimpfzusatz jedem unangenehmen Ding vorgeschaltet werden (ähnlich wie Sau). So schimpft der Nürnberger auf ein *Hundswedder,* auf ein *Hundsglumb.* Häufige Redensarten sind: *Der schdelld si wäi der Hund zum Scheißn* „er stellt sich sehr dumm". Dieser Vergleich ist eigentlich sehr anschaulich. Wer manche Hunde bei ihrer ritualen Vorbereitung für die Verrichtung ihres Geschäfts beobachtet, kann über die Redensart nur schmunzeln. *Däi sen wäi Hund und Kadz* „sie vertragen sich nicht. *Wenn der Hund ned gschissn hed.* Eine spöttische Entgegnung auf die Entschuldigung eines Mitmenschen, der viele Wenn und Aber kennt. *Des Feier lichd drin wäi ä douder Hund* „das Feuer will nicht recht brennen"; *hundsschdaamäid* „sehr müde". *Ä Hundsfedzla gräigsd!* stark abweisend „nichts bekommst du von mir!"

Hunger dreibd Broudwärschd nei. Ironisch gemeint für „wenn man sehr hungrig ist, ißt man alles".

huscherlaa! Ausruf, wenn man friert. Vergleiche das analoge gebildete *Haßerlaa! Mich huscherds* „mich friert".

Huurn s. (Horn) „Beule an der Stirn".

Huusn w. Ez. und Mz. *Der houd edz scho di Huusn vull* „er hat vorzeitig Angst vor der Zukunft". *Huusndierla* s. „Hosenschlitz an der Herrenhose". *Mach dei Huusndierla zou, dou zäichds!*, eine scherzhafte Aufforderung. *Huusnbrunzer* m. hießen früher die wasserhaltigen saftigen Rüben. Ein harmloses Neckwort ist *Huuserwaggerla* s., auch *Huusndraraa* m., während *Huusnscheißer* m. wie *Baascheißer* und *Scheißkerl* (siehe dort!) eine sehr starke Schelte für den „Feigling" ist.

I

-i. Ein häufiges Suffix, das, an den Familiennamen angehängt, das Kennzeichen der Frau ist: *di Meieri, di Milleri, di Geißmänni* (Frau Meier, Frau Müller, Frau Geißmann).

Ichedzla s. „Eidechse".

Ideela s. *Ä Ideela* „ein bißchen".

Ieferla s. (Öfelein).

Ielgedz. Siehe *Eelgedz!*

Imbfer m. *Imbferla* s. „Impfstelle am Oberarm".

in echd „wirklich, wahrhaftig".

Inggreisch s. „Eingeweide".

Inner (Ihnen). Grundsätzlich verwechselt der Nürnberger bei der Höflichkeitsform Dativ und Akkusativ: *Ja gräiß Inner Godd, i hob Inner scho lang nemmer gseeng. Des is Inner Iers* „das ist das Ihrige".

innerdrin. Verstärkung wie *oomdroom, undn drund.*

innerwendi statt hochdeutsch inwendig; siehe *außerwendi!*

irr. Siehe *ärr!*

ja, ja! Häufiger Stoßseufzer wie im Hochdeutschen. Meist mit dem Zusatz *ja ja, houd er gsachd, und nou is er gschdorm.*

Jangger m. *Janggerla* s. „Joppe, Kittel".

Jår und Dooch. *Des machi doch scho Jår und Dooch ä suu.* Jahr und Tag war im alten Deutsch eine Terminformulierung beim Rechtsbrauch, siehe Seite 46!

jeeds (jedes). Siehe *ä jeeds!*

Johanni. *Suu lang wäi der Dooch an Johanni* oder *des zäichd si in di Leng wäi der Dooch an Johanni* „es dauert endlos lange". Am längsten Tag des Jahres wird in Sankt Johannis heute noch die *Johanniser Kärwer* gefeiert.

Juchee s. „Schlafkammer unter dem Dach, oberstes Stockwerk, Galerie im Theater".

jugsn „vergnügt hellauf schreien und quieken".

Jumfer (Jungfer). *Däi gid si um wäi ä schwangere Jumfer* „sie ist empfindlich und wehleidig".

Junikeeferla s. heißt in Nürnberg der „Marienkäfer". In protestantischen Territorien nicht verwunderlich.

(Kl, Kn, Kr siehe unter Gl, Gn, Gr!)

Kaal Broud m. (Keil Brot) „großes dickes Stück Brot".

Käddl. Die Nürnberger Form des hochdeutschen Vornamens Käthe.

Kadz w. Ez. Mz. *di Kadzn. Fir di Kadz* „umsonst". *Di Kadz lefd nern in Buggl naaf* „er bekommt Angst, es wird kritisch für ihn". *Den houd die Kadz gfressn* oder scherzhaft entstellt *den houd di Kadz ins Kisdla zuung* „er ist spurlos verschwunden". *Däi zäichd di Glann rum wäi di Kadz iere Junger* „sie liebkost und bemuttert ihre Kinder in übertriebener Weise". *Falsche Kadz* ist natürlich wie auch sonst in der deutschen Umgangssprache ein ausdrucksstarkes Scheltwort für den „falschen Menschen weibli-

Den houd di Kadz gfressn

chen Geschlechts". *Än Kadzerschbrung* sagt man heute noch häufig für "kurze Entfernung". *Zon Beggng is ja blouß ä Kadzerschbrung* "zum Bäcker ist es gar nicht weit". *Kadzergsaachi* s. "Katzenurin"; *kadzerdreggerd* "schlecht gelaunt".

Kaff s. Verächtlich für "kleines Dorf". Auch abfällig für "größere Ortschaft, in der nicht viel los ist". Wie allgemein umgangssprachlich in ganz Deutschland. Das Wort ist nicht vom Negerstamm der Kaffern abzuleiten, sondern aus dem Jiddischen.

Káffedander w. (Kaffeetante). Das Getränk, das hochdeutsch auf der zweiten Silbe betont wird, heißt in Nürnberg der *Káffee*. *Kaffedander* und *Kafferaadschn* sagt man verächtlich zu einer Frau, die ständig überflüssigen Klatsch verbreitet und pausenlos plaudert.

kaggng "Notdurft verrichten". Von lateinisch cacare.

Käidzn w. Ez. und Mz. Auch *Hugglkäizn*, "Tragkorb, den man auf dem Rücken trägt".

kalde Naundscherla und warme Druudscherla sagt der Nürnberger heute noch auf die neugierige Frage "Was gibt es zu essen?" Titel einer Gedichtsammlung von Lothar Kleinlein.

Kalder m. Siehe *Ghalder!*

Kaloomers m. "durchtriebener Mensch". Meistens scherzhaft auf "pfiffiges Kind" zielend. Lehnwort aus dem Jiddischen.

Kamobbl s. Häufiges Scheltwort, verstärkt *Rindskamobbl!* Wahrscheinlich an das hochdeutsche Scheltwort Kamel angelehnt.

Kanålschiffla s. Mz. Scherzhaft für "zu große Schuhe". Aus einer Zeit, als der Ludwig-Donau-Main-Kanal noch seine Funktion erfüllte, stammt ein Spottwort aus dem Ortsteil Gostenhof: *Kanålschlamber*.

Kandlbläi w. "blühender Jasmin".

kaner (keiner), *kane* (keine) und vor allem *kans* (keines). *Dou is kans derham* "niemand ist zu Haus". Häufig tritt eine doppelte Verneinung auf: *ka Lusd ned, ka Rou ned, ka Geld ned* "keine Lust, keine Ruhe, kein Geld". *Kan suu an wäi mein Heiner gräich i nemmer und än andern mooch i ned* lautete der Stoßseufzer einer Nürnberger Witwe um 1960, als sie aufgefordert wurde, sich noch einmal zu verehelichen.

Karáasch w. (Garage). Merkwürdigerweise spricht der Nürnberger, der sonst oft hochdeutsch K durch G ersetzt, das schriftdeutsche Wort Garage mit anlautendem K.

Kärch w. Mz. *die Kärng* heißt in Nürnberg die Kirche. Die Zusammensetzung Kirchenglocken lautet *Kärnggloggng*. Zwei häufige Redensarten sind: *lou di Kärch ban Dorf!* „übertreibe nicht!" und *dou bin i mid der Kärch ums Dorf ganger* „ich habe einen großen Umweg gemacht".

Kärchhuuf m. sagt man statt Friedhof in Nürnberg, allerdings hat sich das hochsprachliche Wort bei *Wesdfridhuuf* und *Siedfridhuuf* (Westfriedhof und Südfriedhof) durchgesetzt. Di *Kärchhuufgrouer* w. (Kirchhofkrähe) ist eine „alte Frau, die Dauergast auf dem Friedhof und bei vielen Beerdigungen ist, die sie überhaupt nichts angehen". *Kärchhuufjoodler* m. sagte man verächtlich und spöttisch für einen „Friedhofsänger". Es kann mit diesem Neckwort allerdings auch wie andernorts ein „bösartiger Husten" gemeint sein.

Kardlradz m. Spöttisch für den „passionierten Kartler". Gehört zum Zeitwort *kardln* statt hochdeutsch „Karten spielen".

Karfreidågsraadschn w. Beliebte Verstärkung von *Raadschn,* siehe dort! Auf Seite 47 ist erklärt, daß sich im Schimpfwort die Erinnerung an ein längst nicht mehr verwendetes Lärminstrument, eine Holzratsche, erhalten hat, die man am Karfreitag statt der Glocken in katholischen Dörfern verwendete.

Kårla s. „dummer Mensch". Wahrscheinlich klingt die Erinnerung an ein Nürnberger Original nach, das *Zeidungskårla,* nach, von dem es noch heute bildliche Darstellungen gibt.

Karn m. Scherzhaft und abwertend für „Pkw". *Wäi lang färsd n den Karn scho?*

Kärschdn oder *Kerschdn* w. Ez. und Mz. für hochdeutsch „Kirsche, Kirschen". *Kärschdnmennla* s. „Gebäck aus Schwarzbrot und Kirschen".

Karussellschäiwer m. „Mensch, der keinen ordentlichen Beruf hat". Mein Vater, der Volksschullehrer war, pflegte seine schlechten, faulen Schüler mit der Drohung: *wenn er nix lernd, werd er Dullnraamer und Karussellschwäiwer* zu schrecken. Im Scheltwort hält sich noch die Erinnerung daran, daß die ersten Karussells vor Aufkommen des Antriebs durch Strom von jungen Burschen angeschoben wurden.

Kärwer w. (Kirchweih). *Af di Kärwer loodn* sagt man heute noch in Nürnberg verhüllend für das Götz-Zitat. Die Redensart hat ihren Ursprung im Gefecht anläßlich der Kirchweih von Affalterbach, südlich von Nürnberg, in den Auseinandersetzungen mit dem Markgrafen von Ansbach, an dem auch Götz von Berlichingen als Gegner Nürnbergs teilgenommen hat. — *Kärwa* auch, neben *Wår* und *Gschlamb,* für „Menstruation". Ein beliebter alter Reim lautete: *Am Sunndooch is Kärwer, dou frei i mi draaf, dou sedzi mei goldgschdiggder Benderhaam aaf. Mei goldgschdiggder Haam und mein Babberlasruug, dou schdäi i dou wäi ä Näächerlasschduug.*

Käs m. Siehe *Kees!*

Kaschber m. (Kasper). Häufiges harmloses Neck- und Schimpfwort. Dazu *Kaschberla* s. „1. Kasperltheater; 2. Machenschaften, Unfug; 3. Handlungsweise der Verantwortlichen im öffentlichen Leben, die vom kleinen Mann berechtigt oder unberechtigt abgelehnt werden".

Kasdn m. Häufiges Schimpfwort für Radioapparat und ähnliche Geräte, die nicht funktionieren. Neckwort für einen „großen breitschultrigen Menschen".

keeb siehe *gheeb!*

Keel m. „Wirsing".

Keerichdbauer m. (Kehrichtbauer). Noch zu meiner Jugendzeit sagte man *der Keerichdbauer kummd* statt die „Müllabfuhr kommt". Vor der Einführung der städtischen Müllabfuhr holten die Bauern des Knoblauchslands einen Teil des Hausabfalls zur Düngung ihrer Felder ab. *Keeriaamer* m. *Keerifäßla* s. und *Keerikübel* m. (auch *Kieriaamer, Kierifäßla* und *Kierikiewl* gesprochen) sagte man bei uns zur Mülltonne. *Is Kierifäßla* wurde früher auch eine Turnübung genannt, bei der das Kind zwischen den gegrätschten Beinen des Erwachsenen einen Überschlag machte.

Keern m. „Milch". Um 1900 verkaufte z. B. noch am Inneren Laufer Platz die *Keernbeieri* (Milchbäuerin) die Milch aus ihren Blechgefäßen.

Kees m. sagt man in Nürnberg statt hochdeutsch Käse. *Is Keesbleddla* s. ist demnach eine Spottbezeichnung für eine „Provinzzeitung" und für das „Schulzeugnis der Kinder". Auf die Frage nach der Uhrzeit witzelten die Kinder früher: *dreivärdl af Kees, wenns ganz is, schdinggds.*

Keeskel m. (eigentlich Käsekohl) heißt heute noch der „Blumenkohl" in Nürnberg, wegen seiner weißen Farbe.

keifm, „zanken". *Alde Keifm* w. „zänkische Frau".

Kelberzee (Kälberzähne) m. Mz. „große Graupenart".

kellerfensdern „Kinderfußball, wobei Kellerfenster als kleine Tore dienten".

kenner (können und kennen). *Iech koo, du koosd, der koo, mier kenner, ier kennd, däi kenner* entspricht hochdeutsch „ich kann, du kannst ...". Für die Vergangenheit dienen wie im Hochdeutschen zwei Mittelwörter, je nachdem, ob können als Voll- oder Hilfsverb verwendet wird. *I hobs kennd* „ich habe es gekonnt". *I hob nern ned leidn kenner* „ich habe ihn nicht leiden können". *Kenner vuur lachng,* häufige Abwehr einer schwer erfüllbaren Anweisung. *Der koo mi ...* ist eine andeutende Redensart für das Götz-Zitat; *der koo ned* „er ist impotent". — *Kennd* kann natürlich auch der hochdeutschen Vergangenheit von kennen: gekannt entsprechen. Daher der bekannte Satz: *Scho lang nemmer gseeng, glei wider kennd* „lange nicht mehr gesehen, gleich wieder erkannt".

Kerl. *Ä Kerl wäi drei Bfund Lumbm.* Scherzhaft für *Lumb* siehe dort!

Kerzerdreier m. Fast ausgestorbene Bezeichnung der „Münzen, die man als Patengeschenke zur Taufe gab".

Kiddlwascher m. „plötzlicher Reguß".

Kiebf m. (Kipf). „Längliches Brot im Gegensatz zum Laib." *Kibfla* s. „längliche Semmeln". *Du Kibfla!* war auch in der Kindersprache ein harmloses Schelt- und Neckwort.

kiefm „abnagen". Beim Verspeisen der Weihnachtsgans fragt die Nürnberger Hausfrau: *Mogsd ä schäins Schdiggla oder wos zon Kiefm?* „Magst du ein schönes (fleischiges) Stück oder etwas zum Nagen?"

kiesln „hageln".

Kimmerling m. „Gurke". Auch scherzhaft für „große Nase". Das bairische Wort Gukumer und Kümmerling hat sich aus lateinisch cucumer entwickelt, während neuhochdeutsch Gurke slawischen Ursprungs ist.

Kindersärchla s. Mz. (Kindersärglein). Makaber scherzend für „große Schuhe".

Kinderschregg m. „häßlich und grimmig aussehender Mensch". Vor langer Zeit sagte man in Nürnberg *er sichd aus wäi der Kindlasfresser.*

Kindsi w. „Kindermädchen". Nur noch sehr selten zu hören.

kobberneggisch „komisch, merkwürdig". Wahrscheinlich auf dem Umweg über die Studentensprache auf den Namen von Nikolaus Kopernikus zurückgehend.

Kobbm w. Ez. und Mz. *Fingerkobbm, Daamerkobbm* (Daumenkoppe). In der Nürnberger Sportsprache ist *di Kobbm* ein „scharfer Schuß mit der Fußspitze".

kobbm bedeutet nicht nur „aufbegehren, beleidigt sein" wie auch anderswo in der Umgangssprache, sondern „aufstoßen". *Kobberla* s. „Aufstoßen des Kleinkindes" *Housd scho dei Kobberla gmachd?* Vergleiche auch das Synonym *Kudzerla!*

kodzn. Wie allgemein umgangssprachlich für hochdeutsch „sich übergeben". *Zum Kodzn* ein sehr häufiger unwilliger Ausruf mit der Bedeutung „es ist nicht zum Aushalten". *Dou kennsd di grouß Kodzn gräing* „es ist nicht zum Aushalten".

Kolråwi m. Ez. *Kolleråm,* Mz. „Kohlrabigemüse". *Kolråwi* kommt auch scherzhaft für „Kopf" vor.

komfermiern statt hochdeutsch „konfirmieren". *Unser Glanner komfermierd heier.* „Unser Junge hat heuer Konfirmation." *In Komfers gäi* sagt man statt „den Konfirmandenunterricht besuchen". *Des is mei* Komfersbfarrer kann man hören. *Komfermanndndiddla* s. Mz. und *Komfermanndnbleesla* s. endlich bedeutet „sich entwickelnde Jungmädchenbrust" und „Mensch, der häufig Wasser lassen muß".

Ko(o)mischer Heilicher m. Häufige despektierliche Bezeichnung für einen „schrulligen Menschen". In evangelischen Gebieten konnte sich aus der Aversion der Reformationszeit gegen Heiligendarstellungen leicht diese

Schelte entwickeln. Vergleiche auch *Eelgedz!*

kom(m)ood. *Du kummsd mer grood komood* "passend". Wie auch in anderen Mundarten. Aus der Franzosenzeit.

kooscher. Vor allem *des is mer ned kooscher* "das ist mir verdächtig". Aus dem Judendeutsch mit der ursprünglichen Bedeutung "rituell einwandfreies Fleisch" in alle deutschen Mundarten eingedrungen.

Kou (Kuh) w. Ez., Mz. *Käi.* Als Schimpfwort meist *bläider Kou. Ä gouder Kou souchd mer im Schdall* "ein ordentliches Mädchen wird nicht auf der Straße umworben". Die Redensart stammte aus einer Zeit, als die Landwirtschaft noch bis an die Mauern der Altstadt reichte.

Koublummer w. Ez. und Mz. "Löwenzahn".

Koufdn w. sagte man früher für "Holzgefäß"; z. B. *Merdlkoufdn* (Mörtelkufe) oder *Graudkoufdn* (Krautfaß).

kubberliern hörte man ganz früher für "heiraten". Aus lateinisch kopulieren. *Kubberlierfroog* m. (Kopulierfrack) "Hochzeitsanzug".

Kubferbladdn w. "Mensch mit kurzgeschnittenem rotem Haar".

Kudderla s. "Speichelfleck". *Ä Kudderla hieschbodzn.*

Kudderlasgrouch m. "tönerner Krug mit engem Hals, aus dem das Wasser kutternd = glucksend läuft.

Kudzerla s. "Aufstoßen bei Säuglingen".

Kullerlefferla s. "1. Kochlöffel; 2. (wegen der ähnlichen Form) Kaulquappe".

Kullnrußla s. (Kohlenrußlein). Häufiges Neckwort für "kleinen schmutzigen Gassenjungen".

kummer (kommen). Auch hochdeutsch "gekommen" heißt in Nürnberg *kummer.* Daher *mier is wos kummer* "mir ist etwas eingefallen". *Wäis kummd, wärds gfressn* "man muß das Schicksal erdulden". *Kumm i heid ned, kumm i morng* "ich werde es schon noch mit aller Ruhe schaffen". *Der kummd scho bal widder* antwortet man respektlos auf die Frage "Was?, der . . . ist gestorben", wenn der Todesfall schon längere Zeit zurückliegt.

Kunni und *Kunnerla* für hochdeutsch Kunigunde.

Kuseng m. Aus der Franzosenzeit (Cousin) statt hochdeutsch "Vetter". Auch *Kusiener,* w., *Kusienla* s. statt hochdeutsch "Base".

Kuubf m. (Kopf) Mz. *Kebf. Wos mer ned im Kuubf houd, mou mer in di Baa håm* sagt der Nürnberger, wenn er etwas vergessen hat und den Weg zweimal machen muß.

kuuchlfrei mid Rollern (kugelfrei mit Rollen). Eine Regel aus einem früheren Kinderspiel, bei dem der Ball am Boden gerollt wurde, um den Mitspieler zu treffen.

Laabla s. Ez. und Mz. (Laiblein) „runde Semmeln".

laadschn. Spöttisch für „schleppende, schleifende Gangart". *Af di Brems laadschn* „stark bremsen, den Pkw ruckartig zum Halten bringen". *Laadschn* w. Mz. „Pantoffeln". Dazu das Adjektiv *laadscherd* „lappig, nicht fest". Von Gegenständen und vom Charakter des Menschen. Daher *laadscherds Mannsbild* s. „langweiliger, weichlicher Mann". Im gleichen Sinn auch *läädscherd*.

Läädschn w. „ärgerlich oder weinerlich verzogener Mund". *Der läßd sei Läädschn hänger; mach ka suu ä Läädschn!*

laaferd (laufend). *Dou is er laaferd worn* „er hat sich beeilt". *Der Kees is laaferd* „weich".

laafm (laufen). Die Beugung lautet abweichend vom Hochdeutschen: *iech laaf, du lefsd, der lefd, mier laafm, ihr lafd, däi laafm; gloffm* (gelaufen). *Des lefd nern ned dervo* „das kann warten".

Laamer m. „Lehm". *Gäisd mied af Laamergradzn, gräigsd aa än Badzn.*

Laamersäider (Leimsieder) m. „phlegmatischer Mensch". Ähnliche Scheltwörter sind *Laamerläidl* m. und *Laamerdräider* m. (Lehmtreter).

Läbberi w. Siehe *Lebberi!*

Lacher m. „einzelner Laut beim Lachen". *Mach mi ned lacherd!* „bring mich nicht zum Lachen!"

Laddern w. (Leiter). Früher sah man noch häufig die von Hand gezogenen *Ladderwäächerla.*

Laddn (Latte) w. *Langer Laddn* spöttisch für „langen Kerl". *Den hob i af der Laddn* „er ist mir unsympathisch".

Laff. Aussprache des Ortsnamens Lauf a. d. Pegnitz. *Des* oder *der Laffer Bimberla,* auch *der* oder *is Bimberla vo Laff,* ein stadtbekannter Wichtigtuer. Allerdings hat sich die Bedeutung im Gegensatz zu früher geändert. Zahn berichtet nämlich aus dem 18. Jahrhundert folgendes: „Das geht zu wie bei dem Pimpelein von Lauf: es wird ein sehr unordentliches Haushalten geführt, wo z. B. das Gras auf dem Herd wächst und die Kinder das Hackbrett besudeln. Nach einem mit dem Spitznamen Pimpelein belegten Taglöhner, Einwohner dieses Ortes, welcher kein guter Wirtschafter war." — Der Laufer Schlagturm wird dagegen mit langer Stammsilbe *Laaferschloochdurm* gesprochen. Der Turm der zweiten Stadtbefestigung mit seinem Glockentürmchen (daher Schlagturm) steht heute noch.

Laggl m. Schimpfwort wie in ganz Deutschland allgemein verwendet.

Läifeing w. „langweiliger, ängstlicher Mensch".

läing (lügen); *iech läich, du läigsd ... gluung* (gelogen). Dazu die Schelten *Läingbeidl* m. (Lügenbeutel), *Läinggoschn* w. und *Läingschibbl* m. *Gwieß wår und ned gluung* ist eine häufig zu hörende Beteuerung.

läiwlerd „lauwarm".

Laller m. auch *Läller* „dummer Mensch".

Lallich s. verstümmelt aus hochdeutsch Leinlachen; so sagte man früher zum „Bettuch".

Låmårsch m. Ein häufiges Scheltwort für den „langweiligen, entschlußlosen Menschen".

Lamberie w. Heute noch in Nürnberger Altbauten die Fußleiste, die als zusammengeschrumpfter Rest der alten Holzvertäfelungen anzusehen ist. Um 1960 hörte ich noch von alten Nürnbergerinnen den Ausdruck *Lamberiebärschdn* w. Es war eine besonders harte Bürste, die zum Fegen der Leiste beim Stöbern verwendet wurde.

Lameng. Siehe *a(u)sn Lameng!*

Landblooch (Landplage) w. Häufig noch für „Übel".

lang. *Wos lang gäid, gäid ned schäi* „häufige Wiederholung wird meistens unangenehm". *Wers lang houd, läßds lang henger* „wer es sich leisten kann, tut es". Daß die Redensart auf die Schleppkleider der früheren Mode zurückgeht, zeigt der Zusatz: *... wers nu lenger houd, schlaafds hindn nouch.*

langer (langen). *Is langd* „es reicht". *I lang der aner* „ich ohrfeige dich".

langgagglerd „lang und schlank".

Langwaaler m. Häufige Schelte für den „langweiligen, langsamen Menschen".

Larvm w. (Larve). Abweisend und spöttisch für „häßliches Gesicht".

lauder. In der Nürnberger Mundart sehr häufig vorkommendes Wort statt hochdeutsch „eitel, nur, ausschließlich". *Lauder su ä Wår; vur lauder Freid; lauder suu ä Glumb.*

Laus w. *Di Laus umern Balch schindn* „sehr geizig sein".

Lauser m., *Lausbridschn* w., *Lausgrawadd* m. und *Lausbou* m., *Lausmaadla* s. sind sehr häufige Schelten für „freche, ungezogene Kinder". Ursprung der Bedeutung: verwahrlostes Kind, das Läuse hat.

Lausrechng m. spöttisch für Kamm wie allgemein umgangssprachlich.

Lawoor, *Waschlawoor* s. sagte man lange Zeit für „Waschbekken". Aus der Franzosenzeit von französisch *lavoir* „waschen".

Lebberi w. „Lehm, weicher Erdboden, Gemisch aus Sand und Wasser". *Bisd in di Lebberi neigschdieng?* Beim Sandspielen pantschten die Kinder gern *ä Lebberi* zusammen.

lebbern. *Des lebberd si zamm* „viele kleine Einzelbeiträge ergeben eine stattliche Summe".

-ledz, *-lens* und *-lerz*. In der Nürnberger Kindersprache wird an viele Spiele diese Nachsilbe angehängt, z. B. *Dogderledz, Fangerledz, Indiånerledz, Leererledz, Mudderledz* und *Vadderledz, Verkaaferledz; Kauboilens* (Cowboylens).

Ledzds. *Dei Ledzds!* Beim Verabschieden sich den letzten Schlag versetzen. Beliebtes Kinderspiel.

Leeberworschd, beleidichder! Beliebtes Neckwort, hauptsächlich in der Kindersprache: „empfindlicher Mensch".

Leerboumschdengla s. nannte man früher die „Theatergalerie".

Leffl m. Mz. *Mach dei Leffl aaf!* „hör richtig zu!" Hochdeutsch Löffel wird entrundet gesprochen. Siehe Seite 25! Natürlich von den Hasenohren scherzhaft auf den Menschen übertragen.

Leich w. Heute noch in der Vollmundart für „Beerdigung" üblich. Sachkundiger Kommentar passionierter Friedhofbesucherinnen: *Des wår ä schäiner Leich, däi houd ä schäiner Leich ghad.* Ein humorvolles Sprichwort lautete: *Di schensd Leich dauchd nix, wemmer in Doudn machng mou.*

Leingwoongbremser m. sagte man früher für einen „Mann, der keinen ordentlichen Beruf hatte", ähnlich wie *Karussellschäiwer*, siehe dort!

Leid s. (Leut). *Ä orndlis Leid, ä ånschdendigs Leid.* In Nürnberg anders als in der Hochsprache auch in der Einzahl verwendet.

leidn (läuten). Die Vergangenheit heißt bei uns *gliedn* statt hochdeutsch „geläutet". *Leidn, aber ned zamschloong häirn* „etwas nur halb verstehen".

leiner, siehe *aafleiner!*

Lekoung m. Ez. und Mz. (Lebkuchen). Die weltbekannten Nürnberger Lebkuchen, deren Produktion in „des Heiligen Römischen Reiches Bienengarten" lange Tradition besitzt. Die beiden Hauptsorten *die Weißn* (viereckigen) und *die Eliesn* (runde mit oder ohne Schokoladeüberzug).

Lidzn w. Mz. „wunderliche Launen, Grillen".

liedschefdi „gebrechlich, hinfällig, reparaturbedürftig".

liefern. *Des heddmer glieferd* „es ist entzweigegangen, es ist kaputt".

liefi „läufig beim Hund".

lieng. *Des lichd mer ned aaf* „das liegt mir nicht oder ich bin nicht aufgelegt dazu".

Linggerdoodsch m. „Linkshänder". Vergleiche *Doodschn! Linggerdoodsch, nemm di rechder Bfoodsch!* spotteten früher die Schulkinder.

linsn „spähen, angestrengt schauen".

Loodn m. statt hochdeutsch „Laden, Geschäft". Mz. lautet *Läädn*. Dazu die *Loodneri* w. „Verkäuferin" und *Loodnschwengl* m. „Verkäufer".

Loschieherr m. sagte man früher häufig statt „Untermieter". Aus dem Französischen in die Mundart eingedrungen.

Louder (Luder) s. Häufiges Schelt- und Kosewort wie im Hochdeutschen. *Ä saudumms Louder, ä gouds Louder, ä fleißigs Louder*. Entwicklung des Schimpfworts Luder in der Schriftsprache wie bei Aas und Schelm, da Luder einst „Aas" bedeutete.

louer und *loun* sagt man bei uns statt hochdeutsch „lassen".

Gebeugt wird das Zeitwort: *iech lou, du läßd, der läßd, mier loun* oder *louer, ier laßd, däi loun* oder *louer*. Mittelwort der Vergangenheit *gloun* oder *loun* unterschieden wie hochdeutsch „gelassen" oder „(liegen) lassen". *Loumiaamid* sagt man ironisch für „Eile". *Der houd si derhudzd vur lauder Loumiaamid*. Der *Loumiaamied* kann auch ein „Langweiler" sein.

luern „heimlich beobachten, lugen". Wenn der Fänger sich beim Fangespiel die Augen zuhalten soll, bis sich alle versteckt haben und er spitzt zwischen seinen Fingern hindurch, rufen die Spielkameraden: *des gild ned, der houd gluerd*.

lugg. *Dou lou i ned lugg* „ich lasse nicht locker".

Luggers m. „mit dem Stiefelabsatz getretenes Loch beim Schussern".

Luggi m. „geckenhafter Mensch". Geht auf das Schimpfwort der Unterweltsprache in ganz Deutschland: Louis „Zuhälter" zurück.

Luginsland m. gesprochen: *Luuchinsland* „Name eines Turmes der Nürnberger Burg".

lugsn (luchsen) „scharf aufpassen".

Luladsch m. *Langer Luladsch*. Spottwort für „langen Menschen". Der verballhornte Personenname Ludwig; häufiger Gebrauch des Scheltworts heute noch wegen seines Stabreims.

Lumb m. wie hochdeutsch. *Lumberla* s. ist ein beliebtes harmloses Spottwort für „jemanden, der gern viel ausgeht und nicht allzu arbeitsfreudig ist". *Ä weng ä Lumberla* schwächt die Scheltkraft noch ab. *Lumbers, Lumberdurl* sind dagegen schon ausdrucksstärker, aber lange nicht so wie hochdeutsch und mundartlich *Lumb* oder *Lumbmhund* m. *Der danzd wäi der Lumb am Schdeggng* „er tanzt sehr ausdauernd".

lumberd (lumpig) „armselig". Sehr häufig gebraucht, z. B. in folgendem Zusammenhang: *Wäivil Broud isn nu dou?* oder *wäivil Bäir is nu dou? Zwaa lumberde Scheim* (Scheiben) oder *zwaa lumberde Fleschla.* Hier erhält *lumberd* die Bedeutung von hochdeutsch „leider nur noch". Ein Nürnberger Fahrlehrer sprach 1960, um seine Schüler auf die Schwierigkeit des Linksabbiegens eindringlich aufmerksam zu machen, immer vom *lumberdn Linggsabbiecher.*

lumberd und brudål, meist scherzhaft gebraucht *dou bin i lumberd und brudål* „da bin ich stur, hartnäckig".

Lumbmsammler m. „letzte Straßenbahn". Wie allgemein umgangssprachlich.

Lusch w. Starkes Scheltwort für Mädchen und Frauen. Lusche bedeutete in alter Zeit „Hündin".

Luuch s. *Dou gäisd naus, wou der Mauerer is Luuch gloun houd* sagt der Nürnberger, wenn er jemanden im Ernst oder nur scherzhaft hinauswirft. *Der wenn ner is Luuch derwischd* „er geht sehr gern aus".

luusn „heimlich, neugierig schauen und hören". Dazu *Luuser* m. Mz. für „Ohren".

Luusum. *Hob i Luusum ghad* „Muße, Pause". Man denkt unwillkürlich an den Namen des Würzburger Lusamgärtleins, wo Walther von der Vogelweide begraben ist. Mittelhochdeutsch lussam oder lustsam bedeutete: „anmutig, erfreulich, lieblich, Wohlgefallen erweckend".

M

Maadla s. Ez. und Mz. *Maadla wos greinsd, gscheeng is gscheeng.*

Maadlasgoggerer m. Häufiges Scherzwort für „jungen Mann, der gern flirtet". Vergleiche das unter *goggern* Gesagte!

maaner (meinen). *Mer maand grood; mer maand wunder . . .* eine Redensart mit dem ungefähren Sinn „du bildest dir wohl etwas ein". Siehe auch *gmaand und gschissn is zwaaerlei* unter *gschissn! Ned daßd maansd, du* *gräigsd nix; däi kenner mich goor ned maaner* „sie können mir nichts anhaben".

maansweeng sagt man in unserer Mundart statt hochdeutsch „meinetwegen". Genauso häufig ist allerdings *weecher mier.*

machng (machen). In der Mundart eines der häufigst gebrauchten Zeitwörter, das der denkfaule Dialektsprecher statt hochdeutscher äußerst differenzierter Verben verwendet. *Oomachng* „befestigen"; *aafmachng* „öffnen"; *ferdimachng* „nervlich stark belasten"; *hiemachng* „zerstören"; *zoumachng* „schließen"; *dreggerd machng* „beschmutzen"; *saubermachng* „säubern"; *in di Huusn machng* „feige sein"; *Grembf* (Krämpfe) *machng* „lügen, übertreiben"; Stoßseufzer eines Nürnberger Gasablesers, wenn er zum neuen Jahr gratulierte: *Mach mer hal su weider, wärd scho wärn; droo rum machng* „herumbasteln"; *ä Kind machng* „ein Kind zeugen"; *dein Debbm oder dein Bolandi mach i ned* „ich lasse mich nicht von dir mißbrauchen"; *Der machds nemmer lang* „er stirbt bald"; *Dou magsd wos mied, bisd dei Rendn gräigst* oder *bisd Groußvadder wärsd.*

Maddäi am Ledzdn „kurz vor dem Ende". Nach der Ankündigung des Bibeltextes in der kirchlichen Liturgie.

Maddn w. „Vertiefung, eingedrückte Stelle, vor allem bei Äpfeln und Birnen".

main statt hochdeutsch „müssen". Die Beugung weicht stark vom Hochdeutschen ab: *iech mou, du moußd, der mou, mier main, ier mäißd* oder *mißd, däi main.* Das Mittelwort der Vergangenheit lautet *main* und *gmißd.* In der Mundart wie andere Hilfszeitwörter häufig als Vollverb gebraucht: *I mou am Abberd; gwolld hou i ned, åber main* „ich tat es nicht freiwillig, sondern unter Zwang".

maldrediern „schlecht behandeln". Aus der Franzosenzeit übrig geblieben.

maledda (mein Lebtage). *Suu wors scho maledda* „so war es schon immer".

Mallesdn nur in der Mz. „Beschwernis, Schwierigkeit". Von französisch malaise. Bei Küpper als Malesche für Norddeutschland belegt.

Mamahanserla s. „Muttersöhnchen".

Mambf m. „dicke Suppe, dicker Brei". Dazu das Zeitwort *mambfm* „unappetitlich essen".

mandschn „durcheinandermengen" wie im Hochdeutschen. Dazu *Gmandschi* s. „Gemenge".

Männla s. „Gutmütige, aber auch abwertende Spottbezeichnung für „schwächlichen, einfältigen Menschen".

Männlaslaafm s. Der Name des Glockenspiels an der Nürnberger Frauenkirche wird spöttisch auf „Kommen und Gehen" übertragen. Die nüchterne volkhafte Bezeichnung des wegen einer hochpolitischen Angelegenheit angefertigten Spiels charakterisiert den Nürnberger nur zu gut. Immerhin wird mit dem Glockenspiel an die Goldene Bulle, das wichtigste Reichsgesetz des ganzen Mittelalters, erinnert, das 1356 in Nürnberg durch Kaiser Karl IV. und die Reichsfürsten beraten wurde. Die *Männla* sind die Kurfürsten, die sich vor seiner Majestät verneigen.

Mannsbild s. Ein häufiges Stützwort für Schelten aller Art, z. B. *greislis Mannsbild, saudumms Mannsbild, laadscherds Mannsbild.*

Marchered. So lautet der weibliche Vorname Margarethe in Nürnberg.

Märgla w. Mz. (Märklein), „DM". *Houd blouß å bår Märgla kosd.*

Margng w. Abfällige Bezeichnung, manchmal auch versteckt anerkennend. *Des is der ä Margng.*

Märra w. „altes böses Weib". Fast ausgestorben.

Masder. Noch übliche ehrende Anrede, auch an Männer gerichtet, die keine Meisterprüfung abgelegt haben.

masdergschefdi (meistergeschäftig) „betriebsam, wichtigtuerisch".

Maschgeraadi w. „Maskierung im Fasching". *Maschgerla* s. in gleicher Bedeutung, manchmal auch „faule, umständliche Ausreden", *mach kane Mischgerla-Maschgerla!*

Mäschla s. „Fliege, Herrenhalsbekleidung".

Maschn w. Mz. „Frühzwetschgen".

Mäß s. „Holzmaß". Auf alten Nürnberger Anwesen lagen noch in diesem Jahrhundert Gerechtsame, z. B. *ä Mäß Hulz, ä Mäß Schdegg* (Wurzelstöcke) *und hundert Bischerla* (Astholz).

Massl m. „Glück". *Der houd än Massl ghabd* „er ist gut davongekommen". Aus dem Judendeutsch in die Mundarten eingedrungen. Vergleiche auch *Schlamassl!*

Maudhalln w. Der Name des alten Kornspeichers bewahrt das frühere Wort Maut „Zoll", das sonst nur noch in einigen Ortsnamen wie Mautern (Tirol) „bei den Zöllnern" oder Mauthausen „bei den Zollhäusern" erhalten ist.

Mauer. *Hinder der Mauern.* Bezeichnung für „Freudenhaus", da sich in Nürnberg die Gunstgewerblerinnen hinter der alten Stadtmauer, besonders in der Nähe des Spittlertors etabliert haben. *Hinder di Mauer gäi* „das Freudenhaus besuchen".

Mauerer m. statt hochdeutsch „Maurer". Ein alter Neckreim lautete: *Gfelld der däi, gfelld der däi? Gell, des is ä sauwerer? Aber mid derer därfsd ned gäi, däi gäid mid än Mauerer.*

Mauererskodledd s. „Limburger Käse". Nach Küpper allgemein umgangssprachlich.

Maul s. fast wie *Maal* gesprochen (Mz. *Meiler,* selten gebraucht). Neben *Goschn* (siehe dort!) die in der Mundart übliche Bezeichnung für hochdeutsch „Mund". *Ä Maul vull* „kleine Mengenangabe für Essen und Trinken". *Der machd sei Maul ned aaf* „er ist schweigsam, er spricht zu leise"; *suwos wenn i siech, koo i mei Maul ned haldn; schdimmd,* *housd reechd, ober is Maul mousd haldn; du bisd doch ned afs Maul gfalln* „du kannst dich doch mit Worten verteidigen"; *ried, wäi der is Maul gwachsn is* „rede frei heraus, ohne Hemmungen"; *ä Maul oohänger* „beschimpfen"; *dou bleibd der is Maul sauber* „mach dir keine falschen Hoffnungen!"; *däi läßd ier Maul schbaziern gäi* „sie macht vorwitzige Bemerkungen"; *ned afs Maul gfalln* „schlagfertig"; *vurn Essn bin i faul, nouchn Essn hengis Maul; der is nern gscheid iewers Maul gfårn* „er hat ihm aufs schärfste widersprochen".

Maulaff m. Häufiges starkes Scheltwort. *Maulaff saudummer!* Entstanden aus älterem Maulauf, also eigentlich „einer, der vor Staunen mit offenem Mund dasteht".

Mauldaschn w. Ez. und Mz. „gefülltes Backwerk".

maulfaul „wortkarg".

Maulleewerla s. Mir noch aus meiner Jugend bekanntes, heute nicht mehr häufiges Scheltwort für einen „dummen Menschen". Nach Zahn angeblich auf den Namen eines französischen Offiziers: „Meauleprieux" im 18. Jahrhundert zurückgehend.

Maus w. Mz. *Meis.* Die Verkleinerungsform lautet *Meisla.* Häufiges Kosewort. Das *Meisla* ist in der Küchen- und Fleischersprache „Wadenfleisch vom Rind". *Is Meisla is nern vurgfarn* oder *vurgloffm* sagt man, „wenn sich jemand am Ellenbogen stößt und der Schmerz wie ein Stromstoß den Arm durchläuft". *Dou mecherd i ä Meisla sei* kann man häufig hören im Sinn von „ich möchte heimlich zuhören, was (über mich) gesprochen wird".

Mausbemberla s. Mz. „Exkremente der Maus". Spottbezeichnung für „etwas lächerlich Kleines".

Aus der Umgangssprache in die Mundart eingedrungen ist ein häufig zu hörendes *aafgschdellder Mausdreeg* m. „Dreikäsehoch, unansehnlicher Mensch".

mausern „sich gut entwickeln". *Däi houd si gmauserd.*

Medzger m. Schelte für „groben Arzt".

Medzgersgang m. „vergeblicher Gang". Vergleiche Seite 45!

Meelbabb m. (Mehlpapp) „ungenießbarer Brei".

Meelkiewerla s. Mz. (Mehlkübelein) „Früchte des Weißdorns".

meeng auch *mäing* (mögen). In der Beugung stark von der Hochsprache abweichend: *I mooch, du mogsd, der mooch, mier meeng, ier mechd, däi meeng; gmechd* und *meeng* heißt hochdeutsch „gemocht" und „mögen", die beiden Formen des Mittelworts der Vergangenheit. *I mooch* „ich mag nicht"; *des moochi* „das ist aber unangenehm"; *mid den moochi nemmer* „ich verkehre nicht mehr mit ihm". Der Konjunktiv lautet: *mecherd; ned ämål, wenni mecherd* „kommt überhaupt nicht in Frage". Mädchen mit zweisilbigen Familiennamen sangen bei ausgelassenen Kirchweih- oder Faschingsfesten: *I bin die — — Glaa, i gäi ned ham vuur zwaa, i gäi ned ham vuurn Dooch, wal i ned mooch.*

Meerigl m. „Gerstenkorn am Augenlid". Die Nürnberger Mischform zwischen dem nördlich und westlich der Stadt üblichen *Bierigl* und dem südwestlich geltenden Wort *Meeridzl*. Vergleiche die Karte auf Seite 43!

meern „wühlen, Unordnung schaffen". *Kinder, doud ned suu rummeern!*

Meersau w. für hochdeutsch „Meerschweinchen".

meggern „kritisieren". *Meggerer* m. „dauernd kritisierender Mensch". Wie allgemein umgangssprachlich. Ist besonders im Dritten Reich für „Abweichler" üblich gewesen, aber heute noch sehr gebräuchlich; oft auch nur scherzhaft.

Meicherla s. „weibliches Wesen mit Kopftuch". Siehe *Greinmeicherla!*

meioumei! Häufiger Ausruf wie hochdeutsch „du meine Güte, du liebe Zeit!"

meinaad, *suumeinaad!* Früher häufig zu hörender Ausruf. Eigentlich: bei meinem Eid!

Mergerla s. (Merkerlein) „Buchzeichen".

Miedbringerla s. „Mitbringsel".

Midderla s. „Arzneimittel". *Ä Midderla fir die Housdn.*

mid Fleiß statt hochdeutsch „absichtlich". *Des houd er mid Fleiß dou* „absichtlich getan".

midnander (miteinander) „plötzlich, auf einmal". *Bin i suu an den Haus vorbeiganger, midnander houds än Badsch dou. Grißgodd midnander;* vergleiche auch den Sammelgruß *Grißgodd banander* unter *banander!*

midsamd statt hochdeutsch „zusammen mit". *Midsamd seiner Aldn. Dou fressi än Beesn midsamd der Budzfrau* sagt man, wenn man von etwas völlig überzeugt ist, wenn man etwas ganz genau zu wissen glaubt.

miedschlaafm „ohne Lust mitnehmen".

Mief m. Wie auch andernorts „schlechte, stickige Luft".

mier sagt der Nürnberger meistens statt „wir".

mies „schlecht, schlimm". Ein jüdisches Wort, das in alle Mundarten eingedrungen ist. *Ich kenn mer miese Leid gnouch.*

Minnerla s. Häufiges Kosewort für Katzen. Aus dem lautnachahmenden Kinderwort *Mini* (Mieze) entwickelt.

Misdamsel w., *Misdkeefer* m. und *Misdvieh* s. Scheltwörter, allerdings nicht so häufig wie Schelten, die mit *Dreeg* zusammengesetzt sind, siehe dort!

Misdn w. scherzhaft für „Bett". *Schau, daßd in dei Misdn kummsd!*

Moggerla s. Kosewort wie *Muggerla*. Auch für „Kälbchen" früher üblich. Die Bedeutung des „Langsamen" verbindet sich noch mit diesem Wort; *moggerla moggerla dou* „langsam tun". Eine Vorortbahn, die nicht allzu schnell zwischen Fürth und Cadolzburg verkehrte, nannte man früher *Moggerla*.

Momendämål! oder *än Momend ämål!* statt hochdeutsch „Gestatten Sie einen Augenblick, bitte!"

Moong m. (Magen). Meistens nur in der Einzahl gebräuchlich. *Den hengd halmi der Moong raus* „er ist sehr hungrig"; *des lichd nern im Moong* wie hochdeutsch „es liegt ihm im Magen, es bedrückt ihn"; *des houd scho aner im Moong ghad* „unappetitliches Essen"; *der houd an Moong wäi ä Dulln* „er verträgt alles".

Moongdredzerla s. (Magentretzerlein); „kleine Kostprobe". *Des war ja blous ä Moongdredzerla, des schmeggd nach mäir* „das war ja nur ein kleiner Bissen, ich möchte mehr davon essen".

Mord- und Doudschlooch. *Dou gids Mord- und Doudschlooch* „es wird eine starke Auseinandersetzung geben".

Mord ist überhaupt in der Form *Mords* eine sehr beliebte Verstärkung in unserer wie in anderen Mundarten. *Der houd si mordsmääßi gfreid; ä Mords Drum Kalbshaxn; ä Mordsdrumfedznkerl; Mords Drum Schelln.*

Morf m. Siehe *Murf!*

Mudder (Mutter). *Ä andere Mudder houd aa ä schäiner Dochder.* Trostspruch des Nürnbergers, wenn ein Mädchen die Zuneigung nicht erwidert oder untreu wird. *Edz gemmer ham zur Mudder afd Schdum* sagten alte Nürnberger für „jetzt gehen wir nach Hause".

Muffl m. „mürrischer Mensch". Ein historisch bezeugtes Scheltwort. Nikolaus Muffel, der berüchtigte Nürnberger Bürgermeister, der wegen Veruntreuung von Geld hingerichtet wurde, wurde vom Markgrafen von Brandenburg-Ansbach mit dem Scheltwort *Muffelmaul* in Anspielung auf seinen Familiennamen belegt.

muffln „übel riechen". *Dou mufflds.*

Muggerla s. Häufiges Kosewort für Kinder.

Muggngbadscher m. Scherzhaft für den „Signalstab des Bahnhofvorstands oder Fahrdienstleiters". *Muggng* w. sagt man in Nürnberg statt hochdeutsch „Fliege". Man pflegte sie früher mit dem *Muggngbadscher,* einem Lederfleck an einem Stab, zu töten. Auch *Muggngschissla* s. sagt man noch für „eine Kleinigkeit".

Mumbfl w. „mürrisch verzogener Mund; wortkarger, verdrießlicher Mensch". Ein altes Wort *mumbfln* stand lautmalend neben dem gleichbedeutenden mummeln „undeutlich sprechen".

Murf m. „mürrischer Mensch". Nicht mehr häufig.

Muscherla s. Kosewort für „kleine Mädchen" und „Katzen".

Musder s. „freches oder leichtfertiges Mädchen". Aus der Hochsprache in die Mundarten, z. B. in die baierische und schwäbische, eingedrungen, da die Wörterbücher übereinstimmend von der hochsprachlichen Wendung „Muster aller Untugend" ableiten.

Näämer, eine vom Hochdeutschen abweichende Mz. zu *Noomer* „der Name". *Näämer gids!* „Wörter, gibt es!"

Naa statt hochdeutsch „nein" wie *Schdaa* statt „Stein" und *aans* statt „eins".

nä, angehängt an Behauptungen wie hochdeutsch „nicht wahr".

Naacherla s. (Neiglein) „Rest". In Nürnberg sagte man *Naacherla* nicht nur wie hochdeutsch zum „Rest im Glas", sondern auch *Naacherla Bärn, Bodaggng, Salood.*

naaf sagt man bei uns statt hochdeutsch (hin)auf. *Der houd nern in Doldi naaf und nunder ghaaßn* bedeutet „er hat ihn sehr stark ausgeschimpft".

naafbelzn „mit Wucht werfen", z. B. *än Schnäiballn naafbelzn.*

naafbfeffern; ähnliche Bedeutung wie das vorhergehende Verbum. Siehe *bfeffern!*

naafbrummer „aufbrummen, aufhalsen". *Ä Schdråf naafbrummer.* Auch wenn zwei Pkw zusammenstoßen: *Der is naafbrummd* oder *drafbrumd.*

naafdeifln „stark schelten". *Deifld när alle af miech naaf!*

naafhenger „aufhalsen". *Wou hams der denn des Glumb naafghengd?* „Wo haben sie dir den Kram angedreht?" *An ä Gschmarri naafhenger* „jemanden vollschwätzen".

naafschmarrn „andrehen, zu teurem Preis aufschwätzen".

Nachdgieger m., früher „ein Kinderschreck". *Gäi ham, der Nachdgieger kummd.*

Nachdläichdla s. (Nachtlichtlein) „spät nach Hause kommender Mensch".

Nachdwächder m. Sehr häufig für „schläfrigen, aber auch unachtsamen Menschen".

Nächerla (Nägelein) s. Mz. „Gewürznelken", die die Form von kleinen Nägeln haben. Ein schon im Mittelalter bekanntes Wort: Nägelein aus Indien.

nadzn „schlummern". *Ä Nadzerla* „ein Nickerchen".

ä Naggerder w. (eine Nackte) bestellt der Nürnberger im Gasthaus und meint damit „Bratwurstgehäck ohne Haut, das er als Brotaufstrich ißt".

naggerder Schollmasder. Eine häufig verwendete Metapher, aus den früheren kargen Tagen des Dorfschullehrers übrig geblieben. *Den houds gfruurn wäi än naggerdn Schollmasder.*

Naggerdfruusch m. *Naggerdfreschla* s. Beliebte Scherzbezeichnung für „kleine nackte Kinder".

näidn (nöten) statt hochdeutsch „nötigen". Auch das Substantiv *di Näidn* w. für „Eile" kommt vor.

nammidooch (nachmittag). *Di Samsdooch nammidooch bin i immer derham.*

när blouß statt hochdeutsch „nur". *Mid den Kuuchlschreiwer bin i när blouß suu derhiegfuusld.*

närcherds (nirgends).

Närmberch. So lautet der Name Nürnbergs in der Vollmundart. Zur Angleichung des vor b schwierig zu sprechenden n vergleiche Seite 20!

Närmbercher Gwerch s. Beliebtes kaltes Essen: (Ochsenmaulsalat, hartgesottene Eier), Hausmacher Stadtwurst, auch Preßsack (Emmentaler Käse), Essig, Öl, viel Zwiebeln, Salz und Pfeffer. Vergleiche auch das Wort *Gwärch!*

Narrn. *Der houd än Narrn gfressn an derer* „er liebt sie".

närsch. *I lach mi närsch. Dou mach i mi ned närsch* „ich strenge mich nicht an". *Bisd gwiß närsch!* „du bist wohl verrückt!" *Närscher Deifl, närscher Uhu* sind häufige Schelten. *Däi heizn heid wider wäi närsch* „man heizt zu stark".

naß. *Mach di ned naß!* „reg dich nicht auf, gib nicht so an!"

Naundscherla siehe *kalde Naundscherla!*

naus statt hochdeutsch „hinaus" in den folgenden Verben:.

nausbudzn, *di Kichng nausbudzn* statt hochdeutsch „putzen".

nausgäi „glücken, gelingen". *Den gäid alles naus.*

nausseeng (hinaussehen). *Der sichd si nemmer naus* „er weiß nicht mehr, wie er sich helfen soll".

nauswärds. *Edz gäids nauswärds* „es wird Frühling".

ned statt hochdeutsch „nicht". Auch beim englischen Wort not ist im jahrhundertelangem Abschleifungsprozeß der Sprache das Ch ausgefallen.

Neecherbibbers m. „Schwarzer". In der Kindersprache häufig.

neemnausgäi „ehewidrige Beziehungen unterhalten". Dazu das Scheltwort *Neemnausmauser* m. für den „ungetreuen Ehemann".

Neewlgrouer w. (Nebelkrähe). Noch manchmal zu hörendes Scheltwort für „alte Frau".

neibräisln „zugeben". *Der houd sei ganz Geld neibräisld.*

Neich (Neige) w. *Afd Neich gäi* „zur Neige gehen".

neidaadschn (hineintatschen) „hineintreten, in etwas Weiches mit den Fingern hineinstechen".

Neidhamml m. Schimpfwort für „neidischen Menschen".

neidou (hineintun). *In an neidou* „einem zusetzen". *Neidouerds Gschau* s. „sinnliche Blicke".

neigaggern „dreinreden, sich einmischen". *Däi mid iern eewichng Neigegagger!*

neiglebbern. *Ä Gaggerla neiglebbern* „ein Ei einschlagen".

neigschachdld „eingezwängt".

neihauer „jemanden schlagen, viel essen". *Hau nern gscheid nei!* oder *hau nern ane nei! Di Brems neihauer* „auf die Bremse treten".

neikachln „warm einheizen".

neimoodisch (neumodisch) „modern". *Ä neimoodisch Zeich!, dou wår mer mei alder Wår läiber.*

neireidn (hineinreiten). *Den hams neigriedn* „man hat ihn unglücklich gemacht".

neirenner. *Än Schbieß neirenner* „sich einen Spreißel einreißen".

neischdobfm. *Däi gräichds hindn neigschdobfd vo ierer Mudder* „sie erhält mehr Zuwendungen als üblich".

neisn „vermuten, argwöhnen". *I hobs gneisd.*

Nibferla s. „kleiner Schluck"; *nibfm* statt hochdeutsch „nippen".

Niesdbedzla s. (Nestbätzlein) „Nesthäkchen".

niesln „fein regnen".

ninder statt hochdeutsch „hinter", z. B. *Ich gäi ninder.*

nissi „eigensinnig"; von Nuß, harte Nuß abzuleiten. *Ä nissicher Ding, ä nissigs Ding* „eigensinniger Mensch".

nix fir ungoud „eine häufig noch zu hörende Entschuldigungsformel.

ä Nixla in än Bigsla (Nixlein in einem Büchslein). Scherzreim aus der Kindersprache.

noddln (notteln); „rütteln".

Noggng. w. *Fåde Noggng* „langweiliger Mensch".

nonni, nunni statt hochdeutsch „noch nicht".

noo sagt man in Nürnberg statt schriftdeutsch „hinab". Daher die Zeitwortformen *noogloffm* (hinabgelaufen), *nooghaadschde Absedz* (abgetretene Absätze) oder auch *noogschäichde Absedz.*

noodln (nadeln) „stricken". *Häir aaf mid dein eewichng Genoodl!*

nooglnei (nagelneu) „ganz neu".

Noosn w. Ez. und Mz. (Nase). *Dou hou i ä Noosn ghad* „das habe ich im voraus geahnt".

Noosnschdiewerer m. (Nasenstüber).

Noosnzwigger m. meist Mz. „Samengehäuse des Ahornbaums".

nou, noucherdla (nachher). *Also i kumm edz nou, oder sol i edzerdla glei kummer?* müßte ungefähr so ins Hochdeutsche übersetzt werden: „Ich komme gleich, oder soll ich sofort kommen?"

nouchschmeißn. *Dir schmeißn ses nouch* „du willst alles geschenkt bekommen".

noudi „ärmlich". Dazu das Schimpfwort *Noudniggl* m. „Geizhals". *Noudniggl noudicher!*

noudwendi „eilig". *Däi Amserla hams noudwendi. Der houd heid wider di grouß Noudwendichkeid* „er macht viele Umtriebe".

nudschln „saugen", nicht so häufig wie *zuzln* und *zulln,* siehe dort!

nuggln „schlummern". Das Wort ist mit hochdeutsch Nickerchen verwandt.

Nuudl, *digge Nuudl* w. „dicker Mensch, meist weiblichen Geschlechts". Die Form der Rohrnudeln wird auf die Körperform übertragen.

Ogs m. (Ochse). Nicht allzu häufiges Scheltwort. *Ogsersau* w. eine häufigere Spielform; beide Schelten werden durch *Rindviech* in den Schatten gestellt. Häufige Redensarten sind allerdings: *der schdäid wäi der Ogs am Berch* oder *wäi der Ogs vurn Scheinerduur* (vor dem Scheunentor) „dumm schauen".

ober „über"; *der woond ober mier* „er wohnt im Stockwerk über mir".

obsdernåd „zimperlich, pedantisch". Aus der Franzosenzeit übriggeblieben.

Obsdleri w. „Obsthändlerin".

odder mit kurzer Stammsilbe statt hochdeutsch „aber". *Dou is odder schäi!*

Ogsnauch s. Mz.: *Ogsnaung* „Spiegelei".

Ogsnmaulsalood m. Nürnberger Spezialität „Kleingehacktes vom Maul des Rinds in Essig und Öl mit Zwiebeln".

oo- statt hochdeutsch an-.

oobfambfm, si (sich anpfampfen) „sich vollessen".

Oobinderla s. (Anbündelein) „Mitbringsel".

ooboodn. *Däi denner si ooboodn* „sie baden sich, nehmen ein Wannenbad". *Heid wärd si ooboodn.* Vergleiche *boodn!*

oobräier „siedendes Wasser aufgießen". In der Metzgersprache

151

häufig; aber auch *di Bfärsich oobräier, daß mer di Haud besser wechbringd.*

oobreiner (anbräunen) „halb braten". *Soll i den Leewerkees oobreiner?*

oobrenner „schwängern".

oobumbm „borgen". *Den bumb i oo.*

oodachdln (abdachteln) „prügeln". Vergleiche *Dachders!*

Oodl m. „Mistjauche". Vergleiche die Karte auf Seite 42!

Oodlbräi w. „Jauchebrühe". *Oodlgroum* w. „Jauchegrube". *Oodlkolon* s. scherzhaft für Eau de Cologne.

oodou (abtun). *Der doud si oo* „er erregt sich". *Der doud si ned oo* „er bemüht sich nicht besonders". *Dou di ned oo!* „Reg dich nicht auf!"

Oofasserla s. „Topflappen".

Ooferla s. „dummer Spielgefährte". Ich hörte das Wort noch als Kind sehr häufig. Es handelt sich um den letzten sprachlichen Rest von einem früher auch in alten Quellen (Zahn) bezeugten Wort *Ooferla,* das neben *Ooherrla* „Großvater": „Großmutter" bedeutete, also etymologisch aus Ahnfräulein entstanden ist. Die Bedeutungsverschlechterung trat wie bei anderen Wörtern: Frauenzimmer, Weib, Dirne erst im Laufe der Zeit ein.

oofressn. *Der houd si oogfressn* „vollgestopft".

oogäi (angehen). Das Nürnberger Wort für „anfangen, beginnen". *Is es Kino scho ooganger?* „hat die Kinovorstellung schon begonnen?"

oogleeng (angelegen) „angebrannt". Die Hausfrau bemerkt verharmlosend: *is Fleisch is ä weng oogleeng.*

Ooglobferlasgsichd s. sagte man früher von einem „häßlichen Menschen". Das Scheltwort, das bis ins 20. Jahrhundert herein üblich war, stammte von den Klopfringfratzen an Haus- und Kirchentüren. Gabler zeichnete den Anklopfer von Sankt Sebald, einen häßlichen Mann mit breitgedrückter Nase, schnauzenartig ausgeprägter Mundpartie, und schrieb darunter: Ohklopfer ba Sant Saiblt.

oogneggln (abknäckeln) „abbetteln". *Der houd mer än Schusser oogneggld.*

oogniedschn „umarmen, küssen". *Der houd mi vur lauder Freid oogniedschd.* Siehe gniedschn!

oogschdochng „leicht berauscht"; auch *der kummd oogschdochng* „er kommt angesaust".

oogschloong (angeschlagen). So rufen die Kinder beim Fangespiel, wenn sie das Bedeut berühren. Deswegen hieß das Fangen früher auch *Ooschloocherdsi* s. oder *Ooschloocherlens* s.

oogschmooch (abgeschmackt) „fade, ekelhaft, langweilig". *Ä oogschmoogs Mansbild, ä oogschmoogs Frauerzimmer.*

oohauer (anhauen) „sich stoßen, sich vollessen", *an oohauer* „einen um etwas bitten".

oohausn (abhausen) „lärmen". *Däi hausn wider oo; dou koo mer ned schloufm.*

oohenger. Ä Maul oohenger „jemanden schelten oder kritisieren".

oohudzn; der houd si ooghudzd (ookuzd) „er hat sich angestoßen"; er is ooghudzd (ookuzd) in gleicher Bedeutung.

oolaaner (sich anlehnen). Der houd si an die Wend ooglaand.

oolanger (anlangen) „berühren, anfassen".

Ooleider (Anläuter) m. Früher statt „Hausglocke, Hausklingel".

oolouer (anlassen) „nicht ausziehen". Nach dem Kauf einer Strickjacke meinte eine Frau im Laden: däi lou i glei oo.

oom (oben), häufig auch verstärkt oom droom, wie undn drundn, inner drin.

Oomasn w. Mz. statt hochdeutsch „Ameisen".

ooranzn „grob anfahren".

Oorichd w. (Anrichte) „besonderes Möbelstück in Tischhöhe zum Anrichten der Speisen".

ooschauer loun (sich anschauen lassen). Weeng den Märgla lou i mi ned ooschauer bedeutet „wegen einer Mark möchte ich nicht, daß ich für geizig gehalten werde".

ooschbilln (abspülen) „Geschirr waschen".

ooschdrambln (abstrampeln) „schwer arbeiten, sich abmühen". Wahrscheinlich aus der Radsportsprache. Der Radrennsport hat in Nürnberg lange Tradition. Ach Godderla, mou mer si ooschdrambln in ganzn Dooch!

Ooschdreicher m. Berufsschelte für den „Malermeister".

ooschlaafm (abschleifen und anschleifen) „sehr schwer tragen und schleppen". Der houd si oogschlaafd; wos bringd er denn dou oogschlaafd?

ooschloong. Siehe oogschloong!

ooschneidn, oogschniedn. Scherzhaft für fehlerhafte Änderung des Schneiders: dreimol oogschniedn und doch z korz.

oowaffln „jemanden beschwatzen"; siehe waffln!

oowandln. Ausdruck der Keglersprache: „beim Kegeln die Kugel so schieben, daß sie die Bahnwand berührt".

Oowandn w. „Pflugwende, Ackerende". Mit der Bauernsprache im Stadtgebiet nahezu ausgestorben.

oowanzn (anwanzen) „sich aufdrängen", wie in der allgemeinen Umgangssprache Deutschlands üblich.

oowaschn. Däi weschd si oo „sie wäscht sich".

153

oozulln „abnagen", siehe *zulln!*
Oozullds Buddlasbaa s. „abgenagtes Hühnerbein", eines der Testwörter, mit denen man prüft, ob jemand echter Nürnberger ist oder nicht. Ähnliche Wörter sind *Dullnraamer, Rimbflkees, in Rolooloodn rooloun.*
oozundn (angezündet) lautet das Mittelwort der Vergangenheit zu *oozindn* (anzünden) abweichend vom Hochdeutschen.
orndli derherkummer „ordentlich gekleidet sein".
Orschl w. Neck und Scheltwort, Abkürzung des weiblichen Vornamens Ursula.
oumeiermei! Häufiger Ausruf statt hochdeutsch „ach du liebe Zeit, o du meine Zeit!"
Ournbäggla s. „Ohrenbäcklein"; Fleischgericht; Teil des Schweinskopfs.
Ournhellerer m. Ez. und Mz. „Ohrwurm"; vgl. *hellern!*
Ourwaschl s. Ez. Mz. *Ourwaschln* „Ohr"; *i bagg di ba deine Ourwaschln.*
Ousderbedz m. „übertrieben aufgeputztes Mädchen". Nach dem ehemaligen Brauch, ein Lamm an Ostern mit Bändern zu schmücken. *Däi richd si zam wäi ä Ousderbedz.*

P

siehe unter B

Q

Quadrådlaadschn w. Mz. spöttisch für „große Füße". Auch *Quadrådschädl* m. „großer Kopf".

Quadscher m. und *Quadschkuubf* m. „Mensch, der viel und Unnötiges spricht". Wie andernorts üblich.

quådschn „schwerfällig gehen"; Kinder werden z. B. ermahnt *quådsch ned in di Bfidzn nei!* „tritt nicht in die Wasserpfütze!"

Quagg m. und *Huuserquagg* m. beliebte Schelten und Neckwörter für kleine Kinder. Wie in der deutschen Umgangssprache.

quaggern „glucksen". *In mein Bauch quaggerds.*

Quedschn w. Ez. „Ziehharmonika". Manchmal auch verächtlich für „kleinen Betrieb".

Queggng w. Ez. und Mz. „Feldunkraut mit langer Wurzel". Daher für den „Schrebergärtner" ein Scherz- und Neckwort *Queggngbelzer;* m. *belzn* heißt „veredeln" wie in weiten Teilen Süddeutschlands.

Queggsilber s. „lebhaftes unruhiges Kind".

quengsn statt hochdeutsch „quengeln".

R

Räädla. *Ä Räädla Worschd* statt hochdeutsch „ein Wurstscheibchen".

raadschn „klatschen, verleumden und endlos reden". Nach dem hölzernen Lärminstrument der Rasseln und Klappern, die in katholischen Gegenden am Karfreitag verwendet wurden. Siehe auch *Karfreidogsraadschn!* Ein häufiges Scheltwort für „Klatschweib" ist auch *Raadschkaddl* w. *Kaddl* und *Käddl* statt Katharina.

Raasch. *In Raasch kummer* sagt man heute noch für „wütend werden". Aus der Franzosenzeit (französisch rage).

Rabarberer m. statt hochdeutsch „Rhabarber". Die alte lateinische Bezeichnung Rhabarbara, die in alten Nürnberger Koch- und Kräuterbüchlein steht, hat sich in der Mundart gehalten.

Racheedn w. sagt man in Nürnberg statt hochdeutsch „Rakete". *Der is gschdieng wäi ä Racheedn* „er hat einen Wutanfall bekommen".

råchern, auch *roochern,* „gierig sein". *Råcherer* m. „Gieriger".

Rachsau w. und etwas gemildert im Ton *Rachsubbm* w. Zwei häufige Schelten für den „habgierigen und raffsüchtigen Menschen". Hat nichts mit der Bedeutung von Rache „Vergeltung", sondern von Rachsucht, Rachgier zu tun.

raddln, *zamraddln* „zusammenschnüren". *Däi is zamgraddld* „sie hat ihre Taille eng geschnürt". In

Mundart wird auf folgenden Sprachunterschied aufmerksam gemacht, der auf dem grammatischen Gesetz der Dissimilation beruht: *ä Radz bood si,* aber *ä Schbooz bad si.*

alter Zeit war der Reitel ein Pflock, mit dem man Schnüre zusammendrehte. Der Gegenstand ist längst verschwunden, seine sprachliche Bezeichnung hält sich noch in übertragener Bedeutung.

Rådfårer m. „Mensch, der nach oben katzbuckelt und nach unten tritt". In der Mundart so häufig wie in der allgemeinen Umgangssprache.

Rådio hat in der Mundart männliches Geschlecht: *der Rådio* statt hochdeutsch das Radio. Wahrscheinlich aus Radioapparat m. statt aus Radiogerät s. gekürzt.

Rådlermouß w. oder halbmundartlich *Rådlermåß* „erfrischendes Getränk im Sommer, halb Bier, halb Zitronenlimonade".

Radz m. *Der Radz* statt hochdeutsch „die Ratte". Gern als Stützwort für Scheltwörter verwendet, z. B. *Kardlradz, Schlåfradz, Schbilradz, Schdilradz* und *Gooradz.* Von Kennern der

Radzerbander w. Beliebte Verstärkung von hochdeutsch Bande. Nicht so ausdrucksstark wie *Saubander!*

radzerbudz „ganz und gar völlig" wie hochdeutsch „rattenkahl". *Radzerbudz zamgfressn.*

Radzger m. Schülersprachlich für hochdeutsch „Radiergummi".

Radznschdecher m. Scherzhaft für „unförmiges Taschenmesser" oder „großes Küchenmesser".

Raffl w. Derb für „Mund". Nicht so häufig wie *Goschn* und Maul. Vergleiche *Zooraffl!*

Räiblasgraud s. Früher für „weiße Rüben, klein geschnitten und gesäuert".

Räidl m. (eigentlich Rötel). *Den lefd der Räidl roo* „ihm läuft das Blut herunter".

Räimer m. (Riemen). Fleisch vom Hinterteil des Ochsen. Es gab in der Fachsprache des Metzgers den *Gnibflräimer,* den *Dogdersräimer* und den *Schwoonzräimer.*

Räirla s. (Röhrlein) „Trinkhalm, Strohhalm".

Räisder (Riester) m. „Flickfleck auf Schuhen". Nicht mehr häufig.

Räislschåber m. (Rüsselschaber) auch *Räislbudzer* m. Berufsschelten für den Friseur, aus einer Zeit, da die Friseure noch oft rasierten.

Rambers m. Scherzhaft für Kinder, Mz. *Rambersn.* In der Sportsprache hörte man auch *Rambo* m. „Spieler, der viel rempelt".

Ramml gscheerder m. Starkes Scheltwort. Wie im übrigen Bayern häufig. Vom Wort für „Schafbock" ausgehende Bezeichnung.

rammln „raufen, balgen". *Doud ned immer suu im Bedd rumrammln!* mahnt die Mutter die Kinder. Ursprünglich war rammeln eine Bezeichnung für den Geschlechtsverkehr der Hasen und, im übertragenen Sinn, des Menschen. — *Grammld vull* „sehr voll".

ramschn „einheimsen". Dazu die Scheltwörter *Ramschn* w. und *Ramscher* m. „Raffer".

Rangersn Mz. „Futterrüben", auch für „freche Kinder". Eigentlich ist Range ein hochdeutsches Scheltwort. Ein Neujahrsgespräch in Nürnberger Mundart beginnt aber: *kummst scho ham versuffner Range* (um 1800).

Ranggng m. „großes Stück Brot".

Ranzn m. „Bauch". *Der houd än Ranzn droohenger* „er ist sehr korpulent".

räsoniern „nörgeln, schimpfen". Ein in der Mundart zählebiges französisches Fremdwort.

Rasch m. Topfreiniger, Topfreiber aus Plastik- oder Metallwolle. Dazu das Verbum *raschn* „den Parkettfußboden mit Stahlwolle abziehen".

Raß w. „Schar". *Ä Raß Boum* „eine Schar oder Bande von Jugendlichen".

Raubauz m. „grober Mensch".

raung statt hochdeutsch rauchen. *Des rauchd nern* „es ärgert, es reut ihn".

rausdoggln „herausputzen". Siehe *Doggng!*

raushenger (heraushängen). *Des hengerd der raus, wos?* „Das würde dir gefallen, nicht wahr!"

rausreißn. *Der Vuurhang reißd is ganze Zimmer raus* „der Vorhang verschönert das Zimmer ungemein".

Rawinzerla s. Mz., *Rawinzerlasalood* m. „Feldsalat". Dazu der alte Kinderreim: *Rawinzerla, Rawunzerla, däi wagsn undern Schnäi, und wenn die Maadla Weiber wärn, nou sens hal nemmer schäi.*

Reddl. Mundartlich für hochdeutsch Margarethe.

reduur (retour). Das französische Fremdwort hält sich zäh in der Nürnberger Mundart. *Ä bisserla redour* sagt man heute noch beim Einweisen eines Fahrers in die Parklücke häufiger statt *ä bisserla zurügg.*

reechd (recht). *Edz wärds reechd!* Häufiger erstaunter Ausruf.

reengner statt hochdeutsch „regnen". *Heid reengds blouß aamal* „es regnet ohne Unterlaß". Alter Kinderreim: *Reenger, Reengerdrobfm, di Boum di mou mer globfm, di Maadla mou mer schooner wäi di Zidderooner* (Zitronen).

Reidern s. „Sieb". Nur noch in der Redensart *rumfårn wäi der Schieß in der Reidern* zu hören.

reidn. Mittelwort der Vergangenheit *griedn. Des reid und fäärd* „schlechte Handschrift ohne Schreibrichtung".

Reier (Reiher). *Der scheißd wäi ä Reier* „Durchfall haben".

Reigschmegder m. (Hereingeschmeckter) „Neuling, Zugereister", meist im verächtlichen Sinn gebraucht.

reigschneid kummer (hereingeschneit kommen). „Unerwartet kommen".

reikummer. *Is wider ä weng wås reikummer* „es hat etwas eingebracht".

Reißn w. *In der Reißn håm* „verspotten".

Reiwer und Schander (Räuber und Gendarm) spielten die Kinder in den dreißiger Jahren unseres Jahrhunderts. Eine Gruppe mußte die andere gefangennehmen.

rendiern. Aus der Franzosenzeit übriggeblieben, statt hochdeutsch „es lohnt sich". *Des rendierd si gwieß ned.*

Renfdla (Ränftlein) s. „Brotanschnitt". Häufiger sagt man allerdings *Gnärzla,* siehe dort!

renner (rennen). Die Vergangenheit lautet *grennd* statt hochdeutsch „gerannt". *Wemmern Eesl* oder *Deifl nennd, kummd er grennd. Renn der kan Schbreißl nei!* Siehe *eirenner!*

Rennigloo m. Ez. und Mz. (Reineclaude) „Art gelber Pflaumen".

Rewolwergoschn w. „scharfes Mundwerk". *Däi houd ä Rewolwergoschn* und *des is ä Rewolwergoschn.*

ribbln „mit den Fingern reiben". Auch „Stoff reiben".

Ribbm. *Des druggd der ka Ribbm naus* „das kannst du noch essen".

Richdung. *Dier kummi mid der Richdung* „dir werde ich noch die Meinung sagen".

Ridikiel m. sagte man lange noch in unserer Mundart für einen „Beutel, den Damen beim Ausgang zu tragen pflegten". Aus der Franzosenzeit.

Ried w. heißt in Nürnberg hochdeutsch die Rede. *Edz houds nern di schäi Ried verschloong* „er ist sprachlos". Die Vergangenheit des Verbums *riedn* (reden) lautet *gred. Der red und deid nix* „er ist steif und stumm". *Der häird si gern riedn* „er spricht gern und pausenlos".

Rimbflkees m. „Soßenlebkuchen". Heute noch zu hören. Der komische Klang des Wortes ist an seiner Langlebigkeit schuld.

rinder statt hochdeutsch „nach hinten".

Rindsgschling s., *Rindsbibbl* m. und *Rindväich* s., halbmundartlich *Rindviech* oder *Rimbviech* sind häufige ausdrucksstarke

Scheltwörter, wobei das letztgenannte die beiden erstgenannten fast verdrängt hat.

Röller Foodn s. „Faden, Fadenrolle".

rollern sagt man statt hochdeutsch „rollen". Daher auch *Rollerfeßla* s. *Rollerfeßla machng* „wenn sich Kinder, um die Längsachse des Körpers drehend, den Abhang hinunter rollen lassen".

Rollmobs m. Scherzend für „dikken Menschen". Aus der allgemeinen Umgangssprache importiert.

Rolloo m. „Rolladen". Von französisch Rouleau. *In Rolooloodn roolaun.* Diese kleine Sprechübung läßt der Nürnberger gern den Nichteinheimischen sprechen.

roo sagt man statt hochdeutsch „herab". *Di Schdäing roobudzn* „die Treppe putzen".

Roochers m. „Wut". Ein jiddisches Wort rojges „Zorn" ist in die deutschen Mundarten eingedrungen.

rooni „schlank". Nicht mehr häufig.

Roßbolln m. Ez. und Mz. „Pferdemist". Obwohl das Pferd in Nürnberg *Gaul* heißt und bairisch Roß, ist der Ausdruck in unserer Mundart üblich. *Roßbollnsammler* m. früher spöttisch für den „Schrebergärtner, der den Pferdemist aufhob".

Rou (Ruhe) m. und w. *Lou mer mei Rou!* Aber auch drohend: *gid der edz kan Rou ned?*

roud (rot). *Däi schdreidn wäi di roudn Hund* „sie raufen tätlich oder verbal heftig".

Roudschwoonz m. „rothaariger Mensch". Gelegentlich sagte man auch *rouder Fugs,* z. B. im Kinderreim: *Rouder Fugs, dei Hår brennd oo, schied ä Kiewerla Wasser droo!*

Rousnlaabla s. (Rosenlaiblein) „runde Semmeln".

Rouwerla s. Mz. (Rotbeerlein) „Walderdbeeren". In der Nachbarstadt Fürth sagt man statt dessen *Bresdli.* Aus dem Süden der Stadt wurde mir *Rouwerla* als Preiselbeere gemeldet.

Rouwern w. „Schubkarren". Schon um 1200 wird der Schubkarren im Mittelhochdeutschen Radebäre genannt. Die Etymologie des Wortes: Rad- und -bäre, wie in Bahre oder gebären „tragen" bedeutend, also eigentlich: Radträger. Daß man das Mund-

Roßbolln

artwort nur spricht und nicht schreiben kann, zeigt die unsinnge Aufschrift an einem Eisenwarengeschäft um 1960: Robbern eingetroffen.

rudscherd (rutschig) „glatt". *Ä rudscherde Schdäing* „frischgewachste Treppe".

Ruggerla s. (Ruckelein). *Nu ä Ruggerla!* ruft der Nürnberger Straßenbahner beim Rangieren heute noch. *Af aan Rugg* „in einem Zug".

rum (herum). *Es is scho rum* „es ist schon vorbei".

rumdogdern (herumdoktern) „an etwas herumbasteln".

rumfachiern „mit einem Gegenstand oder mit den Händen ausladende Bewegungen machen". *Dou ned su rumfachiern mid den Schdeggng!*

rumfårn (herumfahren). Eine häufige Redensart, die die Abneigung des Nürnbergers gegen übertriebene Geschäftigkeit deutlich zeigt, lautet *der fäärd rum wäi der Schieß in der Ladérn.*

rumfurzn, verächtlich und stark abweisend für „übertrieben geschäftig umhereilen". Vergleiche *rumfårn!*

rumfuurwergng (herumfuhrwerken) „wild gestikulierend hin- und herschießen". Vergleiche die beiden vorangehenden Wörter!

rumgraudern „nutzlos herumwerkeln".

rumhauer (herumhauen) „prügeln".

rumkaschbern „sich albern benehmen".

rumkuugln „sich herumtreiben".

rummeern „unordentlich herumwirtschaften". Vergleiche *meern!*

rumscharwenzln „tänzeln". Vergleiche *scharwenzln!*

rumschbrenger „jemanden herumjagen". Vergleiche *hieschbrenger!*

rumzäing (herumziehen). *Däi zäichd alli bår Dooch mid än andern rum* „sie wechselt zu häufig ihren Liebhaber". *Däi zäichd iere Glan rum wäi di Kadz iere Junger; rumzuung* (herumgezogen). *Rumzuuch* m. Häufige Schelte für den „Streuner" und die „Streunerin".

rumziebfm „kränkelnd herumschleichen".

rundergrissn. *Der sichd nern rundergrissn äänli. Des is rundergrissn sei Vadder* „sehr ähnlich sehen".

runderriedn „ausführlich besprechen". *Edz hammer lang gnouch dervoo rundergred.*

Runggunggl w. Spielerisch reimendes Neckwort. Dazu der Kinderreim: *Runggunggerla, Runggunggerla, wäi gäidsn deiner Frau? Däi kemmd si ned und weschd si ned, däi is ä groußer Sau.*

Ruschl w. „übertrieben eifrige, oberflächlich arbeitende Frau"; *ruschln* „oberflächlich arbeiten".

Rußla s. „Hunderasse: Schnauzer". *In än Haus, wou Ordnung herrschd, wärd sugår is Rußla bärschd. Ä Rußla* ist auch eine häufige Spottbezeichnung für „derbes, gesundes, widerstandsfähiges Kind". *In Sauerbegg sei Rußla* einst stadtbekanntes Tier.

Russn m. Mz. „Kakerlaken". Siehe *Schwåm!*

Ruuz (Rotz) m. „Nasenschleim". *Ruuzerwasser greiner* „heftig weinen". In Fürth hörte ich die gleichbedeutende, sehr anschauliche Redensart: *der greind Ruuz zu aner Schliednbeidschn,* womit auf die Länge des herunterhängenden Nasenschleims angespielt wird.

Ruuzbremsn w. Spöttisch für „Schnurrbart".

Ruuzbubbl m. „verhärteter Nasenschleim"; auch starkes Schimpfwort für „jungen unerfahrenen Menschen". Vergleiche *Bubbl!*

Ruuzfåner w. Scherzhaft für „Taschentuch".

Ruuzleffl m. Starke Schelte für „ungezogene Kinder".

Ruuzlumbm m. wie *Ruuzfåner,* aber stärkeren Unwillen verratend.

Ruuzrinnla s. „senkrechte Vertiefung zwischen Nase und Oberlippe".

S

Sch

Schb (= Sp), Schd (= St)

saafm (saufen). *Der seifd wäi ä Luuch* „er trinkt stark". Daher *Saaferluuch* s. Schelte für den „Trinker". Auch *Saufhaus* s. ist in gleichem Sinn zu hören, wahrscheinlich entstanden aus Sauf aus! *Saaferliesl vo der Wäsch* sagten alte Nürnberger noch zu den Wäschermädchen am Fischbach.

Sääblbaaner, *Sääblbaa* „krumme Beine" wie auch sonst in der Umgangssprache.

Sabberlodd! *Sabrisdie!* Verglimpfende Fluchwörter.

sabbm „im Schmutz waten". *In Dreeg neisabbm.* Vergleiche auch *Gsabb!*

Safd. Die derben Schelten *Safdårsch* m. und *Safdheini* m., wie auch die stark abwertende Dingschelte *Safdloodn* m. „verworrene Verhältnisse, unordentlicher Betrieb", gehen nach Küpper in der deutschen Umgangssprache auf das Landserwort: Saft „Durchfall" zurück. In Nürnberg hört man auch häufig *Safdwaffl* w. Verstärkung von *Waffl* „Mund". Siehe dort!

Säggl. Siehe *Seggl!*

Sagradie! *Saxndie!* Wie andernorts häufige Fluchwörter, dazu auch das starke Scheltwort *Sagraménder* m.

säidhaaß (siedheiß). *Mier is wos säidhaaß eigfalln.*

Säireiwer m. Ez. und Mz. (Seeräuber). Beliebte Schelte für „kleine freche Jungen".

Salmfrau w. „dumme Schwätzerin". Nicht allzu häufig.

Salzbigsla s. Mz. (Salzbüchslein). Spöttisch für „Augen". Bei der Entstehung des Vergleichs dachte man an große, runde, hervorquellende Augen.

Salongschlorcher m. Mz. „elegante Schuhe".

Sandberch, auch *Sandberch-Gold.* Wohnviertel in Sankt Johannis, das in früheren Zeiten keinen allzu guten Ruf genoß.

Sangd Nimmerlasdooch. *Des gräigsd am Sangd Nimmerlasdooch* „das erhältst du nie mehr zurück". Seit Hans Sachs in der allgemeinen Umgangssprache und in der Mundart zu hören.

Såra w. Spöttisch für „alte Frau". Vom jüdischen Namen abgeleitet.

Sau. Neben *Scheiß* und *Arsch* wohl eines der häufigsten Wörter in der Volksmundart. *Die greßd Sau gid* „wer die höchste Spielkarte hat, gibt das Spiel an"; *zu derer kumd ka alder Sau mäir* „sie ist allein und verlassen"; *su ald wärd ka Sau ned* spöttisch bei der Nennung der Jahre am Geburtstag; *des waß doch ka alder Sau ned* „das kann niemand wissen"; *der lefd wäi di Sau vom Drooch* (Trog) „er steht ohne Dank vom Essen auf"; *der houd än Saumoong* „er verträgt alle Arten von Speisen in gehörigen Mengen"; wenn sich jemand bei der Naß-Rasur schneidet: *bloud håb i wäi ä Sau; dou kends ä Sau grausn* „unerhört schmutzig oder unangenehm"; *ä feddn Sau in Årsch gschmierd* „übergenug getan, besonders im finanziellen Sinn"; *der fäärd wäi ä gsengde Sau* „rücksichtslos Auto fahren". *Faule Sau* „Faulenzer". Das Wort *Sau* hat, wenn damit Scheltwörter gebildet werden, ungemeine Ausdruckskraft. So sagt man z. B. *Saubär, Saubardl, Saubedz, Saubou, Saukuubf, Saulouder, Saumoong. Saubreiß* (Saupreuße) ist besonders aus dem Bairischen bei uns eingedrungen. Alle mit *Sau* zusammengesetzten Substantive und Adjektive erhalten negative Bedeutung. *Ä saudumms Gried;* ä *Saubfoodn* „schlechte Schrift"; *ä Sauärwerd* „schwierige, anstrengende Arbeit". *Ä Sauwedder* „sehr schlechtes Wetter"; *ä Saukeld* (Saukälte) „strenger Frost" oder auch „verhältnismäßig kaltes Wetter im Sommer"; *sauschweer* „sehr schwer". Weil *Sau* ein so starkes Scheltwort ist, kann es auch zum Kosewort umschlagen: *Mei gouder Sau, mei gouder!* Oder *des is ä gouder Sau, däi geeberd ier ledzds Hemmerd her fir di andern Leid.*

sauer (sauen) „unvorsichtig mit Flüssigem umgehen". Kann auch „heftiges Regnen und Schneeregen" bedeuten.

Sauerambfer m. Spöttisch für „herben Wein".

Sauschdall m. „unordentliche, schmutzige Verhältnisse"; aber auch „Intrigen, schlecht funktionierende Verwaltung eines öffentlichen oder privaten Betriebs".

sauwer (sauber). *Sauwer gärwerd* „gut gearbeitet". *Ä sauwers Maadla* „ein hübsches Mädchen"; oft auch im tadelnden Sinn, *ä sauwere Gschichd, ä sauwers Schlamassl* usw.

schaaheilich, *schaaheiligs Bageddla* s. Kindersprachlich für „scheinheiligen Spielgefährten".

Schabberglagg m. (aus französisch chapeau claque); früher für „Faltzylinder". Der Nürnberger wurde vor der Zeremonie gemahnt: *di Hendscher ghern am Schabberglagg* „die (weißen) Handschuhe müssen an den Zylinder gelegt werden".

Schabbersdeggl m. „spöttisch für Hut". Vom jiddischen Wort Schabbas für Sabbat.

Schachdl w. *Alde Schachdl.* Eine der häufigsten Schelten für „alte Frauen, die sich aus irgendeinem Grund unbeliebt machen". Vergleiche Seite 36 zur Entstehung des Scheltworts! *Schachdl* kann auch Dingschelte für einen modernen kastenförmigen Bau sein: *„af suu än schäiner Blooz schdellns ä suu ä Schachdl hie."*

Schåfbemberla s. Mz. „Exkremente der Schafe".

Schäffla s. „Holzgefäß für Wasser".

Schåfmeiler m. Nur Ez. „Feldsalat". *Heid gids än Schåfmeiler.*

Schåfshousdn m. und w., halbmundartlich *Schåfshusdn* m. „trockener, bellender Husten".

Schagédd, *Schageddla* s. „Joppe, Sakko".

schäi (schön). *Lou der wos Schäins soong!* Einleitung zu einer erklärenden Bemerkung; *der schaud si schäi ba dener* „er will sich bei ihnen einschmeicheln"; *mach di ned schenner wäisd bisd!* „lobe dich nicht selbst!"

schäigln (schiegeln) „schielen". Dazu die Neckwörter *Schäiglbuug* m. und *schäiglerder Gaggo* m.

schäim (schieben). *Wou schäibsd n zou?* „Wo gehst du denn hin?"

schäing. *Däi schäichd iere Schou zam* „sie tritt ihre Absätze ab". *Schäich und grumm.*

schäißn (schießen). *Zum Schäißn* „wenn etwas sehr zum Lachen ist".

Schäißbuudnglaadla s. „Kleid aus buntem, billigem Stoff, wie es auf dem Volksfest oder bei der Kirchweih getragen wird".

Schäla Kaffe s. Eigentlich ein bairisch-österreichisches Wort (in Wien sagt man Schalerl Kaffee), das aber auch von Vollmundartsprechern in Nürnberg gebraucht wurde.

Schåln w. „Stück Fleisch vom Ochsen". Aus der alten Nürnberger Metzgersprache.

Schåm (Schaben) w. Mz. statt hochdeutsch „Motte" wie in Süddeutschland üblich.

Schander m. (Gendarm). Siehe *Reiwer und Schander!*

Schandmaul s. „Mensch mit loser, schmähsüchtiger Zunge; Sarkast, Zyniker". Von dem Zeitwort *schendn* (schänden) abzuleiten, das in der alten Nürnberger Mundart statt hochdeutsch „schelten" und „schimpfen" stand.

Schand. *Des is ä Schand und ä halwe. Des is ä Schand vo der aldn Hofmänni.* Eine noch gelegentlich zu hörende Redensart im Sinn von „das ist schändlich", aber meist im harmlosen Zusammenhang.

Schangg m., *Schanggerla* m. und s. Noch manchmal in Nürnberg für Hans. Aus dem französischen Namen Jean (unserem Johann entsprechend) abzuleiten. Vergleiche analog *Schorsch* statt einheimisch *Gerch!*

Schard m. „Gesundheitskuchen". Dazu *Scherdla* s. „Sandspielform der Kinder".

Schardeegng w. Schimpfwort für „alte Frau". Entstehung wie bei *Schwardn,* siehe dort!

Schärm siehe *Scherm!*

Scharmidzerla s. Ez. und Mz. sagte man früher zu den Papiertüten. Das Wort lebte noch lange in der Kindersprache beim Kauf-

ladenspiel nach. Schon bei Hans Sachs in der Form Scharnützel. Ein Lehnwort aus dem Italienischen, das in ganz Österreich in den Formen Starnitzel und Stranitzel üblich war und noch ist.

scharwenzln „müßig gehen, tänzeln". Auch *rumscharwenzln.* Im Hochdeutschen bedeutet Scharwenzel „Allerweltsdiener". Es handelt sich um ein Lehnwort aus dem Tschechischen.

Schärzer m. Ez. und Mz. (Schürze). Stark abweichend vom Hochdeutschen nicht nur in der Lautung, sondern auch im Geschlecht. In Mögeldorf hörte ich z. B. um 1960 die Originalform: *Edz hou i bal kan anzing Schärzer mäir, wou ned ä Gnuubf droo feld* „jetzt fehlen an fast allen meinen Schürzen die Knöpfe".

schasdiquasdi „egal, gleichgültig".

schauer. *Der schaud ä weng langsam* „er hat eine langsame Auffassungsgabe"; *bisd äwal langsam schausd, bisd dordn; der schaud wäi di Kadz, wenns dunnerd* „verstört".

Schawelln w. Spöttisch und despektierlich für „alte Frau". Ein altes Wort Schabelle bedeutete „Schemel, Fußbank".

schbää (späh) „wählerisch beim Essen". Dazu ein Scheltwort *schbääer Maulaff!*

Schbarchers m. „Spargel".

schbårsam. *Der schaud ä weng schbårsam* „er schaut dumm und ratlos drein".

schbechdn „scharf Ausschau halten". *Nouch wos fir än Maadla housd scho wider nausgschbechd? Wos derschbechdn* „etwas ausfindig machen".

Schbeezi m. „Freund". Wie überall in Deutschland in der Umgangssprache. Auch *mid den bini schbeziell* kann man in Nürnberg hören statt „ich kenne ihn gut".

Schbeideiferla s. „Feuerwerkskörper".

Schbeikisdla s. Verächtlich und spöttisch für „kleines Zimmer".

Schbeis w., *Schbeisla* s. Das alte Nürnberger Wort für „Vorratskammer, Speisekammer", als es noch keine Kühlschränke gab.

Schbelzn w. „dünne Haut, z. B. bei Mandeln oder Nüssen".

Schberchermenzla s. Mz. „Ausflüchte". *Mach kani Schberchermenzla!* Statt umgangssprachlich Sperenzchen, Sperenzien.

schberranglweid. *Rennds dervoo und läßd di Dier schberranglweid offm.*

Schbidålbladz. *Nou fäärsd mid der Hend iewern Schbidålbladz.* Eine sehr derbe Abweisung von übertriebenen Wünschen. Ähnliche Redensarten existieren in anderen Städten auch. So hört man aus Berlin: Mit der Hand über den Alexanderplatz. Aus Fürth wurde mir gemeldet: *Mit der Hend* oder *midn Ärsch iewern Helmbladz.* Vergleiche auch *mid der Hend iewern Ärsch* unter *Hend!*

Schbidzi s. „Abfälle beim Bleistiftspitzen".

schbidzi. *Der sichd schbidzi aus* „er sieht schlecht aus".

schbidzn „gespannt warten auf". *Dou wärsd schbidzn!* „da wirst du staunen".

Schbidzwegg m. „langes, großes Gebäck".

Schbieß m. statt hochdeutsch „Spreißel". *Der houd si än Schbieß neigrennd* oder *neigrissn.*

schbiggng (spicken). Wie überall in der deutschen Schülersprache für „abschreiben". Dazu das typisch nürnbergische *Schbiggers* m. „Spickzettel". Zur Nachsilbe vergleiche *-ers!*

Schbillradz m. „verspieltes Kind, müßiggehender Erwachsener".

Schbillwasser s. (Spülwasser). Verächtlich für „dünne Suppe".

Schbinåderer m. Aus der Sprache der Unterwelt in die Mundarten eingedrungen. Hüllwort für den „Homosexuellen".

Schbinådwachdl w. Im Gegensatz zum vorher genannten Scheltwort durchweg in harmlosem Sinn verwendet, meist für „alte Frauen".

schbinner (spinnen). Wie in der allgemeinen deutschen Umgangssprache hat sich aus der

165

Tätigkeit des Spinnens in früheren Arbeitshäusern und Anstalten für geistig Zurückgebliebene die Bedeutung „verrückt sein" entwickelt. *Schbinnsd gwiß?* „du bist wohl verrückt?" *Der houd heid sein Schbinnerdn* „mit ihm kann man heute nicht verhandeln". Dazu die häufigen Nürnberger Schelten *Schbinnerder Deifl! Schbinnerder Uhu!*

Schbisserla s. „dünner, unterernährter Mensch, Kind, das zu wenig ißt". Mittelhochdeutsch spissel bedeutete „Holzspan, Splitter". Daher kann man sich die Entstehung der Metapher „dünn" gut erklären.

schbodzn „spucken". *Der wärd schbodzn* „er wird staunen".

Schbodzerla s. „kleines Fahrzeug mit knatterndem Motor".

Schboosau w. „Spanferkel"; *Schboowäisdn* w. in der Metzgersprache „Nierenstück vom Ochsen".

Schbooz m. Ez. Mz.: *di Schboodzn*. So heißt in Nürnberg der Sperling. Auch eine Suppeneinlage aus Mehl oder Grieß wird so genannt. Ein häufiges Neck- oder Scheltwort ist *glaner Schbooz* für „freches Kind".

Schbooznhiern s. „dummer Mensch". Gewissermaßen „mit winzigem Gehirnvolumen".

Schbooznmaul s. „verkrusteter Speichelrest in den Mundwinkeln".

Schbreißerla s. Mz. „Anschürholz".

Schbreizn w. „Zigarette".

schbridzn beim Skat: „Kontra geben".

Schbringerla s. früher für „Sprudel".

Schbringginggerla s. „Geck".

Schbring machng „sich etwas leisten können, körperlich fit sein". *Der machd kane Schbring mäir.*

Schbruuz m. Nur Ez. „Schluck". *Dou mer än Schbruuz Milch nei in mein Káffe!*

Schbuuln. *Den is ä Schbuuln leergloffm* häufig für „er hat das Nachsehen".

schbundich „speckig beim Gebäck". So versicherte mir eine Fürther Bäckerin wörtlich: *den Schard koo i noned ooschneidn, sunds wärd er schbundich.*

Schdaa, m. Mz. *di Schdaaner* (Stein, Steine).

Schdaaglobfer m. „alter Trachtenhut".

Schdaamedzbolln m. Ez. Auch *Schdaamedzgnobbern* m. „verhärtete Haut am untersten Glied des kleinen Fingers vom Auflegen des Meißels".

Schdachlsau w. „unrasierter Mann".

Schdadd (Stadt). Mehr und mehr verschwindet die alte Aussprache *Schdood*. So hörte ich noch als Junge auf die unschlüssige Anfrage: Was soll ich denn anziehen? die alte Redensart: *Di Schdood, nou laafm der di Heiser nouch.* Variante: ... *nou lefd der di Fesdn* (Veste) *nouch*. Das auslautende -d wird bei Zusammensetzungen ausgestoßen. So heißt der Stadtgraben in Nürnberg der *Schdagroom*, der Stadtpark der *Schdabbarch*, der Stadtpfarrer der *Schdabfarrer*.

schdadds für hochdeutsch „anstatt".

Schdaddworschd w. (Stadtwurst). Eine der beliebtesten Wurstarten in Nürnberg. Der Ausdruck ist zwar nicht auf das Nürnberger Stadtgebiet begrenzt, doch zeigen andere Benennungen, wie in München Leoni oder in Frankfurt Fleischwurst, daß die Bezeichnung landschaftlich begrenzt und vielleicht von der Stadt Nürnberg ausgegangen ist. Wie dem auch sei, es gibt in Nürnberg die *einfache Schdaddworschd* im Gegensatz zur *Hausmacher* w. Herr Bäuerlein, der frühere Obermeister der Nürnberger Fleischerinnung, erklärte mir, daß um 1900 die grobere Hausmacherart, die auf dem Land produziert wurde, durch die feinere Stadtwurst eine Konkurrenz erhielt, da es in der Stadt bessere wurstverarbeitende Geräte gab.

Schdaddworschd mid Musigg sind „Stadtwurstscheiben mit Essig, Öl und viel Zwiebeln angemacht". Vielleicht spöttisch nach den Blähungen genannt, die die Zwiebeln verursachen.

Schdäfferla (Stäffelein) s. Mz. „Stufe, Treppe". *Dou genger Schdäfferla naaf* „es führt eine Treppe hinauf"; *der Booder houd nern Schdäfferla gschniedn* „der Frisör hat die Haare ohne Übergang geschnitten".

schdäi (stehen), *schdennerd* (stehend). *Der schdäid vur Dreeg* „er ist sehr schmutzig". *Der is ä Debb, der daham schdennerd schlefd, neeber sein Bedd, der is ä Debb* lautet ein Volksreim. *Der koo schdennerd schderm* „er hat sehr große Füße".

Schdäiaafmennla s. „Stehaufmännchen". Eigentlich Kinderspielzeug für Kleinstkinder, ein Männchen auf abgerundetem Sockel, dessen Unterteil so schwer ist, daß es immer, wenn man es niederdrückt, von selbst in senkrechte Richtung zurückschnellt. Im übertragenen Sinn wird ein Mensch bezeichnet, „der sich nicht unterkriegen läßt, der immer obenauf ist".

Schdäißl m. Häufiges Neck- und Scheltwort für „großgewachsenen Halbwüchsigen". Aus dem Vergleich mit dem Stößel, Stoßwerkzeug entstanden.

schdäiwern (stöbern) „reinigen, scheuern, fegen; Großreinemachen, Frühjahrsputz". Ein Nürnberger Wort, das hochdeutsch: Schneegestöber oder aufstöbern (beim Wild) als Verwandte hat. Zahn schreibt im 18. Jahrhundert sehr anschaulich über diesen Ausdruck: „Das Wort gilt besonders in Nürnberg, wo es bei dem vorzüglich zur Reinlichkeit geneigten Geschlecht fast allgemein gewöhnlich ist, daß nicht nur alle Gemächer ihrer Wohnung von innen und außen, sondern auch aller Hausrat jährlich einmal von Staub und Wust gereinigt, Fenster, Läden, Stiegen, Türen, alle Möbel, Schränke, Stühle, Tische, Geschirr geputzt und gesäubert werden. Auf diese öfters wochenlang andauernde Arbeit wird viel Mühe, Fleiß, auch nicht geringe Kosten verwendet, und solange das Nürnberger Frauenzimmer im Stöbern begriffen ist, entsaget es aller anderen Beschäftigung und

Unterhaltung. Darin befindet sie sich nach dem gemeinen Sprüchwort in ihrem Element."

Schdamberla s. Wie auch sonst im Oberdeutschen „Gläschen Schnaps" und „Schnapsgläschen". *Geb mer nu ä Schdamberla!*

Schdänderla s. „abgestandenes Bier". Früher war das *Schdänderla* der „Tropfeimer unter dem Faßbierhahn".

Schdärzernäärla w. Mz. „Schwarzwurzeln". Die lateinische Bezeichnung des Gemüses scorzonera lebt verballhornt bis in unsere Tage herein in der Mundart fort.

Schdärzn w. (Stürze), „Topfdeckel".

schdaubaus „außer Haus, fortgegangen".

Schdebsl m. (Stöpsel). *Glaner Schdebsl.* Wie allgemein umgangssprachlich für „kleinen frechen Jungen". Vom Flaschenverschluß abgeleiteter Vergleich.

Schdeer w. (Stör). *Af di Schdeer gäi* sagte man früher, „wenn die Hausschneiderin zum Nähen in einen Haushalt ging".

Schdefferla siehe *Schdäfferla!*

Schdeggerlasbaaner (Steckeleinbeine) s. Mz. „lange, dünne Beine". Gelegentlich sagte man früher auch *Schdeggerlasschou* statt hochdeutsch „Stöckelschuhe".

Schdeggerlaswald m. Spottbezeichnung für den teilweise noch dürftigen Kiefernwald in der Nähe Nürnbergs.

Schdegghefdla s. Mz. „Stecknadeln". Siehe *Hefdlasmacher!*

schdeggng „zum Husten reizen". *Der Zimd houd nern gschdeggd.*

Schdeing w. und *Schdeich(er)la* s. „viereckiger Spankorb". *Ä Schdeichla Kärschdn* „Korb mit 20 Pfund Kirschen", heute noch die übliche Mengenangabe im Kirschenanbaugebiet nordöstlich von Nürnberg.

schdelln statt hochdeutsch „sich anstellen, sich anschicken". *Der schdelld si wäi der Hund zum Scheißn.* Siehe Hund! oder höflich verballhornt *der schdelld si wäi di Kadz zum Kaffeemåln. Der schdelld si bläid* „er tut so, als wisse er von nichts".

schdembern (stämpern) „fortjagen". Noch sehr häufig. Auch *nausschdembern.*

Schdenz m. früher häufiger als jetzt für „Geck". Es gab den *Eggngschdenzn,* den *Kinoschdenzn,* den *Zigereddnschdenzn* und den *Schwungschdenzn.* Die Schelte war vom slawischen Vornamen Stanislaus abgeleitet.

schdernhåglbsuffm „volltrunken".

Schderrla Mannsbild s. „großgewachsener Mensch". Siehe *Schdorrn!*

Schdichersbier w. Mz. sagte man gelegentlich statt hochdeutsch „Stachelbeere". Im Deutschen Wort-Atlas gilt für Nürnberg *Schdachlbeern.* Das *Schdichersbier*-Gebiet befindet sich östlich der Stadt.

Schdiech m. (Stich). *Di Milch houd än Schdiech* „sie ist sauer".

Der houd än Schdiech „er ist angeheitert" oder verkürzt aus *Sunnerschdiech* „er ist verrückt". *Ä Schdiech* ist auch der Kopfsprung ins Wasser.

schdiern „stochern". *Mid än Schdeggng ins Luuch neischdiern; däi schdierd si di Zee aus* „sie redet über die Leute". Siehe auch *Zooschdierer* „Zahnstocher"!

Schdigg (Stück) s. Mz. Schdigger. Häufiges Scheltwort für „freche weibliche Wesen", auch mit Kennzeichnung des sittlich Anrüchigen. *Ä fregs Schdigg, ä elends Schdigg* und ironisch *ä sauwers Schdigg*.

Schdiggerzwanzg statt hochdeutsch „zwanzig Stück", auch mit anderen Zahlen.

schdilln (stehlen); *gschdulln* (gestohlen). *Den Herrgodd in Dooch wechschdilln* „Zeit vergeuden"; *der schlefd su fest, den koo mer schdilln; mier genger af Blumerschdilln; der lefd, wäi wenn er wos geschdulln häd* „er läuft sehr schnell".

Schdillradz m. (Stehlratz). Meist nur harmlos neckend für versehentliches Wegnehmen.

schdimmerd machng „ausgleichen, eine Rechnung berichtigen", aber auch ironisch für „sich zu seinem Vorteil absichtlich verrechnen".

schdingng (stinken). In der Mundart meist statt hochdeutsch „riechen". *Des schdinggd wäi di Besd* (Pest); *der schdinggd aus alle Gnuubflecher; der schdinggd wäi ä Gaaßbuuk; der schdinggd, wäi wenner Foußlumbm gfressn häd; der schdinggd asn Maul wäi ä Zicheiner asn Huusnbuudn; der schdinggd wäi ä zamgschwidzde Filzsuln*. Die Fülle der Vergleiche zeigt die Ausdruckskraft des unwilligen Mundartsprechers.

Des houd nern gschdungng „es hat ihn sehr geärgert". *Schdingger, fauler Schdingger* m. häufige Schelte für den „Faulen". *Schdinggerla* s. kann dagegen ausdrucksstarkes Kosewort für Kinder sein, wahrscheinlich weil sie noch in die Hose machen: *mei glans Schdinggerla mei glans! schdinggerds Mannsbild* kann auch etwas ganz anderes bedeuten: „unhöflich, zu wenig entgegenkommend, heimtückisch" oder „beleidigt".

Schdinggerdoorers m. „schlechter Tabak, stark duftender Käse".

stöbern. Siehe *schdäiwern!*

Schdobfer m. „Kartoffelbrei".

Schdoffl m. „mürrischer, unfreundlicher, auch rüpelhafter Mensch". Verstärkungen sind *Ogsnschdoffl* und *Bauernschdoffl*.

Schdolln m. sagt man in Nürnberg kurz für den Christ- oder Weihnachtsstollen, das bekannte Weihnachtsgebäck.

Schdoorax m. „langer Mensch"; *schdooraxerd* „wenn etwas sperrig wegsteht".

Schdorrn m. „unansehnlicher Blumenstock, stehengebliebener Zahn".

Schdorzlbaam m. statt hochdeutsch „Purzelbaum".

schdorzn. *Der Bou schdorzd vur Dreeg* „er ist über und über schmutzig".

schdoußn (stoßen). *Der schdäißd vur Bläidheid* „er ist hoffnungslos geistig minderbemittelt". Wahrscheinlich vom Stoßen des Hammels, denn *Hammel* ist eine häufige Schelte für Dummheit. *Die Keld schdäißd si* oder *houd si gschdoußn* „es wird wieder wärmer".

schdrablaziern sagt man in Nürnberg für „strapazieren".

schdråln wäi å Dreegaamer „hocherfreut sein". Aus Fürth gemeldet.

Schdrambferla s. Ez. und Mz. Scherzhaft für „dicke Kinderbeine"; vom Strampeln der Kinder abgeleitetes Wort.

Schdreidhamml m. Häufige Schelte für den „streitsüchtigen Menschen".

Schdriezi m. „durchtriebener, nichtswürdiger Mensch". Strieze, in der Sprache der Unterwelt „Zuhälter" bedeutend, ist in die Mundarten eingedrungen.

Schdrigghubfer m. „Hüpfseil; Kinderspielzeug".

Schdriggschdengla s. Ez. und Mz. „Stricknadel". Nur vereinzelt. Das *Schdriggschdengla*-Gebiet befindet sich in unmittelbarer Nähe unserer Stadt.

schdrimbferd (strümpfig) „ohne Schuhe".

Schdrumml w. „großgewachsenes Mädchen".

schdubfm „stippen, anstoßen".

Schducherer m. und *schduchern* „Kopfsprung" und „kopfüber ins Wasser springen", aus der Nachbarstadt Fürth gemeldet; in Nürnberg sagt man *Schdiech* und *schdechng*.

schdudzn. *Der lefd wäi ä gschdudzder Hund* „er läuft sehr schnell".

Schduggerduurer m. statt hochdeutsch „Stukkateur". In diesen Zusammenhang gehört das gelegentlich gebrauchte Scheltwort für einen „langen Menschen": *Schduggerduurersladdn*"w.

Schdummerla s. Neckwort für „wortkargen Menschen, der nichts redet", auch für „Taubstumme".

schdurmvollerhunger „sehr hungrig", wie in der allgemeinen Umgangssprache.

Schduß m. *Red kan Schduß!* „rede nicht so dumm!" Aus dem Jiddischen in die Mundarten eingedrungen.

Schduug m. „Häuserblock". *Mier genger nu ä weng umern Schduug.* Die Redensart stammt von den Stockbegrenzungspfählen an den Ecken im alten Nürnberg. Modern ist dagegen die aus der Umgangssprache eingedrungene Redensart *dou gäisd am Schduug* „das ist sehr schlimm".

Schduugfiesch m. „unhöflicher, wortkarger Mensch".

Schduugzoo m. „Backenzahn".

schebbern „klirren, laut und blechern tönen". *Dou houds scho wider gschebberd* „ein Verkehrsunfall hat sich ereignet"; *edz douds bal schebbern* „du wirst gleich eine Ohrfeige bekommen"; *i schebber der ane* „ich werde dich schlagen"; *edz houds gschebberd*

"ein Tor ist gefallen"; *is houd än gscheidn Schebberer dou* „ein heftiger Schlag war zu hören".
Schebberkasdn m. Scherzhaft oder ärgerlich für „Radioapparat". *Mach den Schebberkasdn aus!*
schebbln (schöppeln) „am Haarschopf packen". Vergleiche *Schibbl!*
schebs „krumm".
Scheerum (Scherrübe) w. „Futterrübe".

Scheesn w. verächtlich für „altes Fuhrwerk", auch für „alte Frau". Von französisch: chaise de poste „Postkutsche".
Scheiferla s. (Schäufelein). „Sandspielschaufel der Kinder". Ehemals auch schaufelförmiges Zuckerwerk, z. B. *Bfefferminzscheiferla.* In der Fleischersprache „Schulterblatt des Schweins". Daher heute noch der begehrte Sonntagsbraten in den Gasthäusern um Nürnberg: *habd er nu ä Scheiferla?* Alter Kinderreim: *Dree di rum, mei Scheiferla, wennsd lagsd, nou bisd ä Deiferla...*
scheimbår sagt der Mundartsprecher bedenkenlos statt hochdeutsch „anscheinend". *Der sichd scheimbår nix* „anscheinend sieht er es nicht", während im Hochdeutschen anscheinend und scheinbar deutlich voneinander verschieden sind. Genauso häufig ist allerdings: *scheinds. Scheinds is er grangg,* „anscheinend ist er krank".
Scheinerdrescher m. Vergleiche *fressn wäi ä Scheinerdrescher!*
Scheiß-. Während der gebildete Sprecher das Wort tunlichst vermeidet, kann man fast ohne Übertreibung sagen, daß *Scheiß-* das häufigste Wort des emotionalen Mundartsprechers ist. Er kann es praktisch vor jedes Wort setzen, um seinem Unwillen Ausdruck zu verleihen. So hörte ich auf dem Bau: *Kumd der edz bal mid den Scheiß-bißla Merdl* (Mörtel) *raaf? Ä Scheißhammer* oder *ä Scheißzanger* kann ein Werkzeug sein, das in schlechtem Zustand oder nicht auffindbar ist. Meistens wird der Ärger über die eigene Ungeschicklichkeit am Gegenstand ausgelassen. *Scheißglumb* paßt auf alle Einzelfälle der widerspenstigen Materie bei der Arbeit. *Is Scheißgschäfd, di Scheißärwerd* verrät nicht gerade die größte Befriedigung über die Arbeitsverhältnisse. Darüber hinaus gibt es folgende Ausdrücke: *di Scheißn* w. „der Durchfall"; *di Scheißgeßla* s. Mz. derbe Bezeichnung der „engen Gäßchen in der Altstadt"; *scheißfreindli* ist ein „übertrieben freundlicher Zeitgenosse". *Ä Scheißer* m. und *ä Scheißkerl* m. ist der „Feigling", vergleiche auch *Huusnscheißer!; scheißegål* ist ein beliebtes Synonym für „völlig gleichgültig". Auf die gelangweilte Frage *wos denner mern edz?* hört man oft das derbe *in di Hend*

scheißn und Kuuchln oder Schusser dräier. *Ä Scheißerla!* kann als ärgerliche Abwehr gebraucht werden im Sinn von „du bekommst nichts". *Mei Scheißerla, mei gouds* kann ein ausdrucksstarkes Kosewort werden. Siehe *Schdinggerla!* Vergleiche zur Vervollständigung des Vokabulars auch die folgenden Wörter *Scheißdreeg* und *Scheißhaus* wie das unter *Gscheiß* und *gschissn* Gesagte!

Scheißdreeg m. *Scheißdreggla* s. Häufig bei starkem Unwillen als Abweisung. *Des gäid den än Scheißdreeg oo* „es geht ihn nicht das geringste an". *Ä Scheißdreggla* wird für „etwas Kleines, Geringfügiges gebraucht, z. B. für eine „kleine Wunde" oder „zu kleine Kirschen" oder „Kartoffeln".

Scheißhaus s., *ä langs Scheißhaus* „ein langer Mensch". Ursprünglich auch für „Klo, Toilette" gebraucht.

scheißn. „cacare". *I scheiß der af...* „ich lehne ab, verachte". *Den scheiß i wos* „ich erteile ihm eine Abfuhr, ich gebe ihm nichts"; *scheiß di ned vull!* oder *der houd si wider vullgschissn* sagt man abwehrend für einen „Wichtigtuer oder Angeber". Abschließend ein zwar recht ordinärer, aber in rauher Umwelt (Bauhandwerk, Kaserne) um so häufigerer „frommer" Wunsch: *Den soll doch glei ban Scheißn der Blidz derschloong!*

Schelch m. Früher für „Kahn auf dem Dutzendteich und auf der Pegnitz" gebräuchlich.

Schelfm w. Ez. und Mz. „Kartoffel- oder Obstschalen".

schelln sagt man heute noch in Nürnberg für hochdeutsch „klingeln" und „läuten", obwohl die alte Hausglocke, die eine echte Schelle war, längst durch elektrische Klingeln ersetzt ist.

Schelln w. Ez. und Mz. Die häufigste Bezeichnung in unserer Mundart für „die Ohrfeige". *Ä Drimmer Schelln; ä Mords Drum Schelln gräigsd, wennsd ka Rou gibsd* war die übliche Erziehungsmethode in einer Zeit, als man noch nicht viel von psychologischer Kinderführung hielt. Ein Nürnberger Straßenbahnfahrer sagte einst, als man noch auf die Wagen aufspringen konnte: *Baß aaf du Lauser, wennsd nu ämål aafschbringsd, gräigsd ä Schelln, daß der der Kuubf waggld.*

scheniern „sich schämen". In der Franzosenzeit in die Mundart eingedrungen und heute noch zäh am Leben. *Dou däd i mi grood scheniern* „ich würde mich nicht schämen". *Dou kennd der kan Schenier ned* „er kennt keine Hemmungen". *Herr Nachber, ier Houd schenierd ä weng* hörte ich auf den Rängen des Fußballstadions. Bei dieser Gelegenheit bedeutet *scheniern* „stören, lästig sein".

Scherm m. Ez. und Mz. Eigentlich müßte man: Scherben schreiben. „Tontopf". Vergleiche auch *Blumerscherm, Handscherm! Alder Scherm* konnte ich hören für „alter abgenutzter Gegenstand".

Schibbl, auch *Schebbl* m. „Haarschopf". Vergleiche das Scheltwort *Läingschibbl*!

schiddn (schütten). *Die Kadz schid* „bekommt ihre Jungen".

Schidzerns s. *Ä Schidzerns* „Hammelfleisch". Das Wort hat sich als Nebenform zu hochdeutsch Schöps „Hammel" aus tschechisch skopec „verschnittener Schafbock" entwickelt.

schier „beinahe". *I bin schier gschdorm vur Langwaal* „ich bin vor Langeweile fast gestorben".

Schieß m. „Bauchwind"; *ä gschdeggder Schieß* „ein verlagerter Bauchwind; Bauchgrimmen". *Rumfårn wäi der Schieß in der Reidern* (siehe dort!), häufiger aber auch *in der Ladérn* „umherjagen". *Alli Schieß lang* derb für „jeden Augenblick, immer wieder".

Schiewerla s. „Bündel". *Ä Schiewerla Hei, ä Schiewerla Schdrou.*

schiffm „Harn lassen" wie allgemein umgangssprachlich. Wird auch häufig für „stark regnen" verwendet. Dazu *Schiffers* m. „Urin, Pissoir".

schiggng „sich beeilen". *Schigg di ä weng!*

Schigsn w. „Dirne". Dazu *Schigsla* s. ausdrucksstarkes Kosewort. Moderne Zusammensetzungen etwa *Amischigsla* und *Neecherschigsn*. Ein jiddisches Wort aus hebräisch schikzo mit der ursprünglichen Bedeutung „Christenmädchen", das mit negativer Bedeutung „Weibsperson" in alle Mundarten Deutschlands übertragen wurde.

Schimbfers w. „Schimpfrede". *Housd Schimbfers gräichd?* „Bist du ausgezankt worden?"

Schinder m. Heute sagt der Nürnberger noch *ä Väich zon Schinder dou* statt hochdeutsch „ein Tier der Tierkörperbeseitigung übergeben". *Ä Schinder* ist wie allgemein ein „rücksichtsloser Führertyp". *Mi den hams Schindluder driem* „sie haben ihn stark hergenommen".

Schinderskarrn m. Verächtlich für „armseliges Gefährt jeder Art".

Schingng m. „altes, nicht lesenswertes Buch". Wie allgemein umgangssprachlich.

Schisserla-Scheißerla dou. *I koo ned immer Schisserla-Scheißerla dou* „ich kann nicht immer lobhudeln oder höfliche Umstände machen".

Schissl. Entrundet statt hochdeutsch Schüssel. Siehe *Häferla!* *Hieschissln* „lieblos auftischen".

schißmannsgräi „grelles, stechendes Grün".

schlaafm (schleifen) „schwer tragen". *Ä jeeds houd sei Binderla zu schlaafm* „jeder hat seinen eigenen Kummer". *Schlaafm* w. kommt auch noch als Scheltwort für „liederliche, schlampige Frau" vor. Im 18. und 19. Jahrhundert bedeutete *Batznschlaafm* so viel wie „Hure, die um einen Batzen zu haben war".

Schlabbm m. Ez. und Mz. „Pantoffel". *Schlabbmschouster* „Flickschuster". *Der houd nern zambudzd, daß er in kan Schlabbm mäir neibaßd houd,* eine häufige Redensart für die

Kennzeichnung starken Schimpfens. *Schlabbschouwasdl* m. „schlaffer, weichlicher Mann".

Schläbbern. Siehe *Schlebbern!*

schlaggern. *Der wärd mid di Ourn schlaggern* „er wird sich wundern, was ihm bevorsteht".

Schlaggerla s., ein häufiges Kosewort, das aus dem hochdeutsch allgemein üblichen Wort: Schlack gebildet ist.

Schlamassl s. „Durcheinander, widrige Umstände". *Dou bisd in ä schäins Schlamassl neikummer.* Das Wort stammt wie Massl (siehe dort!) aus der Judensprache und ist in alle deutschen Mundarten eingedrungen.

Schlamber m., *Schlambm* w. und *Schlamberdurl* s. „schlampiger Mann, schlampige Frau". Dazu das Adjektiv *schlamberd* und das Verb *schlambern. Dou ner su zouschlambern!* „mach nur so schlampig weiter!" *Ned schlamberd!* kann man in Nürnberg sehr häufig im Sinn von „eine gute, anerkennenswerte Leistung" hören, z. B. für einen guten Schuß aufs Fußballtor. — *Ä schlamberds Verhäldnis* „außereheliche Beziehung".

Schlanggerla s. „leichtsinniger, liederlicher Mensch". Früher, im 18. Jahrhundert, war der Schlenkerlein der Lob- und Spruchsprecher, der bei Handwerkerzusammenkünften den Gästen zu Ehren gereimte Sprüche deklamierte. Vergleiche auch *Henggl!*

Schlarfm Mz. Gelegentlich für „Pantoffeln", nicht so häufig wie *Schlabbm.*

Schlassn w. Ez. (Schleiße). Sehr häufig abwertende Bezeichnung — scherzend oder scheltend — für „zusammengewürfelte Gesellschaft, auch verschworene Gemeinschaft".

schlau. *Ä schlaus Leem* „ein bequemes Leben, wenn man sein Geld ohne anstrengende Arbeit verdient". Wie allgemein umgangssprachlich.

Schlawiener m. Häufiges Scheltwort. Wird vom Namen des slawischen Volksstamms der Slowenen abgeleitet, die wie die Kroaten (siehe *Grawadd!*) im Dreißigjährigen Krieg als kaiserliche Soldateska Furcht und Schrecken verbreiteten. Heute hat das Scheltwort überwiegend ironischen und neckenden Charakter.

Schlebbern w. Häufig verächtlich für „Mund". *Hald dei Schlebbern! Däi mid ierer Dunnerwedderschlebbern!* Von einem Zeitwort *schlappern* „klappern, schlottern, schwätzen, schnell reden" abzuleiten, das Schmeller für Altbayern und Fischer für Schwaben anführen. Diesem Zeitwort liegt wiederum das deutsche Wort schlabbern und schlappern zugrunde, das „geräuschvoll fressen oder saufen bei Tier und Mensch" bedeutet.

Schleiferschdengla s. *Sei Noosn lefd wäi ä Schleiferschdengla* „er hat einen starken Schnupfen, daß seine Nase tropft".

Schleim m. „Zorn". *Af den hou i än Schleim; mein Schleim wenni gräich, koo i mi nemmer haldn* „wenn ich wütend werde, kann ich mich nicht mehr beherrschen".

Schleimscheißer m. Verstärkung von *Scheißer* (siehe dort!) „sehr ängstlicher und feiger Mensch".

schleing. *Schleich di!* „Entferne dich!" Hermann Strebel sang: *Schleich di, zäich di, drugg di, droll di, schau daßd weiderkummsd du Doldi!*

Schlenggerer m. „Stoß".

schlenzn, auch *schlemsn* „hinfallen, ausrutschen". *Den houds gschlenzd.* Auch in der Sportsprache: *in Booln schlenzn.*

schlichdn „aufschichten". *Hulz schlichdn.*

Schlidzour s. „geriebener Gauner". Wie allgemein umgangssprachlich. Küpper verweist auf die mittelalterliche Strafe des Ohrenschlitzens für Betrüger.

Schliedn m. Derbes Scheltwort für „Frau". Vergleiche *Fabriggschliedn! Mid den semmer Schliedn gfårn* „wir haben ihn ausgenützt, herumkommandiert".

Schliffl m. „grober, ungeschliffener Mensch". Schon bei Hans Sachs liest man: fauler Schlüffel.

Schlooch m. (Schlag). *I hou gmaand, miech driffd der glaa Schlooch* „ich bin furchtbar erschrocken"; *Schlooch halber dreier* „genau um halb drei Uhr". *Än Schlooch am Moong*, scherzhafte Antwort auf die Frage „Was gibt es zu essen?".

Schloochråmdambfer m. Ausgestorbenes Neckwort für das Motorboot, das auf dem alten Ludwig-Donau-Main-Kanal zwischen Doos und dem Ausflugsort Kronach verkehrte und Ausflügler dorthin zu Kaffee und Kuchen (mit Schlagsahne) brachte.

schloong (schlagen). *Iech schlooch, du schlegsd, der schlechd..., gschloong. Edzerla ward i scho ä gschloongne Schdund af diech. Edz schlechds dreize* „das ist ja die Höhe"; *des schlooch i der vom Buggl roo* „ich schlage dich zur Strafe dafür"; *daßd waßd wos gschloong houd* „damit du merkst, was gespielt wird". Statt hochdeutsch „Schläge" hörte ich *Schliech. Housd scho lang ka Schliech mäir gräichd.*

Schloora, auch *Schlåra* w. Schimpfwort für „alte Frau". Geht auf mittelhochdeutsch slur „langsame, träge, faule Person" zurück.

schlorng (schlorchen) „die Füße nicht aufheben, schleifend gehen". *Alder Schlorcher*, m. „Mensch, der so geht". *Der ier Schlorch* m. (Liebhaber) konnte man früher hören; wahrscheinlich gehört hierher auch der *Schlurcher* m. „Mann, der im Wald Liebespaare beschleicht". — *Di Schlorcher* m. Mz. sind „alte, abgenützte Schuhe"; *i breicherd neie Schou, edz bini lang gnouch in di aldn Schlorcher rumgloffm.*

Schloudfeecher m. „Kaminkehrer". Ein Kinderreim lautete *Schloudfeecher geggeregegg, housd dei Heisla vuller Dregg!* Auch die schwarzen oder dunkelbraunen Binsenkolben heißen in Nürnberg *Schloudfeecher.*

Schloudhex w. Beliebte Verstärkung des Scheltworts *Hex*, siehe dort!

Schloufhaam w. (Schlafhaube). Beliebte Schelte für einen „verschlafenen, unachtsamen Menschen". *Schloufradz* „Langschläfer". Zur Entstehung siehe Seite 36!

Schlumbl w. „schlampige Frau".

Schmachdloggng w. Mz. Scherzhaft für „kümmerliche Locken".

Schmadzergeßla s. Ez. Mz. Fast ausgestorbene Bezeichnung für „dunkle enge Gassen". Zahn beschreibt sehr anschaulich: „Das nahe vor der Stadt Nürnberg in den Johannisfeldern liegende, mit Hecken umgebene sogenannte Schmatzergäßlein hat wahrscheinlich von Küssen, welche verliebte Spazierengehende einander geben, seinen Namen erhalten".

Schmarrårsch m., *Schmarrer* m., *Schmarrn* w. und *Schmarrndander* w. Häufige Schelten für „den Schwätzer und die Schwätzerin". Vom Verbum *schmarrn* „dumm reden" abgeleitet. In Nürnberg sagt man auch: *der houd heid sein Schmarrerdn* „er spricht heute im Gegensatz zu sonst sehr viel". *Ä Schmarrn* m. „wertloses, dummes Gerede", vergleiche das ebenso häufige *Gschmarri!* Die Bedeutung konnte sich leicht aus der Bezeichnung der beliebten bayerischen Mehlspeise entwickeln, da die verschiedenen Schmarren wie Semmel- und Kaiserschmarrn in ihrer Zusammensetzung wie vor allem, wenn sie auf dem Teller zerkleinert werden, ein ziemliches Gemengsel und Durcheinander formloser Brocken sind.

Schmausnbugg m. Hügel im Südosten der Stadt, wo sich der Tiergarten befindet. Nach den einst dort befindlichen Besitzungen der Bierbrauerfamilie Schmauß benannt. *Schmausnbuggdirooler* m. Spöttisch für „einen in Gebirgstracht gekleideten Nürnberger". *Der schdeichd wäi der Schmausngieger* sagte man früher statt *wäi der Gieger in Groos* für einen „stolz einherschreitenden Menschen". Nach einem Prachthahn im Besitz der oben genannten Familie entstandene Redensart.

Schmedzger m. „Schmetterling".

schmeggng „riechen". *Den koo i ned schmeggng* „ich kann ihn nicht leiden". *I koo doch ned schmeggng, wos du maansd* „ich kann nicht erraten, was du denkst". *Schmeggs Grobferder!* „Komm doch selbst darauf; das soll einer herausbringen". *Schmeggerschdreißla* s. waren früher „stark riechende Blumensträußchen". Ein alter Reim lautet: *Af die Kärwer mou mer gäi, gräichd mer nix, su schmegds doch schäi.*

schmeißn sagt man statt hochdeutsch „werfen". *Hausfraa, schmeiß mer mein Babäirgroong roo, ich zäich aus.* I schmeiß mein Uufm ei „Ausruf der Verwunderung". *I schmeiß der scho aa än Schdaa in dein Gardn* „ich erweise dir auch wieder eine Gefälligkeit".

Schmerz louß nouch! (Schmerz laß nach). Häufiger Ausruf, den Wunsch nach Erleichterung bedeutend.

Schmierdiegl m. „Mann, der gern an Frauen herumtastet".

schmiern. *Gräigsd aner gschmierd* „du bekommst eine Ohrfeige"; *schmiern* in der Kartlersprache „dem Spielpartner eine hohe Karte zukommen lassen".

Schmiesla s. „Hemdbrust". Mit der Mode ausgestorben. Von französisch *chemise* „Hemd". Aber noch in dem Ausruf des Erstaunens *i zreiß mei Schmies* erhalten. Für den Sachverhalt: „das Kleid steht mir nicht" hörte ich noch um 1960: *dou siech i wäi ä Sau mid än Schmisedd.*

Schmoi m. Früher Spottbezeichnung für den „Polizisten".

schmorgln „dumm reden". *Gschmorgl* s. „dummes Gerede". Von einem Verbum schmurkeln abgeleitet, das Kochgeräusche bezeichnet. Ähnlich also wie bei *brozzln, soddern* und *bfobfern.* Siehe dort!

schmuusn „dumm reden, schmeicheln". Wie auch in anderen Mundarten aus hebräisch semuoth „Gerede" über die Brücke des Jiddischen in die Mundarten geraten. Dazu das Scheltwort *Schmuuser* m. „Schwätzer".

Schmuuzn m. Ez. Mz. „fettes Stück Fleisch".

schnaafm (schnaufen). *Der schnaafd schwer* „es geht ihm (finanziell) schlecht"; *schnaafm wäi ä Bosdgaul* „mühsam atmen"; auf die Frage: Was soll ich tun? *Schnaafm, daßd ned derschdiggsd.*

Schnaaferla (Schnauferlein) s. „kleines motorisiertes Fahrzeug".

Schnäbbern siehe Schnebbern!

Schnabsgermania w. Bekanntes Original der Jahrhundertwende. Vielfach noch auf Abbildungen zu sehen, eine schnapstrinkende Frau in bäuerlicher Tracht, die öffentlich ihre Notdurft, zur Belustigung der Kinder, verrichtete. Die Erinnerung an dieses Original ist so nachhaltig, daß man heute noch ironisch eine Frau, die gern ein Gläschen trinkt, als *Schnabsgermania* bezeichnet. Für den Schnapstrinker gab es das alte Schimpfwort *Schnabszoug* m.

Schnaggerla s. *Nou houds ä Schnaggerla dou, und die Zwiefl is wider ganger* „es hat klick gemacht, und die Uhr lief wieder". *Edz houds gschnaggld* „jetzt hat er es verstanden".

Schnäi (Schnee). *Diech sol der Schnäi oozindn.* Verwünschende Redensart für „dich soll der Teufel holen".

Schnäibrunzer m. Starke Schelte für den „Feigling". *Schnäigoons* w. „dummes weibliches Wesen". Statt „es hört sich doch alles auf" sagt man in Nürnberg noch: *dou*

177

kensd än schnäiweißn Schieß dou. Verstärkend hörte ich eine erweiterte Form für den Ausdruck höchst unwilligen Erstaunens: ... *än schnäiweißn Schieß mid än roudn Rändla.*

Schnalln w. Die häufigste Bezeichnung in Nürnberg für „die Dirne". Wie auf Seite 36 ausgeführt ist, handelt es sich um eine Übertragung der Bezeichnung des Geschlechtsteils auf die ganze Person. *Schnallndreiwer* m. ist sehr häufig in der Mundart für den „Zuhälter", auch für den „Casanova". In meiner Jugend hörte ich für bestimmte Mützenformen den Ausdruck *Schnalldreiwersmidzn* w. als Bezeichnung höchstens Unwillens.

Schnalzn w. „dünne Suppe".

Schnebbern w. Spöttisch für „Mund" und für „redseliges Mädchen oder dauernd redende Frau". Auch das Verbum *schnebbern* für „quasseln und schwätzen" ist nicht selten. Das Wort geht auf die mittelalterlichen Armbrustschützen zurück, deren Waffen nach dem schnappenden Geräusch Schneppern genannt wurden. Heute noch heißt der Burggraben zu Füßen der Kaiserburg *Schnebberlasgroom,* weil dort die Schnepperer bis in die dreißiger Jahre unseres Jahrhunderts ihr Quartier hatten.

Schneggerla s. (Schnecklein). *Mei Schneggerla!* gefühlsstarkes Kosewort.

schneggln „sich schön machen". *Däi schneggld si zamm.* Auch *Schneggla* s. Mz. für „kleine Locken".

Schneggng w. (Schnecke). *Ä Schneggng!* abwehrend im Sinn von „Nichts da!" Auf die gelangweilte Frage der Kinder *Mamma, wos solln mern dou?* hörte man: *Schneggng af die Herner schloong.*

Schneid w. „Mut". Wie im Bairischen. *Der houd ka Schneid ned.*

Schneider. *Schneiderla, Schneiderla, lei mer dei Scheer!,* früher bekanntes Kinderspiel. In *Schneider rauszwiggng* „ein neugekauftes Kleidungsstück befühlen".

Schnellmerger m. Ironisch für einen „Menschen mit langsamer Auffassungsgabe"; auch *Blidzmerger.*

Schnerbfl m. „Anschnitt oder Rest der Wurst". Auch *Bressaggschnerbfl.*

schnibb-schnabb aafganger „genau aufgegangen".

Schnibberla s. *Ä Schnibberla Broud, ä Schnibberla Worschd* „kleines Stück".

Schniddweggla s. Ez. und Mz. „Brötchen mit tiefem Einschnitt in der Mitte, der in zwei Hälften teilt."

Schnied. *Der houd sein Schnied gmachd* „er hat sein Schäfchen ins Trockene gebracht, einen Gewinn erzielt".

Schniedling m. „Schnittlauch".

Schnieferla s. „schmales Stück vom Kuchen oder einer anderen Speise".

Schnierbendla s. *Schnierrimer* m. und *Schniersenggl* m. Alle drei Wörter sind in Nürnberg für das „Schuhband" gebräuchlich. Vergleiche die Karte auf Seite 43!

Schnigl m. „Geck". Dazu *gschniegld und biegld* „tipp-topp gekleidet".

schnoodern (schnattern). *Schnoodern vur Keld* „vor Kälte zittern".

Schnoozger m. „Schmetterling".

schnorgln „den Schleim aus der Nase in den Rachen hochziehen". *Dou ned immer schnorgln! Häir aaf mid dein eewichng Gschnorgl!*

schnorrn „betteln". *Di gschengdn und di gschnordn, des sen di besdn Sordn.* **Schnorrer** m. „Bettler". Das Wort ist aus dem früheren Brauch der Bettler entstanden, mit einem „schnurrenden" Musikinstrument umherzuziehen. *Schnorrn* w. „Schnurrbart".

Dazu das Neckwort *Schnorrnwasdl* m. „Mann mit Schnurrbart"; *schnorrn, der is gschnorrd* oder *hiegschnorrd* kann man in Nürnberg auch hören mit der Bedeutung „er ist hingefallen".

Schnoug m. statt hochdeutsch „die Schnake, die Stechmücke".

Schnubfm m. „Katarrh". Das Verbum *schnubfm* bedeutet bei uns „eine Kostprobe nehmen". Wenn man z. B. jemanden eine Praline aus einer Tüte entnehmen läßt: *mogsd ämool schnubfm?*

Schnuggng w. *Fåder Schnuggng* „langweiliger Kerl". Wahrscheinlich Nebenform zu *fåde Noggng*, siehe dort!

Schoggerlood m. statt hochdeutsch „die Schokolade".

Schoggng m. Name des Kaufhauses Horten in den dreißiger Jahren. *Des housd gwiß ban Schoggng kafd, wäi is Lichd ausganger is.* Spöttisch, einen Diebstahl unterstellend, zu einem stolzen Käufer. Die Redensart hat sich noch lange gehalten, nachdem das Kaufhaus längst umbenannt worden war.

Scholl w. (Schule).

schollmasdern „lehrhaft sein, wo es nicht am Platze ist".

schoofl „geizig". Aus dem Rotwelsch in alle Mundarten eingedrungen; hat zunächst „wertlos, lumpig" bedeutet.

Schooml m. statt hochdeutsch „Schemel".

Schorsch, *Schorschla*. So sagt man in Nürnberg gern statt hochdeutsch Georg. Von der französischen Namensform George beeinflußt. Heute noch häufiger als die heimische Namenform *Gerch*.

Schoubendla s. Vergleiche die Synonyme *Schnierrimer, Schnierbendla, Schniersenggl* und die Karte auf Seite 43!

Schraum w. (Schraube) verstärkt *Schreggschraum,* Schelte für „alte Frau".

Schraumdambfer m. „wuchtige Frauengestalt".

schreier wäi ä Zoobrecher oder *schreier wäi am Schbieß* „sehr laut schreien". Wahrscheinlich hieß die erste Redensart früher: schreien wie beim Zahnbrecher. Die Erinnerung an den mittelalterlichen Vorläufer des heutigen Zahnarzts lebt demnach sprachlich noch fort.

Schrenzn w. „Korb". Gelegentlich auf scherzhaft für „Bett".

Schubfm m. Was hochdeutsch „Schuppen". „Holzhütte, Geräteschuppen, Nebengebäude".

Schubser m. statt hochdeutsch „Schubs".

Schuddgieger m. und *Schuddgråmgoggerer* m. „Altwarenhändler, Lumpensammler".

Schundgieger m. und *Schundniggl* m. „Geizhals".

Schusser m. „Murmel". *schussern* „mit Murmeln spielen". Früher ein sehr häufiges Kinderspiel. *Mier hom fei noned midnander gschusserd* bedeutete „wir kennen uns nicht so gut, daß du so plump vertraulich sein darfst".

Schussl w. „hastiger, übereilter Mensch". *schussln* „sich überstürzen, schnell laufen". Etymologisch aus einer Nebenform zu hochdeutsch schießen entwickelt.

schwaafln „dumm reden". Dazu *Schwaafler* m. „dummer, langweiliger Schwätzer".

Schwåm (Schwaben) m. Mz. „Schaben, Kakerlaken". Siehe auch *Russn!* Im Westen Deutschlands heißt das Ungeziefer: Franzosen, im Osten: Russen, im Süden: Preußen, im Norden Schwaben.

schwanger. *Däi gibd si um wäi ä schwangere Jumfer* „sie ist zimperlich".

schwanggng statt hochdeutsch „den Mund spülen". Früher sagte man zu der Schüssel, in der der Wirt die Biergläser ausspülte *Schwanggschdärzn* w. (Schwankstürze) und *Schwanggschdidzn* w.

schwanzn „foppendes Davonlaufen, sich nicht fangen lassen". Auch in der Fußballersprache häufig.

Schwardn w. Spöttisch und verächtlich für „böse Frau". Allgemein umgangssprachlich „altes (schweinsledernes) Buch".

Schwärzn, siehe Schwerzn!

Schwaßla s. Mz. Spöttisch für „Füße überhaupt", besonders für „Schweißfüße".

Schweeflbander w. Verstärkung des Schimpfworts *Bander.* Nicht so häufig wie *Saubander!*

schwelg „welk". *Der Salood is schwelg* oder *zamgschwelgd.*

Schwemm w. „Wannenbad". *Heid oomd wärd er in di Schwemm driem* „heute abend werdet ihr gebadet" kündigt die Mutter den Kindern an. Ausgangspunkt für die Bezeichnung war die Pferdeschwemme.

Schwemmgniedla s. Mz. *Päiderla und Schwemmgniedla* „Nürnberger Lieblingsspeise", vergleiche *Bäiderla!* Es handelt sich um Grießklößchen.

schwenzln „sich herumtreiben". *Des mooch i, an än Mondooch fräi scho wider schwenzln!*

Schwerzn w. *Dou houd si ä Schwerzn zamzuung* bedeutet ursprünglich: „Gewitterwolken haben sich zusammengeballt". Im übertragenen Sinn meint man „die ganze Verwandtschaft oder viele Bekannte sind zu gleicher Zeit zu Besuch gekommen".

Schwidzkasdn m. „den Kopf des Gegners beim Ringkampf unter den Arm klemmen".

Schwindsuchd w. sagte man früher für „Tuberkulose". Die Redensart *mid dier ärcheri mer no di Schwindsuchd oo* „ich ärgere mich schier zu Tode" ist noch üblich.

schwinger. *Schwing di!* „entferne dich!"

Schwolli m. Mz. Früher für die in Nürnberg stationierte Truppeneinheit der Chevauleger (leichte Reiterei).

Schwoonz m. „Penis". *Ka alder Schwoonz ned* „niemand". *Der sichd wäi di Henner* oder auch *di Kadz undern Schwoonz* „schlecht aussehen".

sechderne hört man in Nürnberg immer noch für hochdeutsch „solche", z. B. *is gibd sechderne und sechderne und die sechderner sen die meerern.*

sedde „solche".

seeng (sehen) *ich siech, du sigsd, der sichd, mier seeng, ier sechd, däi seeng.* Vergangenheit *gseeng.* *Seeng* kann in Nürnberg auch „aussehen wie" bedeuten. Auf dem Nürnberger Hauptmarkt hörte ich folgende Wendung: *Däi Sunnerblummer sichd vo weidn schenner wäi vo dou* „sie sieht aus der Ferne schöner aus als aus der Nähe". Siehe auch die Redensart bei *Schwoonz! Sigsders dou!* Häufiger Ausruf, wenn man etwas kommen sehen hat und es tritt ein. Wenn ein Kind z. B. trotz Warnung hingefallen ist, hebt es die Mutter mit folgendem Kommentar auf: *Sigsders dou, i hob der glei gsachd, dou langsam!*

Sefdl m. „dummer Mensch". Harmloses Schimpfwort.

Seggl m. „dummer Mann". Ebenso harmlos wie das vorhergenannte Scheltwort.

Seidla s. „halber Liter", *ä Seidla Bäir, ä Seidla Milch.*

Seier m.; statt hochdeutsch „Sieb". *Káffeseier.* Vom hochdeutschen Verbum seihen „durch ein Sieb laufen lassen" abgeleitet. *Der houd än Seier* „er ist betrunken".

seing. In der Grundbedeutung „harnen, urinieren", nicht mehr häufig. Dafür *schiffm,* siehe dort! Um so häufiger ist noch die übertragene Bedeutung „dumm schwätzen". *Den sei Gseich koo i ned häirn.* Dazu die Schelte *Seichbeidl* m. „dummer Schwätzer".

Seisoog (Säusack) m. Wurde in den letzten Jahrzehnten langsam durch *Bressagg* verdrängt. Früher sagte man gern *mi der Worschd nach n Seisoog werfm* „großen Aufwand mit wenig Erfolg betreiben". Der Säusack war der Schweinemagen, der folgendermaßen gefüllt wurde: 1. mit Blut, Fleisch- und Schwartenwürfeln (entspricht dem heutigen roten Preßsack). 2. mit Schweinefleisch- und Leberbrei, Fleisch- und Schwartenwürfeln (entspricht dem heutigen weißen Preßsack).

Seldnersgaß (Söldnersgasse), Straßenname an der Nürnberger Burg. Nicht von Söldner „Soldat", sondern von einem alten Wort Säldner „Taglöhner, Besitzer eines kleinen Anwesens" abzuleiten.

Semf m. (Senf). Im übertragenen Sinn: *der mou aa no sein Semf derzougeem* „er muß ungefragt seine Meinung äußern".

sengerli „säuerlich".

Servus, auch in der Kurzform *Säärs,* häufige Grußformel für „Grüß Gott" und „Aufwiedersehen". Ursprüngliche Bedeutung „Ihr Diener", von lateinisch servus „Sklave, Diener".

si (sich) sagt der Nürnberger stets statt des rückbezüglichen Fürworts „uns" in der ersten Person der Mehrzahl, also *des lou mer si ned gfalln* statt hochdeutsch „das lassen wir uns nicht gefallen"; *mier freier si* „wir freuen uns"; *mier kaafm si* „wir kaufen uns".

Sibbschafd w. *Di ganz Sibbschafd.* Despektierlich für „Verwandtschaft".

sidzn (sitzen). Oft: durch *hoggng* (siehe dort!) ersetzt. Die Vergangenheitsform *gsedzn* statt hochdeutsch „gesessen" ist aber noch zu hören: *däi sen am Benggla gsedzn.* Der *houd an sidzn* „er ist betrunken". *Af an Siez* (auf einen Sitz) „auf einmal", *af an Siez houd er di ganz Wår zamgfressn.*

siem (sieben). *Dou houdmer zdou, bis mer seine siem Zwedscher banander houd* „man hat zu tun, bis man seine Sachen beisammen hat". *Siemgscheider* m. „Besserwisser". In der allgemeinen deutschen Umgangssprache gehen die Ausdrücke siebengescheit und neunmalklug auf die ungerade Zahl der Schöffen bei den alten Volksgerichten zurück.

Sier w. „Gier". *Vuller Sier. Sieri af än Salzgurgng* „scharf, erpicht auf eine Salzgurke". Nürnberger Kommentar über „späte männliche Besucher einer Nachtbar": *umer zwaa kummer di Sierichng.*

Siffl m. (Süffel). Scherzhaft für „Trinker". Lange nicht so ausdrucksstark wie *Sauferluuch, Saufaus* oder *bsuffms Woongscheidla.*

Simbl m. Eines der häufigsten, nicht allzu ausdrucksstarken Schelten für den „dummen Menschen". Wie in der allgemeinen deutschen Umgangssprache.

Simblfransn w. Mz. „über den Brauen gerade abgeschnittene Stirnhaare". Allgemein umgangssprachlich.

Sindn (Sünden). *Si der Sindn färchdn* „sich schämen". *Sindngeld, sinddeier* „sündhaft teuer".

Sinweldurm m. Runder Aussichtsturm auf der Burg. Der Name enthält einen letzten Rest des mittelhochdeutschen Wortes sinwel „rund".

soddern „nörgeln, schimpfen". Dazu die Schelten *Sodderer, alder* m. und *Sodderhåfm* m. Vergleiche die Ausführungen auf Seite 38!

soong (sagen). *I sooch, du sagsd, der sachd, mier soong, ier sachd, däi soong.* Vergangenheit *gsachd. Edz will i der wós soong* „also hör zu!". *Houd er gsachd, sachd er* eine häufige Bekräftigung. *Daß i suu sooch* „mit Verlaub zu sagen". *I soogs, wäis is; i soogs, wäi i mers dengg* „offen und ehrlich".

Subbm w. „verschüttete Flüssigkeit jeder Art", auch „Regenpfütze".

Subbmwår w. „Suppengrün".

Suddn w. Gebäudeteil des Heilig-Geist-Spitals in Nürnberg, wo sich die heutige Weinstube befindet. Die Bezeichnung ist seit dem 14. Jahrhundert üblich.

Suggerla s. (Suckelein). Ez. und Mz. „Ferkel"; „kleines schmutziges Kind". Kann wie *Schdinggerla* ins Kosewort umschlagen.

Sulln w. (Sohle). Garstiges Scheltwort für „alte Frau". Verstärkungen sind möglich: *Brandsulln! Malefizbrandsulln verschwidzder!*

Sunner (Sonne). *Nouch der Sunner fräirn. Den wärds no nouch der Sunner fräirn* „er wird in der Zukunft an die jetzigen Verhältnisse gern zurückdenken". Schon Dürer schrieb an seinen Freund Pirckheimer aus Venedig: wie wird mich nach der Sunnen frieren. *Bläider Sunner* siehe unter *bläid!*

sunnern (sonnen) „Betten in die Sonne legen". Früher sagte man mit gleicher Bedeutung: *simmern.*

Sumser m. „großer Kopf". *Mensch, housd du än Drimmer Sumser gräichd* begrüßte ein alter Schulfreund seinen Kameraden, den er Jahre nicht mehr gesehen hatte.

suuderla! Sehr häufiger, befriedigt klingender Ausruf des Nürnbergers in der Bedeutung „so, nun haben wir es geschafft". „Schwieriger Beginn, befriedigender Verlauf und erfolgreiches Ende eines Vorgangs" wird — auch in obszöner Verwendung — kommentiert: *hobberla, suuderla, edzerdla.*

suu droo sei „schwanger".

suusn, *vullsuusn* „schwätzen". Dazu die Schelten *Suusler* m. und *Suusleri* w. „Schwätzer".

Suuz w. Zwar in Nürnberg nicht in der ursprünglichen Bedeutung „Mutterschwein" üblich, hierfür sagt man *Sau* (siehe dort!), aber als ausdrucksstarke Schelte für „schmutziges, unförmlich dickes Weib" gebräuchlich.

siehe unter D

U

Uhu m. *närrscher, schbinnerder Uhu.* Häufige Schelten.

uierlaa! Noch oft gehörter Ausdruck des Erstaunens und der Freude.

Ulmers m., entstellt auch *Bulmers.* Spöttisch für „Kopf". Im Schwäbischen Wörterbuch wird das Wort als Vergleich zu den handgeschnitzten Pfeifenköpfen aus der Stadt Ulm erklärt.

umer statt hochdeutsch „um". *Umer dreier* „um drei Uhr". *Umern Weech* (um den Weg) „in der Nähe".

umerdum (umher). *Gemmer ä weng umerdum* „gehen wir ein wenig spazieren".

umernander „umher". *Mier sen umernandergloffm. Mier sen umernander rumgloffm* „wir haben uns gesucht und nicht gefunden". *Den hauds gscheid umernander* „es geht ihm sehr schlecht".

umgeem wäi ä schwangere Jumfer „zimperlich sein".

umgnaggln „mit dem Fuß umknicken".

Undääderla s. *Des houd ka Undääderla* „es ist tadellos in Ordnung".

undern Reeng wechgäi oder *durchgäi* „das Wetter mit Gleichmut ertragen". Zahn erklärt: „Was tust du, wenn es regnet? Ich mache es wie die Herren von Nürnberg. Wie machen es diese? Sie lassen es halt regnen oder sie gehen unterm Regen weg."

undn drunder. Verstärkt wie *oom droom* und *inner drin.*

ungamberd „unhandlich". Siehe auch *gamberd!*

ungärdli „unpraktisch, unpassend". *I kumm doch ned ungärdli?* „ich komme doch wohl nicht ungelegen?"

Unggng w. (Unke). Nicht in ursprünglicher Bedeutung wie hochdeutsch Unke (Krötenart) gebräuchlich (siehe dafür Hiedschn!), sondern nur im übertragenen Sinn „Pessimist, Schwarzseher".

Unschliddblooz. Platzname an der Pegnitz. Nach dem Unschlitthaus benannt, in dem ehemals der Unschlitt (= Rindertalg) gelagert wurde.

unseraans. Häufig betontes „wir". *Unseraans kumd dou nem-*

mer mied „wir verstehen das nicht mehr". *Des is nix fir unseran* „nicht für uns geeignet".

Uufm m. (Ofen). *I schmeiß mein Uufm ei.* Ausruf der Überraschung.

Uufmgniedla s. Mz. „Rohrnudeln". Die Verkleinerungsform „Öfelein" lautet in Nürnberg *Ieferla* s.

Värdl s. (Viertel) „Stadtbezirk". *Mid den mooch kaner in ganzn Värdl* „er ist in der Gemeinschaft unbeliebt".

Vedderlaswärdschafd w. „ungerechte Verwaltung, bei der Beziehungen statt Leistung entscheiden". In der Mundart wie im Hochdeutschen: Vetternwirtschaft = Nepotismus üblich.

Veicherla s. sagt der Nürnberger statt hochdeutsch „Veilchen".

veräbfln statt umgangssprachlich „veräppeln, verspotten".

verärschn. Derb für „zum besten haben".

verblembern wie allgemein umgangssprachlich „verkommen lassen, vergeuden".

verbleschn „schlagen", siehe *bleschn!*

verbudzn. *Den koo i ned verbudzn* „ich kann ihn nicht leiden".

verbuuzd „zusammengeklebt". *Ä verbuuzds Hår.*

verbuwidzn „vergeuden".

verdou. *Dou koo mer si leichd verdou* „man kann sich leicht irren".

verdrenzln „verkleckern". Wenn jemand unvorsichtig, hastig ißt, mahnt der Nürnberger: *dou di ned verdrenzln.* Siehe *drenzln!*

verflixd nu ämål! Häufiger, sanfter Fluch.

vergaggln „sich verrechnen, verhaspeln".

vergambld „beschädigt, verbogen".

verglafdern „verraten, denunzieren".

vergnuusn „verzichten"; *i koo mers ned vergnuusn* „ich muß es aussprechen".

vergoldn. *Den kend i vergoldn* sagt der Nürnberger zornig oder gutmütig, wenn jemand etwas falsch gemacht hat.

vergrachng, *däi ham si vergrachd* „sie streiten".

vergroodschn „Zeit vertrödeln".

verheirad, *däi zwaa denner suu verheirad* „das (nicht verheiratete) Paar benimmt sich sehr intim".

verhunzn „verderben". Wie allgemein umgangssprachlich, z. B. *des houd mer in ganzn Urlaub verhunzd.*

verkaafm „verraten".

verkeldn „sich erkälten".

vermassln „verderben".
vermeldn. *Du housd nix zu vermeldn* „du hast nichts zu sagen".
verradzd. *Dou bisd verradzd* „verraten, ratlos, in aussichtsloser Lage".
verrolln. *Verroll di!* „Verschwinde!"
versauer „verschmutzen, verderben". *Ded mer hal ned mein ganzn Buudn* (Fußboden) *versauer; däi hammer di ganz Wår versaud* „sie haben meine ganze Planung verdorben".
versauern „Eigenbrötler werden".
verschameriern. *Wou habd ern eiere Kinder verschamerierd?* „Wo habt ihr eure Kinder untergebracht?"
Verschdäisdmi m. *Der houd kan Verschdäisdmi* „kein Verständnis".
verschdechng „stopfen".
Verschdeggerleds s. „Versteckspiel der Kinder".
verschebbern „zu Geld machen, versetzen".
verschissn. *Housd ers scho verschissn ba mier* oder *der houds ba mier verschissn* „er hat meine Gunst verscherzt".
Verschla s. „Strophe". *I hou zwaa Verschla aaf* „ich muß zwei Strophen auswendig lernen". *Gsangbouchverschla* „Strophen eines Gesangbuchlieds".
verschnidzd. *Der is aa ned verschnidzd.* Ironisch für „er ist beleibt".
versimbln „geistig verkümmern". *Sei Geld versimbln* „vergeuden".

Versuchersla s. „Kostprobe".
Verwands s. *Is gwiß ä Verwands gschdorm?* statt hochdeutsch „der Verwandte, die Verwandte".
verwärdln (verwirteln) „sich verknoten beim Garn, Faden oder bei der Wolle".

verwärng (verwürgen); *ä verwärchds Hår* „unordentliche Frisur".
verworschdln (verwursteln), wie *verwärdln* „verknoten", aber auch „durcheinanderbringen".
verzeddln, *der verzeddld si* „er arbeitet ohne Zusammenhang und ohne Leitlinie".
verzilln statt hochdeutsch „erzählen".
veschbern statt hochdeutsch „vespern"; *ä Veschberla* s. „kleine Zwischenmahlzeit".
vichilánd „lebhaft". *Ä vichilánds Bärschla* „ein aufgeweckter Junge".
Viechdogder m. Spöttisch für den „Tierarzt", auch für „groben Humanmediziner".
villeichd (vielleicht). Beliebtes Verstärkungswort in der Nürnberger Mundart: *der houd vil-*

leichd gschaud; der houd villeichd än Hafdn Bäicher!
visserwie (vis-à-vis). Aus der Franzosenzeit. Heute noch in der Mundart häufiger als „gegenüber".
Vizinålweechla s. „enger schlechter Weg". Vom früheren lateinischen Amtswort via vicinalis „Weg in der Nachbarschaft".
Vollmondgsichd s. „rundes, freundliches Gesicht".
vorbeisimbln „gedankenlos vorübergehen".
vorderisch „vorwärts". *Dou mou i vorderisch gäi.* Siehe *hinderisch!*
vuller sagt man bei uns statt hochdeutsch „voll"; *ä Aamerla vuller Wasser; Bou, du bisd ja vuller Dreeg* „du bist über und über beschmutzt".
vullgaafern (vollgeifern). Verstärkung von *gaafern,* siehe dort!
vullgschissn. *Der houd si vullgschissn* „er hat in die Hose gemacht"; aber auch im übertragenen Sinn „er hat sich unnötig erregt".
vullsauer. Verstärkung von *sauer,* siehe dort! *Housd scho wider dei Huusn vullgsaud.*
vullsuusn. Verstärkung von *suusn,* siehe dort!
vurgäi. *Du bisd mer vurganger* „ich habe an dich gedacht, und du bist kurz darauf zu mir gekommen".
vurhaucherd „nach vorn geneigt". In der Stadt fast ausgestorben. Arnold führt es für das 19. Jahrhundert an, in Dörfern östlich von Nürnberg heute noch üblich.

vuring (vorhin). *Ä weng weider wäi vuring* „spöttische Antwort auf die Frage nach der Uhrzeit".
vur lauder Wäihaßdmers siehe *Wäihaßdmers!*
Vuuglnesd s. „nach hinten gekämmte und zu einem Knopf zusammengeflochtene oder gesteckte Frauenhaare".
Vuuglscheing w. „häßlicher, ärmlich gekleideter Mensch".

wå? (was?). *Bisd gwiß ä glans Debberla, wå?* Angriffslustige Anrede der Nürnberger Kinder.
Waadschn w. Wie in Altbayern „die Ohrfeige".
Waafm w. (Weife) „ständig dumm und langweilig schwätzender Mensch männlichen und weiblichen Geschlechts". Das Scheltwort ist ein Vergleich mit dem hin- und hergehenden Weberschiffchen, das früher so genannt wurde.
Waawa w. Bedeutung wie das vorausgehende Scheltwort. Wohl lautnachahmend gebildet nach dem Laut des Schwätzens: *wa-wa-wa.*
Wäbbln. Kinderspiel mit Geld oder mit dem Ball. Nach der Wappenseite der Münzen benannt.

Wächderla s. „kleines Kind".

Waffl w. Derber Ausdruck für „Mund"; *di Waffl aafreißn* „Sprüche machen"; *hald dei Waffl!* — *Wafflbegg* m. „Angeber"; *waffln* „dumm reden".

Waggerla s. Ez. und Mz. Häufiges Kosewort für „kleine Kinder". *Mei Waggerla, mei glans! Wos isn mid mein Waggerla?* Vom wackligen Gang der Kinder, die erst das Laufen lernen.

wäi (wie). Vertritt in der Nürnberger Mundart grundsätzlich hochdeutsch als, sowohl beim Vergleich: *glenner wäi iech, gresser wäi der* „kleiner als ich, größer als er", als auch bei der Einleitung eines Zeitsatzes: *wäi er kummer is* statt „als er kam".

Wäidla s. (Wütlein). *Housd ä Wäidla?* spotten Kinder, wenn sich ein Spielkamerad ärgert oder beleidigt ist.

Wäi-haßd-mers? *Vur lauder Wäihaßdmers bin i ned derzoukummer* „wegen unnützer Fragerei habe ich es nicht erledigen können".

wal (weil). *Wals wår is,* häufiger verstärkender Zusatz am Ende einer längeren Beweisführung. Nach *wal* wird im Gegensatz zum Hochdeutschen die Satzstellung im Nebensatz verändert. „...., weil es sein Vater gesagt hat" heißt demnach bei uns immer: ..., *wal sei Vadder houd gsachd.*

wamberd „dick". *Wamberder Kou* w. „sehr dicke Frau".

Wambm w. „Bauch". *Der houd ä Wambm droohenger.*

wamsn „Kinder im Spaß drücken und kitzeln".

wannerbraad (wannenbreit) „sehr breit".

Wanzn w. Ez. und Mz. „freches, aufdringliches Kind".

Wanzenburch w. „altes baufälliges Haus".

Wår w. Nur Ez. Eines der häufigsten Nürnberger Substantive mit breiter Bedeutungsfächerung. Es bedeutet, um nur einiges zu nennen, „Häuser, Besitz, Grundstükke, Möbel, Handlungsweise, Vorgang" und erhält oft auch einen tadelnden Sinn; *ä bläider Wår* „schwierige Umstände"; *ä gschdullner Wår* „Diebesgut"; *di Wår* „Menstruation"; *lauder suu ä Wår machng däi* „ihre Handlungsweise ist ungewöhnlich"; *ä lengere Wår* „ein länger auernder Vorgang"; *des is doch ka Wår ned* „das ist doch nichts Richtiges". *Glab däi Wår!* „das glaube ich nicht". *Wos isn des fir ä Wår?* „was ist hier los?" *Der Begg houd ä feiner Wår, den andern sei Wår dauchd nix; der soll doch sei Wår selber fressn.*

Wärchdeifl m. Häufige Schelte für „unruhige, hastig sich bewegende oder ständig arbeitende Menschen beiderlei Geschlechts, Personen, deren einziger Lebensinhalt berufliche Aktivität ist".

Wärdlasglaaber m. (Wörtleinklauber) m. „Pedant".

wardn. Ein netter Volksreim lautete: *Wer wardn koo, gräichd aa än Moo; liedi (ledig) gschdorm, aa ned verdorm.*

-wärdsi statt hochdeutsch -wärts. *Naafwärdsi, noowärdsi.*

Wärdshaus s. Heute noch in der Mundart statt hochdeutsch „Gaststätte, Gasthaus, Restaurant".

Wärdshaushogger m. „Mann, der viel im Gasthaus verkehrt".

Wärf (Würfe) m. Mz. „Schläge, Prügel". *Der houd sei Wärf gräichd.*

wärgli (wirklich). *Fei wärgli;* häufige Dokumentation der Zustimmung in unserer Mundart.

warm. *Ä warmer Reeng* „eine unverhoffte Zuwendung".

Wärschdla (Würstlein) s. Mz. „Blüten des Haselnußstrauchs".

wås, meist auch *wos* gesprochen. Der Nürnberger sagt für hochdeutsch „womit?, wozu?, wofür?" *mid wos?, zu wos?* und *fir wos?* Statt „welche" im fragenden Sinn verwendet er meist *Wos fir? In wos fir ä Glass gäisdn edz?* Statt hochdeutsch „etwas" wird auch nur *wås* verwendet: *Wider wås Neis! Nemm des derwal, bisd wos andersch findsd* sagt man spöttisch, „wenn jemand etwas sucht und der Gegenstand plötzlich von einem anderen gefunden wird".

Wäsch. Alter Nürnberger Flurname in der Steinbühler Gegend. *In Schdaabil af der Wesch, gids Maadla wäi di Fresch; schäiglerd, bugglerd, grubferd, grumm hubfms af der Misdn rum* lautet ein alter, derber Spottreim. Siehe auch *Saaferliesl vo der Wesch!*

Waschlabbm m. „jämmerlicher Mann, der sich alles gefallen läßt", auch „Pantoffelheld".

Waschlawoor s. „Waschbecken".

waschn. *Ä Schelln, däi si gwaschn houd* „eine tüchtige Ohrfeige".

Waschn w. und *Waschweib* s. sind die gängigen Schelten für „die redselige Nürnbergerin". Das Verbum waschen konnte die Bedeutung „klatschen" leicht annehmen, da die Waschfrauen ihre Tätigkeit mit Worten zu begleiten pflegten.

Wasdl. Kurzform des Namens Sebastian. Daher heißt auch das Sebastianspital, das Nürnberger Altersheim, *der Wasdl.* Für männliche Insassen des Heims hört man das Neckwort *Wasdlbrouder* m.

Wasser ooschloong „urinieren".

Wasserkuubf m. spöttisch für „großen Kopf". Früher hörte man den Kinderreim: *Lei mer dein Wasserkuubf, mei Hulzbaa brennd!*

Wasserradz m. „Kind, das sich gern im Wasser aufhält oder gern schwimmt".

Wasserschnalzn w. „dünne Suppe".

Wassersubbm. *Der is af der Wassersubbm dahergschwommer* „Mensch, der aus ärmlichen Verhältnissen stammt". *I bin doch aa ned af der Wassersubbm dahergschwommer* „ich gelte auch etwas".

Wauwau m. In der Kindersprache „Hund", nach dem Bellen lautnachahmend gebildet. Auch ein „überstrenger, bissiger Vorgesetzter" kann als *Wauwau* bezeichnet werden.

Websn w. Ez. und Mz. „Wespe". Auch „fahriger, lebhafter Mensch"; *webserd* „unruhig".

wech statt hochdeutsch „weg". *Der is ganz wech* „er ist benommen".

wechln. *Di Wäsch wechld* „die Wäsche trocknet im Wind".

we(e)cher (wegen). Meinetwegen heißt in Nürnberg *maandsweeng* oder *weecher mir;* deinetwegen: *weecher dir;* seinetwegen: *weecher den* und deswegen: *weecher den* oder *desdweeng.*

Wedderhex w. Beliebte Verstärkung des Schelt- und Koseworts *Hex,* siehe dort!

wedzn „schnell laufen, eilen". *Is er villeichd gwedzd.*

Weggla s. Ez. und Mz. „Brötchen". *Des gäid wech wäi di warmer Weggla* „es findet reißenden Absatz". *Zwaa in än Weggla* „zwei Bratwürste, in ein aufgeschnittenes Brötchen eingeklemmt".

weibern. *Däi houd si gweiberd* „das Mädchen ist zur Frau geworden". Mit sehr anerkennendem Unterton.

weisn. *Des wärd si weisn* „das wird sich herausstellen".

welche. In Nürnberg im Sinn von hochdeutsch „einige" verwendet: *sen nu welche dou?* „sind noch einige vorhanden?"

Weld. *Des kosd ned di Weld* „es kostet nicht viel".

welsch „ausländisch, konfus". *Welscher Goggl* m. sagte man früher; *du magsd mi nu ganz welsch* „du bringst mich noch völlig durcheinander".

Wend w. statt hochdeutsch „die Wand, die Wände". *Dou kennsd senggrechd di Wend naaf* „vor Wut platzen"; *scheiß di Wend oo!* häufiger, nicht stubenreiner Fluch.

weng statt hochdeutsch „wenig". Siehe die Beispiele unter *ä weng!*

wer „jemand". *Is kumd wer* „es kommt jemand".

Wewe m. In der Nürnberger Kindersprache „Wunde" oder „schmerzende Stelle am Körper".

widerbardn, *dou ned widerbardn!* „widersprich nicht!"

Wiechergaul m. „Schaukelpferd".

wief (vif), „lebhaft, rasch auffassend". Aus der Franzosenzeit.

Wierd. So wird der Name des Stadtteils Wöhrd ausgesprochen. *Wierder Gooradzn.* Siehe *Gooradzn!*

Wiewerla s. Ez. und Mz. „kleine Ente".

Wigglbobberla s. Als Scheltwort für ältere Kinder, die eigentlich keine Wickelkinder mehr sind,

gebraucht. *Suu ä Wigglbobberla koo nu ned ämål allaans laafm* sagt man mehr in gutmütigem Ton.

Wildsau w. „ungestümer, ungepflegter Mensch, rasender Autofahrer".

Wimmerla s. Ez. und Mz. „kleiner Grind".

Windbeidl m. „Gebäck" und „Prahler" wie auch andernorts.

Windla s. *Dou gäid ä glans Windla* „es weht ein leichtes Lüftchen".

Windräisla s. Ez. und Mz. „Anemone, Buschwindröschen".

Windsheimer s. sagte man in einer Zeit, als noch nicht so viele verschiedene Sorten von Limonaden angeboten wurden, für „Sprudel" schlechthin.

winschn. Die Vergangenheit lautet statt hochdeutsch „gewünscht" *gwunschn.*

wischbern statt hochdeutsch „wispern". Dazu das Schelt- und Neckwort *di Wischbern* w.

Wiß m. „Urin". Sprache der Nürnberger Mütter und Kinder: *moußd än Wiß oder ä Wisserla?* „mußt du aufs Klo gehen?" Ein lautnachahmendes Wort.

wissn. *Iech waß, du waßd, der waß, mier wissn, ier wißd, däi wissn; gwißd* statt hochdeutsch „gewußt". *Heid bleibsd daham, daß ders waßd!*

Wolfl. Abkürzung für den Vornamen Wolfgang. *Is Wolferla* s. war früher das Wohlfahrtsamt, das heute Fürsorgeamt heißt.

Wolln w. „dichtes Haar". Verstärkt auch mitunter *Budzwolln.*

Woong (Wagen). Mz. *Wääng. Woongscheidla* und *Woochscheidla* s. „Teil der Zugvorrichtung am Fuhrwerk, an dem die Zugtiere angehängt wurden". Mit der Sache fast ausgestorben. Nur noch im Ausdruck: *bsuffms Woongscheidla* „betrunkener Mensch".

worng „würgen, schlingen". *Bou worch ned suu!* „iß nicht so hastig!" *Alder Worcher, alde Worcheri,* Schelten für „Menschen, die ihr Essen hinunterschlingen".

Worschd (Wurst) w. Ez. Mz. *di Wärschd. Des is mer worschd* „es ist mir gleichgültig". *Heid is nern wider alles worschd.*

wos siehe unter *wås!*

wou. Wird in unserer Mundart statt des Relativpronomens verwendet oder diesem hinzugefügt: *di Bräi, wou i neigschidd hou* „die Brühe, die ich hineingeschüttet habe"; *den, der wou dou drinner hoggd, den koo i ned schmeggng* „den Kerl, der im Zimmer sitzt, kann ich nicht leiden; *der Grou-*

ße, waßd scho, wou ba der Meieri gwoond houd „der Großgewachsene, der bei Frau Meier gewohnt hat". Man vergleiche auch den alten Biertisch-Reim: *Däi wou vom Hamgäi sång, däi mäin ka Geld mäir håm.*

Woud (Wut) w. Abweichend vom Hochdeutschen oft *mei Woud; edz gräich i mei Woud.*

wulchern „Schmutzwürstchen drehen". *Di Wulchern* oder *Wulcherla,* nur Mz., „Schmutzwürstchen".

wunder. Häufiger Zusatz, *der maand wunder, wäi billich des is.*

wuuzln „schnelle Bewegungen machen". Auch *Gwuuzl,* siehe dort!

Z

Zabferwärd m. Berufsschelte für den „Gastwirt".

Zabfm Worschd m. „Stück Wurst".

Zabo Kurzform des Stadtteils Zerzabelshof.

zäicherd „zäh, elastisch"; *di Weggla sen zäicherd.*

Zäier w. Ez. und Mz. statt hochdeutsch „Zehe, Zehen". *An af di Zäier schdeing* „jemand beleidigen".

Zäierkees m. „verhärteter Fußschweiß".

zäing (ziehen), **zuung** (gezogen). *Dou zäichds an di Schou aus* „die musikalische Darbietung ist unerträglich".

Zamberla s. Scherzhaft für „kleinen Hund".

zammbudzn „ausschelten", „völlig aufessen". *Hobb, des budzmer nu zamm.*

zammdoggln „mit Kleidern ausstaffieren, niedlich kleiden". Siehe *dogglng!*

zammfressn „aufessen". *Housd edz däi ganzer Worschd zammgfressn?*

zammgäi „schlecht aussehen". *Der is gscheid zammganger. Di Milch gäid zamm.* „Die Milch wird sauer". *Maansd, heid gäid nu wos zamm?* „findet heute noch ein geselliges Beisammensein statt?"; *dou draf wärs edz aa nemmer zammganger* „darauf wäre es nicht mehr angekommen".

Zammgradzi s. „Rest, den man in der Pfanne zusammenkratzt".

zammhauer. *Is houd nern zammghaud* oder *. . . is Gschdell zammghaud* „er ist zusammengebrochen".

zammlebbern. *Is lebberd si zamm* „viele kleine Mengen ergeben eine stattliche Endsumme". Siehe *lebbern!*

zammachng. *Ä Fresserei zammachng* „unappetitlich essen", *ä Fårerei zammachng* „schlecht Auto fahren". *Ä Gebadsch zammachng* „klatschen". Auch im Sinn von „schimpfen" kommt *an zammachng* vor.

zammraffm (zusammenraufen). Scherzhaft zu Neuvermählten: *Habder eich scho zammgraffd?*

zammsaafm. *Der seifd si zamm* „er ergibt sich dem Trunk, er wird zum Trinker", nicht immer ernst gemeint.

zammschdelln „sich kleiden". *Däi schdelld si zamm wäi ä bäiser Finger* „sie kleidet sich altmodisch, unvorteilhaft".

zammschloong. *Leidn häirn, aber ned zammschloong* „etwas nur halb hören und verstehen".

zammschnorrn „schrumpfen".

zammzäing „frieren". *Den houds zammzuung* „er hat gefroren".

zammzubfd „närrisch und geschmacklos gekleidet".

Zanger, *bäiser Zanger* w. Häufiges Scheltwort für „böse Weiber". Verstärkt auch *Beißzanger*.

Zanggeisn s. „zänkische, böse Frau". Wahrscheinlich nicht vom Prangereisen für schmähsüchtige Personen abzuleiten, sondern von einem Spielgerät, das der Nürnberger Witz in alter Zeit erfunden hat. Es bestand aus Ringen, die an eisernen, vorne geschlossenen Gabeln so künstlich und geschlungen gefügt waren, daß es unmöglich schien, die Gabeln davon loszubringen. Zahn erklärt in seiner Handschrift ausführlich: „Das insgemein so genannte Zankeisen sollte eigentlich seiner Gestalt wegen Zang-Eisen gennenet werden. Es ist solches ein von Hans Ehrmann, Kunstschlosser, der 1551 in Nürnberg verstorben ist, erfundenes Instrument oder Kunstschloß, welches zwar keinen sonderlichen Nutzen gewähret und daher auswärts mit dem Namen Nürnberger Tand beleget wird, jedoch wegen seiner künstlerischen Einrichtung und mathematischen Berechnung allerdings dem Erfinder Ehre bringet. Weil nun Personen, so damit nicht umzugehen wissen, lange Zeit und Geduld verwenden müssen, bis sie die in diesem zangen- oder gabelförmigen Instrument befindlichen Ringe übereinander und von demselben herabspielen und die Spieler solchergestalt zu Unwillen und Ungeduld gereizet werden, mag es gekommen sein, daß der Name Zang- zu Zank- verwandelt wurde und Weiber, die zu unaufhörlichem Zanken einen vorzüglichen starken Hang besitzen, mit diesem Zankeisen verglichen und also gescholten werden."

zärschd (zuerst). *Zärschd zäichd mers grouß, nou wärns frech.* Humorvolle Anmerkung der um die Entwicklung der Kinder besorgten Eltern.

zaudärr (zaundürr) „sehr dünn". Früher auch *zaurabblsdärr* und *zauraggersdärr*.

Zebbelienskuubf m. sagte man in den dreißiger Jahren in der Nürnberger Kindersprache für einen „ausladenden Hinterkopf". Heute mit den Luftschiffen fast ausgestorben.

Zeenerla s. (Zehnerlein) „Zehnpfennigstück".

Zegg m. Mz. *Zeggng.* Wie hochdeutsch Zecke. *Droohenger wäi ä Zegg* „fest an etwas hängen", meist im übertragenen Sinn.

Auch: *der held wäi ä Zegg* „er rührt sich nicht".

Zeich (Zeug). *Ä Zeich und ä Wår!* Häufiger Stoßseufzer im Sinn von: „Was man nicht alles zu leisten hat, was nicht alles auf einen zukommt!" Siehe auch *Wår!*

Zeiserlaswoong m. Spöttisch für den „Gefängniswagen", der andernorts z. B. die grüne Minna heißt.

Zeller m. hochdeutsch „Sellerie".

zerdeiln. *I koo mi doch ned zerdeiln* „ich kann nicht gleichzeitig überall sein".

zerdrångne Wår w. „unordentlicher Ablauf".

zermasdern (zermeistern) „zerbrechen, abnützen".

Zibberla s. „Mirabelle"; „Rheumatismus, Gicht".

zibbern statt hochdeutsch „zittern". *Zibbern vur Keld.*

Zibfl m. „Penis". Auch häufiges Scheltwort für „Jungen". *Lauszibfl. Nix im Zibfl und nix im Soog* „nichts zu nagen und zu beißen".

ziebfm, *rumziebfm* „schlecht essen, kränkeln". Geht auf die Bezeichnung für die Geflügelkrankheit: Zipf zurück.

ziefern „zupfen". Ich hörte z. B. *an die Fingerneegl umernanderziefern. Ä Ziefern* w. „fades Frauenzimmer".

Ziewerla s. „Küken". Ähnlich wie *Buddla* und *Wiewerla* lautmalend nach dem feinen ziependen Geräusch, das die Tierchen von sich geben. *Ziewerlaskees* m. „Quark".

Ziezn w. Mz. „Föhrenzapfen".

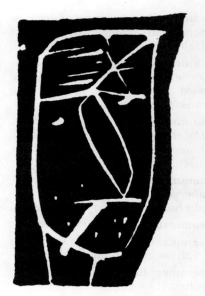

Zigereddnbärschla s. „Halbstarker".

Ziggng w. Mz. *Der machd Ziggng* „er macht Schwierigkeiten". Wie auch allgemein in der deutschen Umgangssprache.

zimbfdi (zünftig) „großartig". *Dou is ä zimbfdicher Blousn banander* sagt man von einer „fröhlichen Gesellschaft". Die lobende Bedeutung des zünftigen Handwerks wurde verallgemeinert.

Zimbferliesl w. „wehleidige Person". Statt hochdeutsch „zimperlich" sagt man bei uns *zimbferli*.

Zindschdeggerla s. Mz. „Zündhölzchen".

Zinggng m. scherzhaft für „große Nase". *Houd der än Drimmer Zinggng!*

Zins m. Mitunter noch für „Miete". *I zål mein Zins und badsch mein Årsch* sagte eine alte Nürnbergerin im Sinn von „ich zahle meine Miete und mache dafür in meiner Wohnung, was ich will". *Naus, wos kan Zins zåld* „Entschuldigung für einen lauten Bauchwind".

Zinserla. *Ä Zinserla* s. für „ein bißchen". Selten noch zu hören.

zoggln „langsam gehen und arbeiten".

Zoo (Zahn) und *Zee* (Zähne). *Di Zee ausschdiern* „Böses über die Leute reden"; *zooluggerd* „Mensch mit lückenhaftem Gebiß".

Zooraffl w. Verächtlich für „häßliche Zähne" und „Mund" überhaupt.

Zooschdierer m. „Zahnstocher".

Zoudegg s. „Oberbett". Auch *Zoudegger* m.

Zoug (Zake) „grober, roher Mann".

zouschanzn „einem etwas zukommen lassen".

Zouschbringeri (Zuspringerin) w. sagte man früher in Nürnberg für die „Putzfrau" oder „Raumpflegerin".

zouschousdern „zuwenden", aber auch „schlampig weiterarbeiten".

zousimbln „ohne nach links oder rechts zu sehen einhertrotten".

Zouwooch w. was hochdeutsch „Zuwage".

zouworschdln „ohne System arbeiten". *Denner mer hal suu zouworschdln* „kämpfen wir uns weiter durch den Alltag und seine Sorgen hindurch".

zrissn (zerrissen). *Den houds zrissn* „er ist verschwunden".

Zuchdl w. „liederliches Weib". Zuchtel ist ursprünglich das Wort für „das Zuchtschwein".

Zuggerschdiggla s. Ez. und Mz. In Nürnberg wie andernorts „das Zuckerzeug, das in verschiedenen Farben und Formen den Christbaum schmückte". *Lachng wäi ä Zuggerschdiggla* „freundlich lachen, besonders von kleinen Kindern".

zulln „nagen, saugen"; *zull di!* hörte ich auch für „verschwinde!" Vergleiche *oozullds Buddlasbaa!*

Zumbfl w. „schmutzige Frau". Starkes Scheltwort.

Zunger w. Ez. und Mz. *Den is di Zunger rausghengd* „er hat sich abgehetzt". *Schdäid dou mid der Zunger im Maul* „er gafft dumm"; *di Zunger bleggng* „die Zunge herausstrecken"; *di Zunger zäing* „aushorchen"; daher *di Zungerzäicheri* w. „Frau, die durch schlau gestellte, neugierige Fragen den andern die Zunge löst".

Den houds zrissn

Zuuchbeidlgoschn w. „großer Mund, Mensch mit solchem Mund". Die Zugbeutel waren früher beutelartige Damentaschen, die durch eine Schnur zusammengezogen wurden.

zuuzln, auch *zuzln* „saugen".

zwaa statt hochdeutsch zwei. *Zwaa in än Weggla* siehe *Weggla!*

Zwedschgng w. Ez. und Mz. Wie in Süddeutschland überhaupt der Ausdruck für norddeutsch „Pflaume". *Mei Zwedschger* m. oder *Zwedschgerla* s. kann in Nürnberg ein gefühlsstarkes Kosewort für kleine Kinder sein. *Der Zwedschgermoo* m., *di Zwedschgermennla,* das sind die bekannten Drahtfiguren aus Dörrzwetschgen, die auf dem Christkindlesmarkt verkauft werden. *Zwedschgermoo* kann man als Schelte für einen „kleinen, kraftlosen Mann" anwenden. *Zwedschger* ist auch Hüllwort für „weibliche Scham".

zweeng, manchmal für *weeng* oder *weecher* „wegen" zu hören.

zweggerd „feist, fleischig". *Zweggerde Baala* „dicke Kinderbeine".

Zweier m. „Zweipfennigstück".

zwelfer (zwölf). *Der koo ned vo zwelfer bis middoch mergng* „er kann sich rein gar nichts merken".

Zwiederwurzn w. „verdrießlicher, mürrischer Mensch". Gelegentlich auch *Zwiederorschl* w.

Zwiefl w. statt hochdeutsch „Zwiebel". Scherzhaft auch für „Uhr". Alter Kinderreim: *Liesl, Zwiefl, Zwedschgerbrei, gäi ner her, i freß di glei!*

Zwieflschloudn w. Mz. „Blätter der jungen Zwiebel".

Zwigger m. Ez. und Mz. „Wäscheklammer".

zwischn dunggl und sigsd mi ned. Scherzhaft für „in der Nacht".

Den vielen Nürnbergern und Nürnbergerinnen sei herzlich gedankt, die mir schriftlich und mündlich kleinere Beiträge lieferten.

Umfangreiche Beiträge stammen von folgenden Damen:
Käthe Förster, Fürth; Maria Herrmann, Nürnberg; Margarete Heurich, Fürth; Frieda Hirschmann, Nürnberg; Käte Hunger, Zirndorf; H. Kahlberg, Nürnberg; König, Fürth; Gusti Leidel, Nürnberg; Dora Müller, Nürnberg-Johannis; Paula Müller-Grassinger, Nürnberg; Betti Reges, Nürnberg; Wilhelmine Reiser, Fürth; Maria Scharf †, zuletzt Neuendettelsau; Lilly Stiegler, Worzeldorf; Elisabeth Stubenrauch, Nürnberg; Josefine Thibaut, Wolfsburg; Helene Werner, Nürnberg; Anni Wittmann, Nürnberg.

und von folgenden Herren:
Bald, Nürnberg-Gostenhof; Franz Bauer †, Nürnberg; Helmut Dittmann und Frau, Nürnberg; Hans Eckenberger, Nürnberg-Schweinau; Hermann Glockner und Frau, Braunschweig; Heinrich Hirschmann, Nürnberg; Johann Hofmann, Nürnberg-Gostenhof; Kurt Hußel, Nürnberg; Heinrich Jaschke, Nürnberg; Konrad Keilholz †, Nürnberg; Heinrich Kohl †, Fürth; Benno Krafft, Nürnberg; Konrad Lengenfelder, Nürnberg; Georg Lutz †, Zirndorf; Ruschmann, Nürnberg-Johannis; Friedrich Stelzner, Nürnberg; Hauke Stroszeck, Aachen; Josef Thoma, Nürnberg; Wilhelm Tröger und Frau, Nürnberg; Heinrich Vitzethum, Haag bei Schwabach; Richard Wagner, Erlangen; Heinrich Wolf, Nürnberg.

Benützte Literatur

A) Allgemeine philologische Werke:
Aman, Reinhold, Bayerisch-österreichisches Schimpfwörterbuch, München 1972
Bach, Adolf, Deutsche Mundartforschung, Heidelberg 1934
Deutscher Wortatlas, herausgegeben von W. Mitzka und L. E. Schmitt, Marburg 1952 ff.
Deutsches Wörterbuch, 1854 ff.
Fischer, Hermann, Schwäbisches Wörterbuch, Tübingen 1904 ff.
Jahrbuch für Fränkische Landesforschung, Erlangen 1935 ff. (darin mehrere einschlägige Aufsätze)
Kluge, Friedrich, Etymologisches Wörterbuch der deutschen Sprache, 19. Auflage, Berlin 1963
Küpper, Heinz, Wörterbuch der deutschen Umgangssprache, Band 1—6, Hamburg 1955 ff.
Lachner, Johann, 999 Worte Bayrisch, München 1955
Mitteilungen des Vereins für Geschichte der Stadt Nürnberg, Bd. 1—63 (darin mehrere einschlägige Aufsätze)
Ostfränkisches Wörterbuch der Bayerischen Akademie der Wissenschaften. Noch ungedruckt. Archiv an der Universität Erlangen
Schmeller, Andreas, Bayerisches Wörterbuch, 2. Auflage, München 1872

B) Quellen für Nürnberger Mundartzeugnisse:
Arnold, Georg, Der Nürnberger und sein Dialekt, Album des literarischen Vereins, Nürnberg 1851 ff.
Arnold, Georg, Handschriftliches Idiotikon in der Stadtbibliothek Nürnberg
Gabler, Ambrosius, Die Nürnberger Schimpfwörter, 3. Auflage, Nürnberg 1964
Gebhard, August, Grammatik der Nürnberger Mundart, Leipzig 1907
Hässlein, Johann Heinrich, Versuch eines Nürnberger Idiotikons, Handschrift in der Bibliothek des Germanischen Nationalmuseums Nürnberg
Neujahrsgespräche und Neujahrswünsche vom Ende des 18. Jahrhunderts in der Stadtbibliothek Nürnberg
Will, Georg Andreas, Idiotikon, herausgegeben in Mitteilungen des Vereins für Geschichte der Stadt Nürnberg, Band 49
Zahn, Benedikt Wilhelm, Nürnberger Sprichwörter und deren Erklärung, Handschrift in der Stadtbibliothek Nürnberg.